实用口才
知识与技巧
大全

吴晓雯 ◎ 主编

中国商业出版社

图书在版编目（CIP）数据

实用口才知识与技巧大全/吴晓雯主编．—北京：
中国商业出版社，2014.7（2020.8 重印）
ISBN 978 – 7 – 5044 – 8049 – 1

Ⅰ．①实…Ⅱ．①吴…Ⅲ．①口才学—通俗读物
Ⅳ．①H019 – 49

中国版本图书馆 CIP 数据核字（2014）第 108740 号

责任编辑：于印辉

中国商业出版社出版发行
010 – 63180647　www.c – cbook.com
（100053　北京广安门内报国寺 1 号）
新华书店经销
三河市宏顺兴印刷有限公司
* * * *
710 毫米 ×1000 毫米　16 开　20 印张　326 千字
2014 年 7 月第 1 版　2020 年 8 月第 2 次印刷
定价：45.00 元
* * * *
（如有印装质量问题可更换）

序

中华文化博大精深，待人接物都要讲究礼数，言语交流更要讲究技巧。俗话说："说出去的话等于泼出去的水。"说话不够得体，不讲究技巧，小则得罪他人，招人非议把事情搞砸，大则将自己置于困境，招来灾祸。当今时代，社会信息量增大，信息流转加快，口语交际的机会增多，口语表达能力显得越来越重要。口才不仅可以展现一个人的风度与魅力，还能体现一个人的学识、修养及内涵。懂得说话的艺术，能够在不同的场合说不同的话，是一个人立足社会的基本前提，更是人们成就事业、获得美好人生的重要条件。而一次口误，带来的往往不仅是尴尬，更可能成为事业的阻碍、国际关系紧张的来源。因而，注重口才表达，掌握各种场合的沟通技巧是每个人在现实社会中不得不去面对的一个课题。时代在发展，科技越来越发达，语言交流不再有国界的限制，不同肤色、不同国家的交流越来越频繁，我们就要拥有良好的沟通技巧，用美丽的语言为我们建立更好的社交平台，搭起更加四通八达的友谊桥梁。

本书在常用口才技巧基础上，结合当今社会沟通方式技巧，使本书更具有实用性和可读性；内容涵盖了生活口才、社交口才、推销口才、面试口才、职场口才、辩论口才、演讲口才、谈判口才、商务口才、领导口才等方面。本书囊括了社会生活中经常接触到的沟通环境，为读者提供一本全面、实用的工具书。让读者拥有一本尽知沟通常识的宝典。

仔细阅读这本书，只要你体会认真和把握，就会对你的事业、人生和交往产生极大的影响。它会帮助你在日常工作和生活中不断提高沟通方面的技巧，让你成为一个言谈得体、能言善道的人，与人交往更加顺利！

目 录

第1章
口才概述...1
口才的含义...1
话语简单，意思明确...3
不断提高内在的修养...6
好口才让你更有"吸引力"...8
如何发现对方的"闪光点"...10
如何寻找对方的"兴趣点"...14
沟通过程中的意见不合...15
机智与幽默提升亲和力...17

第2章
口才的价值...23
生活中需要好口才...23
好口才的能量...26
外交官的口才...28
口才在公关中至关重要...33

第3章
生活口才与技巧...37
如何与陌生人一见如故...37
孩子的自尊心需要维护...39
说服父母的诀窍...41
恋人之间如何交谈...44

好口才化解小矛盾...46
夫妻之间的沟通方法...48
吵架与和好...50
恩威并用...52
展开反击要选对时间...54
怎样的时机适合切入正题...55
进言献策也要看对时机...56
直言不讳并不一定是好的...58
面对羞辱要冷静沉着...59
关注他人注意不到的细节...60

第4章
社交口才与技巧...62
适当时候主动示好...62
见不同的人说不同的话...65
说话时也要兼顾他人...68
了解沟通的重要...71
化解不必要的争辩...73
巧用"兜圈子"...74
好的自我介绍是沟通成功的开始...76
寻找共同的话题...79
学会如何赞美别人...82
学会批评的艺术...84

学会安慰别人... 86
学会如何说"不"... 88
酒桌上该如何表现... 91
突破争执的僵局... 93

第 5 章
推销口才与技巧... 96
钓住顾客的胃口... 96
把自己当作弱者... 102
用暗示影响顾客... 103
揣摩顾客的考虑与应对
"没钱"的客户... 107
倾听顾客的心声与客户
拉近距离... 110
多给人一些关注，用乐观
心态看问题... 112

第 6 章
面试口才与技巧... 116
当面推销自己... 116
如何应对面试者... 117
话不可乱说... 120
求职的点点面面... 122
先抑后扬的力量... 128
机遇面前，诚实最重要... 130

第 7 章
职场口才与技巧... 132
与上司谈话要管好自己的嘴... 132
应对主管的方法... 135
与同事和谐相处... 138
如何向领导谏言... 141
在人前要懂得藏拙... 143

不与上司争彩... 144
与上司谈话的技巧... 146
给领导足够的权威... 147
让老板加薪有技巧... 149
拒绝之前要反复思量... 150

第 8 章
辩论口才与技巧... 152
成功辩论的要素... 152
辩论中的几个巧妙方式... 153
反驳时的针锋相对... 156
用对方的矛攻向对方的盾... 158
利用史实论点更可信... 159
巧用情理打动对方... 160
压倒对方的强大气势... 162

第 9 章
演讲口才与技巧... 165
演讲时要撇开空话、官话... 165
举例让演讲更加具体化... 169
演讲时尝试转换思路... 173
自嘲在演讲中的作用... 177
演讲中的暗示作用... 180
演讲中消除恐惧很重要... 184

第 10 章
谈判口才与技巧... 187
谈判的主要特征... 187
商业谈判技巧... 188
谈判讲究和言悦色... 190
谈判要注意察言观色... 192

谈判中的出奇制胜...194
谈判中让自己进退自如...196
谈判过程要刚柔相济...197
看准时机，以利相诱...199
谈判时要注意的细节...202
谈判中如何应对不合理要求...208

第 11 章
商务口才与技巧...210
如何获得客户的信任...210
敲开陌生客户的心扉...212
你必须掌握的开场白...216
如何吸引顾客的购买兴趣...220
化解与顾客的矛盾...222
与不同顾客打交道...224
学会说服不同年龄的客户...227
营销口才中的"十忌"...229

第 12 章
领导口才与技巧...233
用出色的口才提高身价...233
用语言打造领导魅力...235

利用当众演讲展现领导智慧...240
语言交流须知的三个要领...242
领导讲话七忌...244
领导演讲前要做的准备...248
组织演讲材料要做到"四性"...251
说服下属的有效方法...254
批评下属要讲方法...256

第 13 章
交流误区...260
祸从口出言多必失...260
不给他人留有余地...262
彬彬有礼的交流...263
不要自我吹捧，不要夸张赞美...265
不要语意模糊又过分夸张...267
交流过程要有张有弛收放自如...269

附录
美国总统经典演讲作品欣赏...276
乔治·W. 布什的演讲...276
克林顿的演讲...284
奥巴马的演讲...295

第1章 口才概述

口才的含义

口才是什么？简单地说，就是用语言表达心声的才能技巧。语言是我们的思想及情感的表达，是心底深处的声音，没有语言作为工具，我们的思想和情感就表现不出来。所以语言是思想的衣裳，无论粗浊还是优美的品格，在粗俗或优美的措辞中会自然而然地流露出来。

一个人虽然不一定能完全说出自己，但大多能显示及透露自己。在不知不觉中，在有意无意间，在别人的眼前，往往你的一句话就在描绘自己的轮廓与画像。

说话轻浮的人行动也会草率，所以谈吐是行动的羽翼。对于一切谈吐，人们最喜欢那种出自真诚而且经过选择的言语。言语是一种严肃的东西，有口才的人决不滥用它。同时也劝你不要强求别人听你的话，如果别人不愿意听，最好还是闭口不说。因为对方或许对言语的重要性没有相当的认识，以致无法乐观地接受。说话天才，不是天生的，是从现实中锻炼出来的，是一分天才、九分努力的结果。

自以为永远说得不够的人，常会因多言而多失。长舌头与头脑简单往往结成亲家。最要紧的是说得少又说得好，那便可被称为懂得说话的艺术。

人心不同，各如其面。各人的生活经验、思想情感，千差万别，如果我们不能善于跟各式各样的人交谈、讨论，我们必然陷于孤陋寡闻，自以为是。然而一个孤陋寡闻而又自以为是的人，必然是一个在哪儿都不受欢迎的人。而且，只要每个人想一想：自己的各种看法、意见、兴趣和主张，是不是从娘胎带出来的呢？是不是一成不变的呢？是不是从来没有错过，没有改过的呢？答案一定为：不是。正相反，它们是慢慢地经过长期培养而形成的，它们是会常常改变的，"今日之我"，未必就同"昨日之我"。

人与人之间，若能和平相处，只有通过语言一途。善于言谈的人，能把生活弄得随时随地都很快乐。他们在业余时间里，可以和朋友，或家人，快快乐乐地过一个晚上，使大家得到更多的乐趣。而且，善于谈话的人，到处都受人欢迎，他能使许多不相识的人携起手来；他能使许多彼此不发生兴趣的人互相了解，互相感到需要；他们能够排难解纷，消除人与人之间的误会；他们能安慰愁苦烦闷的人；他们能鼓励悲观厌世的人；他们能够清除别人的疑虑和迷惑，使别人更聪明，更美好，更快乐，更有作为。

我们中似乎很少有人知道谈话在生活中有这么宝贵的价值，常常安排自己的生活，办公啦，看电影啦，可是很少安排去找一些什么人好好地谈几个小时的话。我们去找朋友的时候，不是为了要办一些琐碎的事情，就是为了应酬，联络联络，见了面除了随便找些话来乱谈一阵，并没有好好地想想应谈些什么。在我们宴客或安排什么晚会时，我们花很多钱和时间在饭菜和游戏节目上。我们给客人预备了好酒、名菜，安排了一些娱乐活动，可是关于怎样谈话，却一点也没有想到。

我们没有想到在一起谈些什么好，我们很少替别人互相介绍，使他们在一起谈些共同感兴趣的话题。我们也没有想到，在必要的时候，我们自己带头谈起一个所有人都会有兴趣的话题。我们不应该使那些初次相见的人感觉到闷气、难堪，只呆呆地无聊地一声不响地坐在那里。在拜访人的时候，我们穿得很整齐。可是对于见了面之后，应该讲些什么，却模糊得很。有许多人不但没有随时准备好和别人谈话，事实上，简直有点儿怕谈话，甚至觉得谈话是很讨厌很麻烦的一件事。我们害怕遇见陌生的人，见了比我们地位高一点儿的人，我们不但害怕，而且还有点儿害羞，如果遇到不得不参加的会议时，我们坐在那里，除了举手表决以外，什么事也不会做，我们不能站起来支持，补充自己同意的意见，也不能反驳，表达反对的意见。

为什么我们变成这样的人呢？可能是因为我们从小缺乏集体生活，对别人太不了解；也可能是因为几次谈话失败了，为了避免谈话再次失败，于是索性就不肯再开口了；也可能是误解了多做事、少说话的真意，把不说话当作一种美德；也可能是受了"祸从口出"这句话的影响，觉得不说话是一种保护自己的安全之道。

在某个时候，说话的人，往往并不是做事情的人，许多不做事情的人在那里哇啦哇啦空口说白话，高谈阔论。所以多说话，还不如多做事。

可是要做事，就不得不说话，说话也是为了把事情做得更快更好。说话和做事结合起来，那么就没有什么说多说少的问题。在某些场合，说话就是做事，做事就是说话。例如学校的教师，政策法令的宣传者，公共卫生的宣传员，展览会的讲解员，等等，都是用他说话的才能服务于社会，推动社会各方面事业的进步与发展的。至于一般办事的人，一面做事一面也要说话。交流经验的时候要说话，交换意见时要说话，有所报告，有所询问，有所批评时，都不免要说话。没有这些种类的说话，或是应该说而不说，应该多说而懒得说，都会妨碍事情的进行与发展。所以，我们要从心底扫清一切对说话的不正确的看法，认识清楚说话的能力在现代生活中的真正地位。这样，我们就很容易摸到说话的意义和学到说话的技巧。何为口才，就是把话讲得漂亮。

话语简单，意思明确

人际交往中，想要得到最佳的效果，语言必须简单明了，使听者在较短的时间里获取较多而有用的信息。反之，空话连篇，言之无物，只会耽误别人的时间。生活中有许多事情是"只需意会，不必言传"的，如果说话者不相信听众丰富的想象力，把所有的意思和盘托出，这种词义浅陋、平淡无味的话语不但会使人不快，而且会使说话失去魅力。

我们之所以认为简洁精炼的语言能增添说话的魅力，是因为：

第一，简洁精炼的语言是认识能力和思维能力高超的表现。话语简洁常常体现出说话人分析问题的快捷与深刻。

第二，简洁精炼的语言是果敢决断的性格表现。大量的事实表明，自信心强、办事果敢的人说话干脆果断，不拖泥带水。

第三，现代社会节奏快，时间观念强，说话简洁会给人一种生机勃勃的现代人的感觉，所以，简洁精练的话语还是时代风貌的反映。

第四，简洁的话语既不会占用听者太多的时间，又能使听者觉得说话者很尊重他，所以，说话简洁的人常常颇受人欢迎。

一般人在交谈中，常常容易出现以下问题：

第一，套语过多。有些人喜欢在交谈中使用太多的或不必要的套语。例如，一些人喜欢什么地方都加上一句"自然啦"或"当然啦"一类词句；像这一类毛病，你自己可能一点也不觉得，要克服这类毛病，最好的办法是请你的朋友时刻提醒你。

第二，有杂音。有些人谈话本来很好，只是在他的言语之间掺上了许多无意义的杂音。他们的鼻子总是一哼一哼地讲着，或者是喉咙里好像老是不畅通似的，轻轻咳嗽着，再不就是在每句话开头用一个拖长的"唉"，像怕人听不清楚他的话似的。这些毛病，只要自己有决心，是可以清除的。

第三，用谚语太多。谚语本来是诙谐而有说服力的话，但谚语太多也不好。用谚语太多，往往会给别人造成油腔滑调、哗众取宠的感觉，不仅无助于增强说服力，反而使听者觉得有累赘感。

第四，滥用流行的字句。某些流行的字句，也往往会被人不加选择地乱用一番。

第五，翻来覆去地用一些词语。有些人不知是因为偷懒，不肯开动脑筋找更恰当的字眼，还是有其他方面的原因，特别喜欢用一个字或词来表达各种各样的意思，不管这个字或词本身是否有那么多的含义。所以我们要尽可能地多记一些词汇，使自己的表达尽可能准确而又多样化。

第六，太琐碎。许多人在谈话的过程中琐碎得令人讨厌。不管是讲话，或是讲经历、讲故事，都要善于抓重点，善于了解听者的兴趣集中在哪一点上。在重要的关节上讲得尽可能详细一些，其他的用一两句话交代过去就算了。

第七，喜欢用夸张的手法。夸张的手法有一种引人注意的效果。不过，我们不能把夸张的手法用得太过分，否则，别人就不会相信你说的话。

除了上述七点之外，我们还应该注意自己在谈话中的声调、手势、面部表情等方面，努力使各个方面协调、得体。这样，就能大大增强自己说话的吸引力，练就好的口才。

说话的天才，不是天生的，是从现实中锻炼出来的。俗话说，一分天才，九分努力。人若没有良好的口才，是一件很可悲的事，好像鸟儿没有羽翼一样。

要想有良好的口才，首先要正确地发音，对于每个字，都必须发音清楚。清楚的发音可以依赖平时的练习，平时多注意别人的谈话，朗读书报，多听收音机广播等。这些对正确地发音有极大的帮助。说话的速度不宜太快亦不宜太慢，说话太快使听的人不易应付，而且自己也容易疲倦，有些人以为说话快些，可以节省时间，其实说话的目的，是使对方领悟你的意思。此外，不管是讲话的人，或者是听话的人，都必须运用思想，否则，不能确切把握话中的内容。当然说话太慢，也是不对的，一方面浪费时间，另一方面会使听的人感觉不耐烦。

说话是一种艺术，也是一种诀窍，我们必须看清这种巧妙的方法，然后才能获得成就。在说话的时候要认清对方，顾及别人的感受，坦白直率，细心谨慎。宜常常谈话，但每次不可太长，说话的时候不可唯我独尊。因为我们说话的目的是说明一些事情，使人发生兴趣。把话讲得简明扼要又耐人寻味，会使你拥有更多的听众。

不断提高内在的修养

好的口才绝对不是与生俱来的，是一个人通过自身后天的锻炼和不断的自我完善慢慢形成的一种能够吸引听众的说话气场。言语都是以生活为基础内容的，只要有生活，就会有谈话的内容；生活内容丰富的人，谈话的内容自然也就比较丰富。因此，你对于自己的国家、社会、朋友、亲属以及同事等都要经常注意而且关心。你对于所见所闻，都要去研究、分析，尽量地去了解其中的意义，而不是对什么都完全漠不关心地让它们在眼前在耳边溜走，你要随时都在计划、安排、改进你的生活，而不是马马虎虎地过日子。你是不是认为自己和国家大事、社会人群息息相关，而不是安于做一个井底蛙，对于身外事都不闻不问。如果这些问题的答案，都是肯定的，你就是一个善于思考、善于观察、遇事认真、兴致勃勃的人，那你就和"口才"的距离不远了。即使你现在还是一个不大会说话的人，但你已经具备了大批的本钱。如果不呢？那就需要你下决心努力了。

在你看报纸的时候，拿一支笔，把每天最有兴趣的新闻，或是所见的好文章圈起来，或者用本子摘录下来。每天只要两条，两个星期之后，你便记得不少有趣的事情了。在你看杂志或书籍的时候，每天只要能够记住其中的一两句你认为很有意义的话，用笔在那句话旁边画上线，并抄下来。开始时不要贪多，你还没习惯呢！否则不几天，你就会放弃了。如果你每天不停地记一两句，两三个月后，你就会发觉你的思想比以前丰富得多。谈话的时候，很容易地就想起它们，或者用自己的话把它们加以发挥。这些有意义的话，随时随地都会跳出来帮助你，解救你的困难。在听演讲时，在听别人谈话时，随时都可以听见表现人类智慧的警句或是谚语。把这些记在心中，写在纸上，久而久之，你谈话的题材和资料就越来越丰富了。你的口才就越来越纯熟了。久而久之，你便可以出口成章，随便说什么都可以有条有理。

如果认为自己在沟通上有弱点，就不能太偷懒，太马虎，太随便，多多少少要强迫自己努力去做一些能够改变现状弥补弱点的事情，将来的收获，决不仅仅是使人羡慕的口才。就像渔夫出海本来只想要打些小鱼糊口，却意外地打到螃蟹可以卖个大价钱，这是说人常常有这种机缘，本来自己所要求的很小，结果却得到无限的收获。也就是说，学习口才，你将来得到的不只是口才，是比口才这条小鱼不知贵重多少倍的螃蟹。这螃蟹是什么呢？就是你未来丰富的生活！你的气质和各方面的能力，都会因此大大地提高。

拥有好的口才，除了要拥有丰富的思想，还要敢于开口。是否敢于开口，对我们每个人的生活、事业乃至闲暇娱乐都起着至关重要的作用。在生活中，敢于说话又善于说话的人，处处都受人喜爱和欢迎。他能使许多本不相识的陌路人走到一起，携手共进；能够排难解忧，消除人与人之间的误会与隔阂；能使苦闷、郁郁寡欢者得到安慰，使悲观厌世、不思进取者得到鼓励，能够使自己周围的人变得更快乐、更聪明、更美好、更有作为。

在工作及事业上，敢于说话又善于说话的人，可以充分利用自己的语言交际能力来说服他人，使工作顺利进行、左右逢源。可以说，说话的自信心与说话的魅力，是一个事业出色的成功人士的必备条件。

在闲暇娱乐中，敢于说话又善于说话的人，能随时随地给生活增添乐趣，无论与朋友结伴，还是与家人相聚，他都可以使人快乐，大家感到比上电影院、KTV还能得到更多的乐趣。

同时，我们也常看到许多不敢说话、不善言辞的人所遇到的尴尬情形。他们的话语不能准确地、全面地表达出自己的意图，让听者觉得十分吃力费神，更谈不上能使对方产生共鸣或心悦诚服地接受其意见。这样就造成了交际上的种种困难，影响工作，影响生活，同时也给自己带来诸多苦恼。

我们今天所生活的社会，是一个文化、科技与信息高度发达的时代，社会生活变得越来越复杂，人与社会变得越来越密切，人们相互合作的需要也变得越来越增强。同时社会往来已是必不可少，"离群独处"更是很不现实。因而，说话的信心与语言表达能力，对任何人来说都显得越来越举足轻重。

从微观来看，我们每天、每时、每刻都可能会出现在一些不同的场合，而在这些场合我们都需要说上几句适当的话。如果这几句话的确说得恰到好处，那就能帮我们很大的忙，帮我们解决许多问题、克服许多困难、消除许多麻烦，对我们的工作、生活都大有裨益。

总之，我们每个人都要下苦功夫增强自己的说话信心，提高自己的说话魅力。只有这样，才会避免在社交活动中出现失败，才会避免工作、生活上遇到很多困难，才能促进自己事业的成功，使自己的生活变得五彩缤纷、舒心愉悦。不要怕被人笑。只有多练习，才可以让自己在言谈上有所提高，从而使自己在人群中脱颖而出。

好口才让你更有"吸引力"

赞扬就像是商场投资一样，只需稍加思索就能得到不错的报酬。就像我们的微笑一样，它是照在人们心灵上和暖的阳光。与人和颜悦色交谈的人总是可以打动对方的心。但是，什么才是良好的谈话态度呢？

1. 表现出兴趣

别人讲话时，要注意倾听，如果你望天望地望别处，或是把玩着小物件、翻弄报纸书籍等，别人就会以为你对他的话没有兴趣，会很扫兴。

在人多的时候，你不能只对其中的一两个你熟悉的人发生兴趣，你要把注意力分配到所有的人身上；对于那些话说得很少，或是神情不太自在的人，你更要特别留意，找机会特别关照一下他。你的注意、你的关心，对他是一种尊重和安慰，正好把他从冷落中挽救出来。

2. 表示友善

如果你对别人表现得很刻薄，或者你对别人所说的话表示冷淡或鄙视，那么对方谈话的兴趣也就消失了。

哪怕你不喜欢听他的话，或者你不同意他的意见，但是你对他本人还应该表示友善，不要因为他说了一句不得体不恰当的话就否定他。你尊重他，并不妨碍你表示与他有不同的意见。没有经验的人，一听到不喜欢的话，立刻就表现出不快和不满来，把彼此的关系弄坏、搞僵，而失去了继续交谈、深入了解的机会。

3. 轻松、快乐、幽默

真诚、温暖的微笑，是打开别人心灵的钥匙。人的心灵好像对温度有强烈的敏感，遇见抑郁的、冰冷的表情就凝结了起来，变硬了起来；但遇见了欢乐的、温暖的笑容就柔软了、融化了、活泼了。所以，真诚的、温暖的微笑，快乐的、生动的目光，舒畅的、悦耳的声调，就像明媚的阳光一样，使一切欣欣向荣，使谈话进行得生动活泼，使大家谈笑风生、心旷神怡。

至于幽默感，需要慢慢地培养，它是一种兴致的混合物，富于幽默的人，常常能使人群中充满欢声笑语，有时一个笑话，或是两句妙语，就能驱散愁云、消弭敌意，化干戈为玉帛，化凶戾为吉祥。

4. 适应别人

跟自己趣味相投的人在一起就舒服、话多得很，一遇见趣味不投的人就感到别扭、不想开口。像这样依着自己的脾气去接近别人，真正投机的人就少了。

跟别人谈话要多关心别人，重视别人的口味，善于适应。有的人喜欢讲大道理，有的人喜欢高谈阔论，有的人喜欢娓娓而谈，有的人喜欢深思，有的人拙于应对，你都要调节自己去迁就一下别人的兴趣与习惯。有满腹经纶的，让他尽情地宣泄；有守口如瓶的，由他吞吞吐吐；失意的，多给予一些安慰与同情；软弱的，多给予一点鼓舞和激励。假如对方对某一个问题发生特别强烈的兴趣，就让他在这方面继续发挥，畅所欲言；假如对方对某一个问题不想多谈，就及时转换话题把谈话引到另一个方向，免得引起不快的局面。

5. 谦虚有礼

谦虚有礼决不是说一些不着边际的客气话。谦虚有礼，一方面要真诚地尊重对方、关心对方的需要，尽力避免伤害对方。另一方面要严格要求自己，对自己的意见与看法带着一种"可能有错"的保留态度，虚心地听取别人的意见，关心别人的感受和反应。与人谈话态度的好坏，是你和别人谈话成功与否的关键。

如何发现对方的"闪光点"

古往今来，"投其所好"都被人们作为贬义词来使用，因为"投其所好"的人目的一般都是带有私心或者不能为他人所知。假如你是光明磊落、合乎情理的话，"投其所好"就可以说名正言顺了。

心理学研究表明：情感引导行动。积极的情感，比如喜欢、愉悦、兴奋，往往能产生理解、接纳、合作的行为效果；而消极的情感，如讨厌、憎恶、气愤等，则会带来排斥和拒绝。所以，若是你想要别人相信你是对的，并按照你的意见行事。那首先需要人们喜欢你，否则，你的尝试就会失败。

要使别人对你的态度从排斥、拒绝、漠然处之到对你产生兴趣并予以关注，就需要最大限度地引导、激发对方的积极情感。"投其所好"实际上就是一个引导和激发的过程。

这种过程的表达方式是多种多样的，经常用的主要有以下两点：

第一，发现对方的"闪光点"。要善于赞扬别人，善于从理解的角度真诚地赞美别人。而且要富于洞察力，善于发现对方美好的一面。

第二，寻找对方的"兴趣点"。在与别人交谈时，往往会遇到这种情况，对方不是在听你说，而是在做或在想别的事情；或者是嘴里应付着，眼睛却注意着别处；或者是转移话题，跟你瞎扯……遇到这种情况，你就应该尽快放弃你的话题，寻找他的"兴趣点"。

唐代大诗人白居易说过："动人心者莫先乎情。"情动之后心动，心动之后理顺，而理顺之后，事情自然就会朝着有利于你的方向发展了。

柯达公司的老总伊斯特曼发明了胶片以后，才能拍摄电影。他的发明为他带来了巨额财富，并使他成为世界上最著名的商人之一。尽管如此，他仍然像平常人一样渴望得到别人的称赞。

伊斯特曼曾在洛克斯达城建造"伊斯特曼"音乐学校和"凯伯恩"剧院，用来纪念他的母亲。纽约某座椅制造公司经理艾特森想得到该剧院座椅的订单，于是他就和伊斯特曼约定见面。

一位工程师告诉艾特森说，伊斯特曼的工作极忙，每次访问占用的时间不能超过五分钟。艾特森也准备如此。

他被引进总裁办公室时，看见伊斯特曼正埋首于桌上堆积的文件之中。听见有人来，他抬起头朝来者方向说道："早安！先生，有什么事情吗？"

经介绍后，艾特森说："伊斯特曼先生，当我在外面等着见你的时候，我很羡慕你的办公室，假如我有这样的办公室，我，一定很高兴地在这里面工作，你知道我是一个本分的商人，从来不曾见过这么漂亮的办公室！"

伊斯特曼答道："你使我想起一件几乎忘记了的事。这房子很漂亮是不是？当初才盖好的时候我极喜欢它，但是现在，有许多事忙得我甚至几个星期坐在这里也无暇看它一眼。"

艾特森走过去用手摸着壁板，说道："这是英国橡木做的，对吗？和意大利橡木稍有不同。"

伊斯特曼答道："对了，那是从英国运来的橡木。我的一个朋友懂得木料的好坏，他为我挑选的。"随后伊斯特曼领着艾特森参观了他自己当初参与设计的房间配置、油漆颜色、雕刻工艺等。

当他们在室内夸奖木工时，伊斯特曼走到窗前，非常亲切地表明要捐助洛加斯达大学及市立医院等机关一些钱，以尽心意。艾特森热诚地称许他这种慈善义举的古道热肠。

两个人接着谈了许多生活中的、工作中的、商业中的事，艾特森总是适时地表达着自己的赞叹。他们的谈话远不止五分钟。艾特森不仅得到了那笔桌椅合同，还与伊斯特曼成了好朋友。

生活中，有许多人不愿表达赞美，究其理由有以下一些方面：

第一，刚刚认识某个人，还比较生疏，对人家的情况还不大了解，怎么好对人家表示赞美呢？

第二，异性之间交往，不好意思赞美，尤其是当你面对一位年轻漂亮的女郎，尽管你觉得她是个美人儿，可如果你嘴里说出赞美的话。人家会认为你居心不良，还是不说为好。

第三，关系亲近、朝夕相处的人，彼此间早已相知，何必还要表示赞扬？对方从不怀疑我对他的感情和信任，似乎再没什么必要表示自己对他的喜爱和赞赏，弄得不好反倒显得不自然，尤其是一家人之间何必还要讨好卖乖？

第四，有的人明知人们对他的成就评价很高，他已经够幸运，够得意了，我们也没必要当面再去称赞一番。如果再去称赞这种人，他岂不是更得意，而显得我们更不如他了吗？

第五，对于售货员、服务员和某个商人，没有必要表示我们对他们的商品和服务很满意，因为他们做得再好，也是为了赚我们的钱。他们做好本职工作理所当然，有什么必要再对他们表示满意和感谢呢？

第六，对于领导者更不可随便表示赞扬，也许你的上司确实有值得称赞的地方，可你对这种人尽说好话，而他的职务、地位、权力是明摆着的，别人发现了岂不要说你溜须拍马、讨好领导吗？

第七，有的人太平常了，还有不少毛病，实在不怎么样，就算有点可取之处，但也不过是些琐碎、细小的事情，对这种人表示赞扬有什么意思？

若想寻找不必对别人表示赞扬的理由还可以找到若干条。这些想法在逻辑上也许不错，但它却严重阻碍了我们在人际交往中走向最佳状态！

许多人为什么会这样想问题？大体上有以下几种原因：

第一，对赞扬的意义理解不深，或是主要从庸俗的角度来理解，似乎只有有求于人或为巴结讨好别人才会有意识地给对方戴几顶高帽子，而心地坦诚、作风正派的人何必要搞这一套？

第二，为人拘谨，老实巴交，不好意思对别人表示赞赏，同时又顾虑别人会对自己有什么怀疑或不好的看法。特别是对陌生人、异性和领导者表示赞美更容易产生这种顾虑。

第三，由于心态不良、心理不平衡，有嫉妒心和虚荣心，便对职务和成就比自己高的人不肯赞扬，而对于不如自己的人又不屑一顾。

第四,只想自己需要别人的赞扬,而从不考虑别人也很需要得到自己的赞扬,尤其是有自卑心理的人,即使多少能想到别人的需要,但又觉得自己人微言轻,对别人赞扬不赞扬,无足轻重,没什么意义。

第五,因为没有掌握赞扬的艺术,怕自己说话不恰当,或是曾经赞扬过别人,但效果不佳,因而便误以为赞扬没什么价值,甚至还会适得其反。

总的来说是两方面的原因:一方面是心态不够积极,另一方面是不大懂得交际的奥秘。

正如任何一个人不可能没有缺点和过错一样,任何一个人也不可能没有值得赞赏的优点和长处。持有偏见的人,对某人某事常常固执于自己的看法,即使事实证明他错了,也不肯轻易改变。如果你对某个人说:"我一看见你就觉得讨厌!滚开!我再不想见到你!"这不仅是不尊重别人,也是封闭和扼杀自我,使自己变得令人厌烦。我们要让别人喜欢自己,自己就要先喜欢别人,关心他人,了解他人,我们要全面地、实事求是地关心和了解,而不是只了解和关心别人的缺陷。我们要看到别人的潜力,而不只是看到别人已经体现出来的价值。如果这样想和做,你就不会认为别人"实在不怎么样",一点值得赞赏之处也没有。

最重要的是你能否看出对方的优点。即使这个优点很渺小,你应当独具慧眼,有伯乐的眼光,善于发现和赞赏它。这一点对于学会赞扬别人,对于发展自己与别人的关系有很大的好处,有时候甚至会成为你一生中的重大收获。

还有一点不可忽视的是,发现别人有什么优点,就及时和直接地表示赞扬。不要等到与对方分手时才想到人家的优点,不要等到日子过去才去寻找其可爱之处;不要等对方死后才想起他的好处、说上几句好话。给活着的人献上一朵鲜花,要比给死者送去豪华的花圈强百倍!不要等到将来,不要等到对人有所求时才想起来,也不要以为这是客套话和恭维别人,真正的赞美是把人与人之间应当存在的相互尊重与友爱表达出来,不表达出来就等于不存在。而且,当你称赞别人时,也会给自己带来愉快,正如同艺术家把美献给人们时,自己也会感到愉快一样。

如何寻找对方的"兴趣点"

良好的人际关系在建立的过程中，双方兴趣上的一致性是很重要的。双方喜欢的事情相同，相应的彼此感情就会比较融洽，这是与逻辑相符合的，以此类推，对其他的任何事情，彼此也就愿意合作了。

每一个人都有某个方面的兴趣。兴趣可分为两种：一种是对有关系的事物的兴趣，一种是对无关系的事物的兴趣。所谓有关系的事物，是指与你和别人共同发生兴趣的事物。利用这种兴趣，常常可以在彼此之间建立良好的关系。

可是有许多人对他们业务以外的某种事情更有兴趣。通常一个人所做的工作，不是出于自愿，而是为了谋生。但在业余时间他所关心的事情，则是他自己所选择的。换句话说，他最感兴趣的事情是办公室之外的事情。因此，从业务之外的事物上与某人接近，比在业务上与他联系更容易、更有效果。

一般人都希望与自己相处的人有许多不同的兴趣，有的他特别喜欢，有的会比较淡泊。如果可能的话，你应尽量找出他们最感兴趣的事，然后再从这方面去接近他。倘若没有机会，或者这种机会不容易得到，那么也该尽可能地去选择他最大的兴趣供你利用，主要的目的是要使他对你发生兴趣。

欲与别人的特殊兴趣建立一种特殊关系，必须把你的真实的兴趣表现出来。单单说一句很感兴趣的话是不够的，在对方的询问下，你不能掩饰你真正的兴趣，免得弄巧成拙。

问题在于你怎么能使他人了解你对某件事情的确和他有同样的兴趣。因此，你必须对这方面具有相当的知识，足以证明你是有过相当研究的。越是值得接近的人，你就越应该努力地对他所感兴趣的事情作进一步的了解，使你能够亲近他，使他乐意提供你所想知道的事情。

就像幼儿园的教师有许多办法去哄小朋友，把一群哭哭闹闹的小孩训练得高高兴兴。这当然有她们成功的门道,其原因是由于她们能放弃自己的个性去迎合小朋友的兴趣和想法。

这种做法纯粹是出于热诚,而热诚永远是应酬成功的因素。当你的内心充满热诚时,你向别人提出的将不是一个令人难堪的问题,而是别人乐于回答,或者是他所熟悉的问题。

你知道某人去过美国,如果你向他问及美国的事情,他一定会非常高兴或滔滔不绝地讲美国的许多事情,即使你的目的只不过想问问有关美国入境的手续,而他会连带告诉你纽约帝国大厦的电梯快到什么程度。

专家们给出了实现和他人兴趣一致的三个步骤:

第一步,了解别人感兴趣的事物;

第二步,对感兴趣的题目应该先获得若干知识;

第三步,表示出你对那些事物确实感兴趣。

沟通过程中的意见不合

有些人喜欢和别人唱反调,搭上话就抬杠,不管别人说什么,他总要反驳一番。其实,他自己什么观点也没有,当你说"好"时,他一定要说"不好";到你说"不好"的时候,他又说"好"。这种习惯极坏,什么都要占上风。

即使你真的比别人见识多,也不应该以这种态度去和别人说话。这种谈话方式简直不为别人留一点儿余地,好像要把对方逼得无路可走才心满意足,相信你并没有想到这一层,但实际上你却这样做了。这种不良习惯使你自绝于朋友和同事,没有人愿意给你提意见或建议,更不敢向你提一点儿忠告。你本来是一个很好的人,但是,不幸染上了这种习惯,朋友和同事们都离你而去。

唯一改善的方法是养成尊重别人的习惯。首先你要明白,在日常谈论当中，你的意见未必都是正确的，而别人的意见也未必就是错误的。把对方的意见综合起来，他至少有一半是对的。那么，你为什么每次都要反驳别人呢？

别人和你谈话，他根本没有准备请你说教，大家说说笑笑罢了。你若要硬做聪明，拿出更高超的见解（即使确是高超的见解），对方也绝不会乐意接受的。

当你的同事向你提出建议时，你若不能立刻表示赞同，起码要表示可以考虑，不可以马上反驳。假如你的朋友和你谈天，那你更应注意，太多的执拗能把有趣的生活变得枯燥乏味。

因此，你千万要谦虚一些，随时考虑别人的意见，不要做一个固执的人，免得让人们都觉得你是一个不可以交谈的人。

当你听到别人的意见和你一样时，你要立刻表示赞同，不要以为这样做会被人认为你是随声附和，因而就不吭声了。不吭声，虽然不会被人误解为随声附和，但也容易使人认为你并不同意。同样地，当你听到别人的意见和你不一致时，也要立刻表示你什么地方不同意，为什么不同意，不要以为这样做会伤害彼此的感情而不吭声。

人们的谈话经常只有一个目的，就是想知道别人对某件事的看法是否和自己相同，如果双方意见一致，你就会感到一种同情的安慰，如果发现双方的意见有差异，你会感到这是一种刺激。

我们常常看到许多人因为表示与人不同的意见而得罪了朋友。因此，有许多人和许多书中总是劝人们不要表达自己的不同意见。其实，这种做法是很片面、很肤浅的，而且也是不诚实的表现。无论一个人多么爱面子，除了极少数、极愚蠢、极狂妄的人以外，几乎每一个人都喜欢拥有忠实的朋友。不信你就试一试，如果你认识一个人，对他说的每一句话都随声附和，不说一个"不"字，也许第一次见面他很喜欢你，但是，不久以后他就会觉得你是一个圆滑的人。到处都做随声附和的应声虫，是没有人会看得起的。

那么，与别人意见不合时，我们究竟该如何表态呢？首先。你要明白一个事实，如果细心观察社会和人生，你应该发现：只要方法得体，向别人表达自己的不同意见，有时照样受欢迎。

你必须明白，得罪人的不是你的意见，而是你对别人的态度。

你要遵守一个原则：在你表达意见的时候，要假定自己的意见也可能有错误，不要强迫别人立即同意你的意见，要给人充分的时间来考虑你的意见，而且既不言听计从，也不固执武断。一方面老老实实地说出自己真正的看法；另一方面，又诚诚恳恳地尊重别人的意见，这样才是理想的交谈方式。

我们常常看见人们谈话，谈着谈着就争执起来了。他们争论的不外是一些极其微小的事情，他们的观点大体上一致，但是，他们都以为对方完全站在自己的对立面，弄得大家都非常不愉快。这是一种最常见的悲剧，可是谁也无法制止。

造成这种悲剧的主要原因，是在表示不同意之前，忘记说或者以为不必先说同意的部分。

人们常常听了对方的长篇大论之后，发现其中有一部分与自己的看法不同，于是立即提出异议，而对方一听这话，以为自己的意见完全被否定了，当然不高兴。

在这样的场合，一定要记住，先说明你赞同的方面，然后再说明在某一点上你有不同的意见，这样，对方就很容易接受你的观点。

无论你的意见和对方的意见距离有多大、分歧多么严重，只要你不表现出绝对不可商量的态度就行了。相反，我们要表现出一切都可以商量，并且使对方相信，无论有多大分歧，大家都可以得到比较一致的看法。

如果你是一个善于谈话的人，你一定要小心翼翼，不要使谈话陷入僵局，只要谈话之门没有关上，那就永远不愁无话可说。

机智与幽默提升亲和力

幽默感是可以通过后天的培养训练而成的。通过长期累积，等到你可以把脑中所知的笑话灵活自如地运用时，就算大功告成了。

机智和幽默如果运用得适当，是可以带给人们欢悦、遇事化险为夷的。机智是以智力为根据的，凭着机智可以把通常不相关的事情，巧妙地使之连在一起。它可以在文句上搬弄花样，但是不一定会叫人发笑。至于幽默，和机智是不相同的，幽默所构成的条件，并不是字眼方面的玄虚。所谓幽默乃得体的自我玩笑，譬如，一个人头上戴了呢帽，鼻梁上架了眼镜，走起路来神气活现，不料正在自鸣得意的时候，脚底下踩了一块香蕉皮，一跤滑倒，四脚朝天，这样的事情当然是可笑的。因为他本来的威风和跌了一跤后的狼狈样，正形成了一个对比。反过来说，他如果是个衣衫褴褛的穷人，一副可怜相，跌了一跤便不致会引起人注意，因此也无所谓可笑了。幽默与机智，在交际上可以压倒人，也可以鼓起他人的兴趣，可缓和紧张的局面，可以使大家欢乐。

用机智和幽默去鼓起他人的兴致，别人对你将会十分感激，你说一句笑话可以像一缕阳光似的驱散重重的乌云，一切的怀疑、郁闷、恐惧，都会在一句恰当的笑话中消散。机智运用得法，可以使一个敌对的人哑口无言，也许还可以解除尴尬的局面，赢得别人的鼓掌喝彩。

幽默是有区别的，有些是文雅，有些是暗射用意；有些高尚，有些低级。低级的幽默形同讥笑，往往一句普通的讥讽话会使人当场丢脸、反目不悦。所以说幽默话应该高尚、斯文才好。

一味地说俏皮话，无限制的幽默，其结果反而不幽默了。譬如，你把一个笑话反复地讲了三遍、五遍，起初人家还以为你很风趣，到后来听厌了之后，便会不感兴趣。

所以，说笑也要注意，有时也会使人不高兴的，理由是说得不是恰得其时其地。譬如大家聚精会神地在研究一个问题，你忽然插进一句全无关系的笑话，不但人们不会发笑，也许还会遭到白眼。如果你的幽默含着批评意味、带着恶意的攻击，挖苦别人丑陋的事情，这些话还是不说为妙。

幽默是思想、学识、智慧和灵感的结晶，是一瞬间闪现的光彩夺目的火花。幽默是自觉地用表面的滑稽逗笑形式，以严肃的态度对待生活中的事物和整个世界。幽默是具有智慧、教养和道德上优越感的表现。幽默感是人类比较高尚的气质，是文明和睿智的体现。

如果我们想在社交活动中给人一个良好形象，就必须运用幽默。幽默的社交，可以让人觉得醇香扑鼻，隽永甜美。幽默的社交，可以把别人的心吸入你的幽默磁场，在一起笑的时候，使彼此的感情产生交流。只要稍稍留意，在生活中到处可以发现带给人们无穷乐趣的幽默故事。

幽默，可以使愁眉不展者笑逐颜开，也可以使泪水盈眶者破涕为笑；可以为懒惰者带来活力，也可以为勤奋者驱除疲惫；可以为孤僻者增添情趣，也可以使欢乐者更加愉悦。而中外的知名成功人士，更是许多都具有幽默的品格和乐观豁达的品格。

著名文学家巴尔扎克一生写了无数作品，却常常手头拮据、穷困潦倒。有一天夜晚，他正在睡觉，有个小偷爬进他的房间，在他的书桌里乱摸。巴尔扎克被惊醒了，但他并没有大喊大叫，而是悄悄地爬起来，点亮了灯，平静地微笑着说："亲爱的，别翻了。我在大白天都不能在书桌里找到钱，现在天黑了，你就不用耗费心机了！"大作家对贫穷的超脱，可见一斑。

幽默的力量是无穷的，它可以使年轻人显得机智，使老人变得年轻；可以吸引众人的注意力，可以在微微一笑间缩短彼此的距离，而在各种紧张、尴尬的场合中，幽默更能发挥出非凡的作用，使所有令人不快的气氛一下子变得愉悦而轻松，使对立冲突、一触即发的态势转为和谐与融洽，还能使对方心悦诚服地理解、接纳你和你的观点。

真正的幽默诙谐而不失风度、滑稽而不粗俗、精练而不繁冗。而且，幽默虽然只是短短的几句话，或者简单的行动，却常常能胜于千言万语的描述与雄辩，使别人明白你要表达的事实和道理，并轻易地接受，为之折服，达到劝解、说服的效果。

在社交活动中，我们一定要与人为善，与人和睦相处，但如果有人找乐子拿你开玩笑，对你进行辛辣的嘲讽，令你无法接受，你也可以运用幽默这一有力武器，进行回击，以扭转自己的被动境地，并向其他人展示你的机智应变能力。

其实，许多人都知道幽默的重要性及好处，也希望自己成为一位具有幽默感的人，随口说一句话便能令大家发出会心的微笑，但是，自己却不是天生幽默的人，不能像卓别林等喜剧人物一样，一张口，一举手，一投足，都充满了启人心智、令人愉悦的幽默，使千万人为之捧腹、为之倾倒。

许多人具有幽默的天赋。首先，你要有豁达乐观的胸怀，有自嘲的勇气和接受幽默的风度。其次，要多读些幽默笑话等书报，充实自己的笑料库。在朋友聚会时，讲上一段小笑话，蹦出一句经典的幽默话语，也可以让别人觉得你是一个幽默的人。长期累积，等到你可以把笑料库里的笑话灵活自如地运用时，你也就算大功告成了。这里，向大家隆重地推荐两位喜剧明星：一是周星驰，二是葛优。多多观摩两位的经典喜剧影片，记上一两段令人爆笑的对白，适时抖落出来，一定能让人对你刮目相看。比如：从前有一……我没有去珍惜……相信这很容易做到吧。

另外，在你周围的朋友当中，一定有几个是你特别乐意接近的，你之所以喜欢和他们在一起，是因为他们比较有趣。把这几个人的名字记下来，多观察他们如何与人相处，看看他们如何吸引大家听其讲话，尝试用他们的方法和人沟通，慢慢地再将自己的独特风格融入其中，相信你也能成为一位受欢迎的幽默大师。

世界上没有一个人不喜欢风趣幽默的语言。在中国的传统文艺晚会上，相声小品之所以一直成为最受欢迎的节目之一，就在于它的表现形式离不开幽默，那幽默的语言强烈地感染着观众的心，幽默的话能抓住听者的心，使对方平心静气；也可以使一些深刻的思想表达得更加生动和形象。

心理学家认为，幽默是人的能力、意志、个性、兴趣的一种综合体现，它是社交的调料。有了幽默，社交可以让人觉得醇香扑鼻，隽永甜美。它是引力强大的磁石，有了幽默的社交，便会把一颗颗散乱的心吸入它的磁场，让别人脸上绽开欢乐的笑容。它是智慧的火花，可以说这种交往是智慧的体现，是智慧者灵感勃发的光辉。

表达幽默的方式很多，下面试举几法：

1. 夸张

夸张是根据表达需要，对客观事物的某些方面故意进行放大描述，言过其实地进行扩大或缩小而引起想象力的修辞手法。"白发三千丈"是夸张名句而非幽默，夸张要产生幽默，还要同生活中错谬乖僻或滑稽可笑之处相联系，即通过对生活中乖僻可笑之处的极力夸大渲染，来揭示生活中某些不合理或不和谐的现象，进行善意的嘲讽和规劝。

一般常采取大词小用、小词大用、庄词谐用，并根据现有条件进行合理想象和似是而非的逻辑推理，将结果极力夸饰变形，产生诙谐幽默的效果。

2. 一语双关

这是在说话时，故意使某些词语在特定环境中具有双重意义的方法。双关是利用词语的同音或同义的关系，发挥其在特定语言环境中的双重意义，言此喻彼，巧妙地传递蕴藏在词语底层潜在信息的修辞手法。双关分为谐音双关和语意双关两种，将其恰当运用于口语表达中，可以增添言谈话语的幽默感。

3. 比喻法

比喻是用有相似点的事物打比方，是用具体、浅显、熟知的事物作比来说明抽象、深奥、生疏的事物的修辞手法。在口语表达中，运用恰当的比喻可使言谈话语既形象生动又风趣幽默。

4. 曲解法

把本来不相干的事物巧妙地引入到原先叙述的事物中，从而得出新的认识、体验和结论，营造诙谐、可笑的情趣。

曲解是对问题进行歪曲荒诞的解释，即把两种毫不相关的事物凑集捏合在一起，造成因果关系的错位或内在逻辑的矛盾，得出不和谐、不近情理、出乎意料的结果，从而使语言谈话产生幽默感。

5. 类比法

生活是和谐统一的，但在内容与形式、愿望与结果、理论与实际等方面会产生强烈的不协调，于是形成了不和谐的对比，这种强烈的反差必然产生幽默、可笑的情趣。

类比是根据两种事物在某些属性上的相同，而且已知其中一种事物还有其他属性，从而推知另一种事物也可能具有相同的其他属性。在口语表达中恰当运用类比，可以起到扭转逆境、轻巧取胜且不失幽默感的效果。

6. 拟人法

拟人运用在口语表达中，可以把事物无意识的活动变成有意识的自觉运动，从而增强口语表达的幽默感。拟人是根据联想把一般生物或无生命的事当作人来写，并赋予其强烈的思想感情色彩或某种动机的修辞手法。

7. 转换法

转换是打破特定语言情境的一致性，故意将不同语境中的词语转移套用，由此转彼，造成语言表达上的严重不协调，从而产生诙谐的幽默感。

8. 中断法

语言的逻辑发展不按常规发展而突然中断，出现了一个出人意料的可笑结局——这却是用意所在。于是人们在笑声中恍然大悟。

总而言之，口语表达中构成幽默的表现手法很多。幽默表现手法的巧和智都直接体现着口语表达水平的高低。越富有幽默感，口语表达的效果也就越理想。

第 2 章
口才的价值

生活中需要好口才

  我们每天都会有一些场合，需要我们说几句很恰当的话。这几句恰当的话，能够帮我们很多的忙，解决我们很多的问题，因此，如果我们能够灵活自如地运用我们的口才，不管对于我们的生活还是工作都有很大的好处。

  一个会说话的人，可以流利地表达出自己的意图，也能够把道理说得很清楚、动听，使别人很乐意接受。有时候还可以立刻从问答中测定对方语言的意图，从对方的谈话中得到启示，了解对方，与对方建立良好的友谊。但是，我们常看到许多不会说话的人，他们说话不能完全表达出自己的意图，往往使对方听起来费神，而又不能使人信服地接受，这就造成了一种交际上的困难。

  目前人类的社会生活，人与人之间及人与社会之间的关系是非常密切的，因此社交往来也是不可缺少的。随着人们互相合作机会的增加，我们的说话表达能力便更加重要了。人类生活到了现在，口才已成为决定一个人生活及事业优劣成败的一个因素，由一个人每天所说的话，可以判定他每天的工作生活情况；一个人每天的喜怒哀乐，往往由其言语来决定。一生失败于口才的人很多，我们和人接触时所说的话，是很容易被人估定其价值的。口才好，说话流利会使人托付重任。有了才干,即使没有口才,虽也可以达到成功的目的,但有才干兼有口才的人,他成功的希望更大。因为你的才干可以通过言语谈吐充分地表露出来,使对方更深一层地了解你,并且信任你,这样对方才敢托付给你重任。尤其是一个有学问而没有口才的人和人交谈时,就有点儿难于应付,同时在无形中就损失了不少的收获。往往有些人,在繁忙的人事接触中,觉得别人说的话,有如自己被威胁似的,也许别人说的话太圆滑多变,太富于煽动性,使自己说起话来反觉得木讷结舌了。一个滔滔不绝的说话者,颇有一种不可思议的力量,可以影响周围气氛的松弛与紧张。

口才,确是人类生活中最难能可贵的艺术或技术,你看到一百个人中能有几个人是长于口才的呢?少数人的有口才,可以说是出于天才,但多数人的有口才,却是出于平常多锻炼的缘故。

说话流利的人很受欢迎,他能够使许多原先不相识的人携手,亦能使许多本来彼此不发生兴趣的人互相了解,能替人排解纠纷,消除人与人之间的隔阂,能医治他人的愁苦、忧闷,使大家生活得更美好、更快乐。说话流利的人还能把生活过得很快乐,他们业余时间和朋友或家人可以快快乐乐过一个晚上,使大家得到很多的乐趣。

有许多人觉得自己说话不流利,感到生活上很不方便。他们平时很少说话,若跟几个熟得不得了的人东拉西扯倒可以,可是一到要办事的时候,一句有用的话也说不上来。他们在社会生活中,处处觉得话不达意,时时感到困窘。于是别人就会说他们是老实人,他们也会渐渐地觉得自己是老实人,自己对自己说,或是对别人说:我是老实人,我不会说话。好像老实人就必定不会说话,不会说话的必定是老实人。这样,怪不得有些人取笑说:"老实乃无用之别名。"社会上有许多不老实的人,利用了一般所谓的老实人不会说话的弱点,占他们的便宜。这些会说话而不老实的人,的确是可恨的。不会说话的人,最恨的就是这些人,骂他们花言巧语,骂他们尖嘴利舌,骂他们滑头。然而会说话的人未必就是不老实的人。这样那些不会说话的人,也不应自以为比那些会说话而不老实的人清高,他们会认为:我虽然不会说话,但我是老老实实的人。否则,有些人就会因此而不肯去补救他们不会说话的弱点，错误地以为去学说话，就是去学滑头，学不老实一样，不过，多数老实人并不那样想，他们倒真是老老实实地承认，不会说话是他们很大的缺陷。他们想练习一下自己的口才，因为他们知道有了很好的口才之后，才不会做一个语不达意的老实人，才不会在生活上、工作上遇到更多困难，才能促进自己事业的成功，使自己的生活顺利而愉快。

没有口才的人，有如发不出声音的留声机，虽然是在那里转动，却不使人产生兴趣。工业社会是一个繁忙的社会，具有口才的人，必然是现代社会中的活跃人物。口才是一种技术，也是一种艺术。能干的大企业家，定要具备口才，律师、教师、演员、推销员等，都是侧重于口才的。口才是人类生活中应用普遍而最难能可贵的技术或艺术。一个人的说话能力可以代表他的力量，口才好的人往往容易被人尊敬，而口才差的人容易被人冷淡遗忘，由此足以显示"口才"两字对于人生旅程具有何等重要的意义。

人类生活的要素，一方面是物质生活的满足，如衣、食、住、行等的舒适；另一方面却是精神生活的安慰，如思想、意念、情感等等。充实精神生活，正和满足物质生活一样的重要，甚至在某一种境地中，满足精神生活，却比满足物质生活重要得多，尤其是表达思想、满足意念、传述情感的语言，更是人类生活当中一件不可少的事情。当你无法表达你的意思，满足你的意念，传达你的情感时，你所受的痛苦一定是非常大的。譬如你正和大家谈得十分起劲，这时若你的声音嘶哑，无从发言，你将觉得如何的窘迫呢？

人类生活已经到了不能孤独生存的境地，语言更表现出不可或缺的作用。你无论在什么环境中，不可能避免跟人们交往，那么你就不能不依靠说话来做交往的媒介。这里我们不必多费时间来研究语言是如何发生的问题，但是我们却不能不讨论人生和语言的密切关系。一个人的说话能力，可以显示他的力量。口才好的人，说话说得使人信服，往往使他的地位抬高了许多，就是胸无半点常识的人，往往因为会说话，人家都误以为他是个能人。当然，我不是说一个人只要口才好，就可以应付一切了，但是如果具有良好的口才，无论是立身处世，还是交友待人，都一定会给你带来许多帮助。

人之见解、主张，那是经过长期形成的，但却是可以改、可以变的。想通了这一点，当你遇到别人的意见和你不同时，一方面不会过于心急地要求别人立刻表示同意，会容别人好好考虑一下，而且也希望别人多多考虑一下能够相信你；另一方面，也不至于一听见别人意见和自己不同，就说什么"话不投机半句多"，三言两语合不来，就断绝交往、闭口不谈。而相反地，你会很有兴趣地听听别人有什么不同的意见。

好口才的能量

事业的成功和失败，往往决定在某一次的讲话中，这绝不是夸张的说法。富兰克林说过一句话：我在约束我自己的时候，曾有一张美德检查表，当初那表上只列着12种美德，后来，有一个朋友告诉我，说我有些骄傲，这种骄傲，常在谈话中表现出来，使人觉得盛气凌人。于是我立刻注意起这位友人给我的忠告，我相信这样足以影响我的前途，然后我在表中特别列上虚心一项，我决定竭力避免一切直接触犯别人感情的话，甚至禁止自己使用一切确定的词句，像"当然""一定""不消说"……而以"也许""我想""仿佛"……来代替。富兰克林又说："说话和事业的进行，有很大的关系，你如出言不慎，你跟别人争辩，那么，你将不可能获得别人的同情、别人的合作、别人的助力。"想获得事业上的成功，必须具有能够应付一切的口才。

在事业上，有些谈话是比较严肃的。谈话的目的，不只是一种社交上的需要，也不只是互相认识一下，互相了解一下。例如你找一位朋友，请他参加一个团体；或是一个社会福利工作者出去调查一个家庭；或者一位医生，解决一个医疗问题；或是买卖双方谈判生意上的事情……这一类谈话，究竟和一般社交性质的谈话有什么异同呢？有些方面，二者是一样的，例如你要具有一般的谈话能力，你要能够适应对方，尽可能了解对方的特点，你要有兴趣，态度要友好而又真诚等等，有些地方却是不同的，这类谈话，每次都有一个特殊的目的。

要使别人瞧得起自己，先要自己瞧得起自己，绝不可露出乞怜的样子。你可以谦逊，但绝不可谄媚，不可单是唯唯诺诺，使人觉得你无动人之处。当你说出你的能力，当你被试探着你的智慧时，简单作答是必需的条件。比如，当你去应聘营业部经理时，发表意见时不可肆意批评别的营业方法；更不可告诉对方说你的计划一定成功，如果雇用你，必可使业务改良发展等。这要由对方心里称许，不应由你自己说出，报告你的能力而不流于自夸，得失仍应该让对方去评判。这样，即使你的见解和他不相符，希望仍不会失掉。自夸必连带着固执，这种态度只会使人厌恶。

据说有一个人对商业广告极有研究，曾在无机会中创造机会。他以求职的目的去拜访一个大公司的经理。会面以后他始终没有把谋职的意思说出，他只和经理谈天，他在巧妙的谈话中尽量地把广告对于商业的重要性和其运用的方法说出来，他举了许多有力的例子，他丰富的词锋引起了经理的兴趣，结果他没说出谋职，反而由经理主动请他替公司试办广告设计事务，他的目的达到了，这就是仅凭一席话给自己创造机会的人。他有才干，而且懂得怎样用巧妙的谈话去找到他发展才干的职位。所以，预备一些使对方产生深切兴趣同时表现你才干的谈话资料，往往能帮助你获得成功。

工作时间或应征工作的晤谈，所需要的是你爽朗和冷静的一面，谋取工作的关键，在于你究竟多想谋取工作。应征工作的晤谈，最重要的是表示自己的资格和能力，不过打肿脸充胖子的行为仍是不宜，只能瞒骗一时。如果应征工作的晤谈令你胆颤心寒，那么也许是你深深地明白自己肚子里究竟有几滴墨水的缘故。工作晤谈不是社交拜会，不宜摆一副安逸的姿态。谈话的范围应有一定的界限，不要谈办公室的陈设，不要谈对方的一身装束。应征晤谈时间有一定的限制，你必须把你的资格和能力浓缩在一个很短的时间内交待清楚，所以准时就是你所受训练、教育及能力的最佳证明。

在工作上要胜任及愉快，不要摆一副冷面孔，尽量减少情绪上的困扰及不切实际的理想，谈谈工作中所需要的知识，谈谈工作中的经验，要诚心诚意的，不存任何的成见。在一块儿工作的人，必须彼此敬重，礼貌，关心，互道早安，语气温和。如果谁有不想和人说话的时候，我们必须尊重他不想说话的权利。我们要彼此坦诚相向，心中有话，直言不讳。当一个人略显慌乱或口吃时，其他的人就要开口为他解围，适时掩饰他的辞穷。

有些人因害羞，常遭受种种痛苦。当他们在一群同事或与工作有关系的人中，他们的信心就瓦解了，他们怀疑自己是一室人中最不风光也最不机智的人。沮丧布满他们的脑海，反应也开始迟钝。他们只顾喝自己的饮料，甚至连好同事的名字也给忘掉。对待这些害羞的人，我们既不可忽视他也不必过分注意他，忽视会使他更不自在，过分注意又会使他更难过。如果对他也对大家说个笑话，弄得大家都乐，他也会说起笑话来的。

失言是常有的事。此时，不要虚张声势，除非你遭遇的情势，已牵涉到别人情感的问题。你应该立即承认自己犯了错误，你认错就不致使情况恶化，而且你很可能还有所收获。现在有勇气说"我错了"的人已经不多，因此，敢说"我错了"就能赢得敬重。这种无心的错误，还不难让人理解。更有一种错误，几乎是不能让人原谅的，我们最好不要公开取笑任何人的缺点。如果已犯了错，那么就勇敢地认错、道歉并请求对方宽恕，然后闭上嘴巴。

外交官的口才

从古至今，外交官都会拥有舌压群雄的口才，他们不需要因为某个话题和别人争得面红耳赤，却可以在各种尖锐的提问或交谈中直面每个问题，化解所有不利因素。这种口才需要外交官们具备强大的内心和处变不惊的定力，能够在任何环境中冷静地厘清自己的思路，处理自己的话语，做到万无一失，毫无漏洞。

杨洁篪，是中国第一位在新中国成立后出生的外交部长，他谦和低调，温文尔雅，被誉为"大儒之帅"。然而，这个儒雅的上海人在外交界却有一个颇为生猛的绰号——"老虎杨"，这是美国前总统乔治·布什对杨洁篪特有的爱称。2008年3月12日，履新不到一年的外交部部长杨洁篪步入记者招待会会场，以他儒雅而不失睿智，沉稳又不乏幽默的外交口才征服了中外记者。

1. 咬文嚼字话"中日关系"

当日本时事社记者问杨外长："毒饺子事件"对中日关系有何影响？杨外长答道："中国政府一贯高度重视食品安全问题，采取对中外消费者高度负责的态度。对于在日本发生的'饺子中毒事件'，中方高度关切，中国主管部门采取了一系列必要的措施，开展了认真、负责的调查，并且已经适时公布了初步调查结果。"

日本记者把从中国进口的食品造成的中毒事件定性为"毒饺子事件"，在杨外长的回答中，"毒饺子事件"被改成"饺子中毒事件"。"毒饺子"是偏正结构，意思是有毒的饺子，是饺子本身有毒；而"饺子中毒"是主谓结构，不排除饺子在包装、运输、烹饪、食用过程中遭受污染或人为投毒的可能性，这两者的性质是完全不同的。日本每年消费中国食品的数量极大，"饺子中毒事件"只是其中一个偶发事件，不能因此妨碍中日两国交流的畅通，更不能因此影响胡锦涛主席即将对日本的访问。杨外长捕捉到这一事件背后的政治意义，咬文嚼字，体现了他严谨、敏锐的政治素质和高超的语言技巧。

2. 绵里藏针论"中非发展"

当问到中国在发展同非洲的"良政"和人权问题时，杨外长答道："关于非洲问题，我想谈几点看法。第一，中国是非洲人民的老朋友、好朋友。我们始终认为，国家间的利益虽然重要，但是道义和感情也是十分重要的。如果一个国家只有利益，没有朋友，那就未免太孤单了，太无趣了。中国在非洲朋友很多，我们真诚地把非洲国家看作自己的朋友，致力于发展中非新型战略伙伴关系。中非关系的特点是真诚友好、平等相待、相互支持、共同发展。第二，非洲国家有权根据自己的意愿来选择合作的伙伴，有权通过开展合作，将自己的资源优势化为发展的优势，把潜在的优势变为现实的优势。非洲国家和人民是普遍欢迎中非合作的，这点人们看得很清楚。所以，我想如果有人要评论中非合作的话，他们首先应该尊重非洲人民的意愿、非洲人民的意见，这种尊重以前好像少了一些。"

杨外长分别从中国和非洲两个不同的角度谈中非关系。首先，阐述中国长期一致的立场——"国家间的利益虽然重要，但是道义和感情也是十分重要的"。中国是个重道义和感情的国家，决不会仅仅因为利益的原因就置道义和感情于不顾，所以中国不仅是非洲人民的老朋友，还是好朋友。杨外长话锋一转，用通俗的口语，批评了那些只顾自己利益，不管别人死活的国家，"未免太孤单了，太无趣了"。

接着，杨外长从非洲国家的角度论述中非合作，他用了两个"有权"，用了"将……化为"、"把……变为"的排比句式，说明非洲国家作为独立的主权国家，有权自主处理自己的内政与外交，任何他国都无权干涉。中国尊重非洲人民的意愿，中非合作是建立在"真诚友好、平等相待、相互支持、共同发展"基础上的，所以受到非洲国家和人民的普遍欢迎。

最后，杨外长不忘给那些只顾对他人指手画脚、不反思自身行径的政客们敲响警钟，"如果有人要评论中非合作的话，他们首先应该尊重非洲人民的意愿、非洲人民的意见，这种尊重以前好像少了一些"，这是一个假设复句和转折复句的糅杂，"如果……（那么）……（但是）……"既有所指，又不明指，绵里藏针，暗含讥讽。

3. 巧设比喻评"空气质量"

善用比喻是智慧的表现，杨外长就极其善用比喻来论述问题，阐明观点。当记者针对国际上认为中国在应对气候变化、减少温室气体排放方面应该承担更多的义务，请问杨外长的看法时，杨外长答道："关于气候变化问题，当前的气候变化发生问题的主要原因，是发达国家的长期历史排放和高人均排放。中国之所以排放总量大，主要原因是中国是世界上人口最多的国家，但是中国的人均排放量是很低的。三个中国人的排放量，还抵不上发达国家一个人的排放量。好比咱们吃一顿早饭，一个人吃三片面包，另外三个人每人只能吃一片面包，谁应该节食呢？如果按照人们所说的'人人生而平等'的观点来看人均的能源消费，我想有一些人就不必要那么振振有词地来宣传中国的排放量如何之大，似乎他们占据了道义的制高点。……所以在谈排放问题的时候，不能只讲总量不讲人均，不能只讲当前不看历史，不能只讲生产不讲消费。如果这么做的话，我看对谁都是不公平、不科学的。"

首先，杨外长一针见血，以不容置疑的语气陈述了气候变化的主要原因，是发达国家的长期历史排放和高人均排放所造成的。针对国际上一些人的指责，杨外长运用辩证思维，指出中国的高排放量是因为中国人口众多，中国的人均排放量其实是很低的真实情况。为了加强说服力，杨外长巧设比喻，以"吃面包"比喻能源消费，以"节食"比喻减少能源消费，通过类比，通俗形象地说明了在能源消费问题上真正需要"节食"的，是那些"一个人吃了三个人早饭"的国家。其次，杨外长借力打力，引用这些国家所宣扬的"人人生而平等"的观点，指责他们混淆是非，因为他们的做法违背了他们的主张。最后，杨外长用"不能只讲总量不讲人均，不能只讲当前不看历史，不能只讲生产不讲消费"的排比句式，鲜明地界定了对待排放问题的公平、科学的态度。整个回答理直气壮，干净利索，充满辩证的哲学思维，具有很强的说服力。

4. 义正词严斥"奥运政治化"

针对国际社会上一些不怀好意的国家把奥林匹克运动会政治化的言论，杨洁篪外长毫不留情地进行了批判。"首先要讲，爱国主义和把奥运会政治化是两个根本不同的概念。难道是中国政府鼓动中国人民支持奥运会吗？我想只要公正、客观的人都会认识到，中国人民是发自内心地对奥运盛会巨大、衷心、热烈地支持。第二，我并不认为国际社会在把北京奥运会政治化，企图把北京奥运会政治化的是个别对中国极不友好的、具有巨大偏见的个人和势力，他们根本代表不了国际社会。第三，我想指出，非政治化是《奥林匹克宪章》所规定的，那些攻击中国的人，口口声声标榜法律的重要性，他们为什么要明知故犯？为什么要违反《奥林匹克宪章》有关规定？我们愿意同各国人民、各方人士来讨论如何把北京奥运会办成一届有特色的、高水平的奥运会，我们欢迎各方善意的建议和批评。但是他们想抹黑中国，请听清楚，我讲的是中国，这是办不到的。因为他们这么做是遭到中国人民、世界人民反对的，他们是站在中国人民、世界人民的对立面，他们这样想办法抹黑中国，只能证明他们自己本身是一种什么颜色。"

第一，界定概念，抓住本质。杨外长运用反问句说明中国人民是发自内心地对奥运盛会巨大、衷心、热烈地支持,这是爱国主义的体现,而不是把奥运会政治化,爱国主义和奥运会政治化本身就是两个不同的概念。

第二,明确范围,揭示真相。杨外长慧眼识真相,认定企图把北京奥运会政治化的是个别对中国极不友好的、具有巨大偏见的个人和势力,他们根本代表不了国际社会,不能以偏概全。

第三,引经据典,有力驳斥。杨外长用了两个"为什么"的疑问句,说明那些口口声声标榜法律重要性的人,他们是明知故犯,可见他们的险恶用心。

第四,杨外长用"请听清楚"这掷地有声的语言,用三个递进的排比句,义正词严地斥责了某些人想抹黑中国的目的是不会得逞的,奉劝这些人不要搬起石头砸了自己的脚,否则只能证明他们自己本身的"颜色"!

5. 平心静气道"个人风格"

"关于个人的风格,我想中国的历任外长都有个人的风格,但是有一点是共同的,就是忠于国家,忠于人民,广交天下的朋友,促进和平发展事业……我是属老虎的,但是我在同外国同事们打交道的时候,我要平心静气地讨论如何促进双边和多边的关系,如何携手为解决地区和世界的问题共同来作出努力。当然,他们肯定知道我会坚定地捍卫中国的利益。"

面对记者的提问,杨外长平心静气地谈个人风格。作为新中国的第十任外交部长,杨洁篪首先肯定自己和历任外长有着共同的风格,那就是"忠于国家,忠于人民,广交天下的朋友,促进和平发展事业",这既是风格的介绍,更是对中国外长忠心、忠诚的共同品质的自豪宣扬。他特别对记者说明,虽然自己是"属老虎的",但是在同外国同事商讨国际事务时,他会"平心静气",以柔克刚;在关键问题、原则问题上,却会"坚定地捍卫"国家利益,决不妥协,又充满了老虎的霸气。"平心静气""坚定地捍卫"具体说明了"老虎杨"爱憎分明的独特个性,高度概括了"大儒之帅"刚柔并济的外交风格。

口才在公关中至关重要

公关口才是指社会各界人士在公共关系活动中，能够体现公关精神，遵循公关原则，取得良好公关效果的口语表达才能。在公共关系活动中，在大量运用有声语言媒介进行传播。其方式有：答记者问、与员工谈心、电话交谈、内外谈判、各类演讲和为宾客致迎送辞等。

公关口才的基本功能有以下几点：

1. 信息传播

公共关系活动的过程，其实主要就是一个组织与公众之间进行信息传播和沟通的过程。公关口才是面到面的双向沟通，既有对外的信息传递，也有向内的信息输入和反馈。它能最快地了解公众，并从公众口中获得信息，从而为组织收集信息，提供决策依据。

2. 协调沟通

组织内部的团结合作是组织成功的基础；组织外部的理解和支持是组织发展的条件。公关口才是面到面的双向沟通，能畅通信息传播，改善内外关系，影响公众态度，激发公众行为。

3. 形象管理

公共关系是一门经营管理、塑造形象的艺术，树立良好的组织形象是公共关系的主要职能和目标。公关口才是公共关系中塑造组织良好形象的重要手段，是人际传播、沟通信息的重要媒介，是公关工作者的无价之宝。

公关口才的表达方式有很多种，风格各异，但是都是维系良好社会关系以及社会形象的一种表达形式。

叙述是公关口才最基本的表达方式之一。它以人物的活动、事件的进行和物体的存在与变化为表述对象，以表述人、事物的活动和变化的具体过程，来说明一个问题或一个道理。

从叙述的目的要求上分，有详细叙述、简要叙述、入角叙述三种。

（1）详细叙述。这是一种接近原始材料的叙述。它要求忠于原材料，忠于原事件，结构、人称、语言风格，都要保持原样。

（2）简要叙述。这是根据叙述的目的要求对原始材料加以浓缩概括，然后用简明扼要的语言叙述出来的一种口语表达方式。这种叙述方式，根据需要可以删去次要的、解释性、修饰性的内容。

（3）入角叙述。这种叙述是站在听众的立场上，从听众的角度进行叙述的，它体谅听众，替听众着想，为听众分忧，帮助听众出主意，使听众更能信服。

描述也是公关口才的说话方式，是把客观事物的特征及其形态具体细致地描绘给别人听的一种口才表达方式。它的任务是表述一定事物的行、声、色、态的具体状貌，将其特点乃至本质告诉听者。从描述方式上看，有观察描述、回忆描述和想象描述三种。

（1）观察描述。这种描述方式就是边看边说或看后就说。从描述对象上看，有看人描述、观景描述、看图描述、看物描述等。它要求对近在身边的事物进行全面、细致的观察，了解事物的特点、变化。

（2）回忆描述。这是对此时不在身边的或过去的人和事进行回忆，把记忆中的东西用描述的方法说出来，使听者了解，达到说的目的。回忆描述的范围很广，凡是不能直接观察而又是自己过去观察过的记忆内容，都可以用回忆描述。如追忆往事、缅怀故旧、叙说见闻、回忆场景等。

（3）想象描述。这种方式以观察或记忆的某些材料为基础，通过想象和联想，创造出一种新的、符合描述要求的材料，然后用口语把它描绘出来。

说明式是一种介绍性或解说性的口语表达方式。作用是说明事物，解释事理。说明方式常用的有定义说明、诠释说明、比喻说明等九种。

（1）定义说明。下定义，是用简明扼要的语言，概括出说明对象的性质和特点，揭示事物的本质属性（概念的内涵）。

（2）诠释说明。诠释，是对概念进行解释的一种说明方法。它与下定义有相同点，也有不同点。下定义本来也是一种解释，但这种解释比较严格，即被下定义的概念和定义概念的内涵及外延要求相等，其位置可以互换；诠释则不能互换，只对概念的含义作广泛的解释。

（3）比喻说明。比喻，就是打比方。对一些抽象的不易被人理解的事物或事理进行说明时，可以通过两类不同事物的相似点，用乙种事物来比喻甲种事物。

（4）分类说明。分类，是按一定的标准分门别类，一类一类地加以说明。一定标准是指事物状态、特征、性质、成因、结构、功用等，比较复杂的事物，还要对同属不同类，同类不同种分别说明。

（5）举例说明。举例，是举出具体例子，说明事理。为了说明复杂抽象的事理，借助具体事例，别人容易理解。举例说明，分一般性举例和典型性举例两种。一般性举例，主次均举；典型性举例属选择性举例。

（6）比较说明。比较，是通过两种或多种事物或事理进行比较，从而说明一定的问题。运用比较，必须有两种以上的事物、事理方可。事物、事理之间要按同一条件进行比较，条件不同就无可比性。比较分正比和对比两种。正比是从相同的方向进行比较，对比则从相对、相反的方向进行比较。

（7）概括说明。这是运用最广泛的一种说明方法，也叫介绍说明。其任务是把过去的、现在的人、事、物或正在发展、研制中的将来可能有的事物的概况介绍给读者，使读者了解和熟悉。

（8）引用说明。用经典著作、历史文献、科学论文、文艺作品、民间谚语等有关材料，作为说明的依据或补充，这种方法叫引用说明。

（9）数字说明。用从调查研究、科学实验中得到的数字说明事物，使读者对事物的某一方面得到明确的认识，这种方法叫数字说明。恰当、准确地使用数据，可以使说明文字简洁而有说服力。

说理式公关口才是以议论为主的口语表达方式。它运用概念判断和推理的逻辑论证方式，阐述事理，辨明是非，表明说话者观点，揭示客观事物的本质和规律。这种说理方式有与议论文相同的三个要素：论点、论据和论证。公关工作者要以理服人，所以就必须掌握说理的方法、说理的技巧。

说理式公关有分立论和驳论两种形式。在口语表述上要达到准确性、鲜

明性和生动性三个要求。说理的方法是很多的,重点介绍如下:

(1) 归纳法。归纳法是由对个别事物的认识推出一般性认识的论证方法。其方法是,将同类事物的个别特点经过概括,归纳为共同的特点,从而推出新的结论。

(2) 演绎法。演绎法是从一般到特殊的辩证思维过程。它是以反映事物一般本质的结论为前提,对尚未知晓的个别具体事物进行研究,找出其特殊的本质,从而推出新的结论。演绎法,由"大前提"、"小前提"和"结论"三段格式组成,从逻辑角度称为"三段论"。

(3) 类比法。类比法,由两类事物的许多属性相同,便推出它们在其属性上也相同,这就是类比法。它是由一个个别结论推演出另一个个别结论的论证方法。这一方法经常使用的有三种类型,即用寓言、历史故事、类似的事物来推论论点的正确。

(4) 对比法。对比法就是把正反两方面的论点或论据加以对比,达到否定错误论点、树立正确论点的目的。

(5) 例证法。用令人信服的典型事例来说明道理、证明论点正确性的方法就是例证法。例证法在议论中用得最多、最广。

(6) 引证法。引证法就是引证经典著作中的话,引证权威人士的话,引证谚语、格言以及其他旁证材料,来证实论点可信的论证方法。

(7) 喻证法。通俗地说,就是通过打比方来论证问题。这是一种形象化的论证方法。喻证法是拿比喻做论据,以论证被比喻者(论点)之理的。它的优点是将抽象的道理(论点)形象化、具体化,使人易于理解接受。

(8) 因果论证法。通过揭示论点和论据之间的因果关系证明论点的论证方法叫因果论证法。一般是由原因推论出结果,也有用结果推论出原因,或由结果推论出结果的。

(9) 反证论法。通过证明对立的论点是错误的,从而证明自己的论点是正确的,这种论证方法叫反证论法。这是一种间接论证方法,常和正面的论证结合起来运用。

第 3 章
生活口才与技巧

如何与陌生人一见如故

一见如故和相见恨晚，从来都被视为人生的一大快事。当今社会的人际交往极其频繁。参观考察、观光旅游、应酬赴宴、交涉洽谈……善于跟陌生人打交道，掌握"一见如故"的诀窍，不仅是一件快事，而且对工作和学习大有好处。

首先，要从自我介绍入手。

所谓自我介绍，是指人们在社交场合中向他人介绍自己的过程。这是推销自己的形象和价值的一种方法与手段，因此，这种推销的成功与否，常常决定着深层次的人际交流是否能够实现。

我们不能简单地认为自我介绍就是自报姓名，从某种意义上说，自我介绍是一种学问和艺术，有许多必要的技巧和尺度需要掌握。

1. 说好一个"我"字

自我介绍少不了说"我"，如何说好这个字关系到别人对你产生什么样的印象。有的人自我介绍时，左一个"我"怎样怎样，右一个"我"如何如何，听众满耳塞的都是"我"字，不反感才怪呢。还有的人"我"字说得特别重，而且有意拖长，仿佛要通过强调"我"来树立自己的高大形象。更有甚者，有的人说"我"时得意扬扬，咄咄逼人，不可一世。这种人的自我介绍不过是孤芳自赏，只能给人留下骄傲自大的印象。

要给人良好的印象，就要在合适的时候平和地说出"我"字，目光亲切，神态自然，这样才能使人从这个"我"字里，感受到一个自信、自立而又自谦的美好形象。

2. 独辟蹊径

自我介绍，往往先报姓名，然后说工作单位、职业、学历、特长或兴趣，等等，这样不免千篇一律，给人印象平平。

自我介绍独辟蹊径，是指从独特的角度，选择使对方感到有意义，又觉得顺其自然的内容，采用生动活泼的语言把自己"推销"给别人。而绝不是指那种借助别人威望给自己贴金的介绍，也不是指那种靠"吹"来取悦对方的介绍。一些人介绍自己时常说："某某副市长，是我的老朋友……""你知道著名的某某专家吗？我们曾住在一栋宿舍里……""我对某某问题很有研究。昨天我收到了某某杂志的约稿信……"等等，这样的自我介绍也许能给人深刻的印象，但不会很好。

3. 详略得当

在一些特定情况下，自我介绍的内容需要较全面、详尽，不仅要讲清姓名、身份、目的、要求，还要介绍自己的经历、学历、资历、性格、专长、经验、能力和兴趣，等等。为了取得对方的信任，有时还得讲一些具体事例。比如，求职应聘时，就要做到这一点。

另外，为了适应某种情境的需要，自我介绍有时不需要面面俱到，将姓名、爱好、年龄、性格等一股脑儿和盘托出。话不在多，表意就行。在自我介绍中运用"以点代面""抓住一点不计其余"的方法，反而能收到意外效果。

4. 巧妙注释"姓"与"名"

自我介绍少不了"自报家门"，为了使对方准确听清自己的名字，往往要对"姓"和"名"加以注释，注释得越巧，给人的印象就越深。对姓名的注释不仅可以反映一个人的知识水平、性格修养，更能体现一个人的口才。

一个人的姓名，往往存有丰富的文化积淀，或折射凝重的史实，或反映时代的乐章，或寄寓双亲对子女的殷切厚望。因此，推演姓名能令人对你印象深刻，有时也会令人动情。

其次，说好第一句话，仅仅是良好的开始。要谈得有趣，谈得投机，谈得其乐融融，还要注意交流的态度。

有人在交谈时，交头接耳，目光游移，心不在焉；或只谈论自己感兴趣的话题，高谈阔论，漫无边际；也有的十分拘束，沉默冷场；更有甚者，信口开河，东拉西扯，唯己正确，我说你听，淡而无味，结果往往不欢而散。

所以，与那些素昧平生者交流时，应避免傲慢与偏见，尤其是在最初见面的几分钟里，要心平气和，全神贯注，不失礼节地倾听。只有这样，才能做到推心置腹地交谈，达到一见如故的目的。

孩子的自尊心需要维护

父母子女间的关系虽然很密切，但是父母对孩子说话也不能随随便便。因为，孩子不管是在年龄、阅历、心理等方面都和父母存在着很大的差异，如果不加以注意，对孩子说一些不该说的话，那很不利于孩子的健康成长。父母是孩子的第一位老师，父母的言行无时无刻不在影响着孩子。因此，父母在与孩子交谈时应注意自己的言谈措辞。

父母对孩子说话时要有所忌讳，概括起来，主要有以下几点：

1. 忌说损伤话

有些性格急躁的父母，恨铁不成钢，动辄损孩子。什么"你这个笨蛋""一点出息也没有""活着干什么，还不如死了"等等，孩子耳濡目染，身心定会受到创伤。

"你怎么不像你姐姐？她门门功课都拿满分！"这样的话语，无疑会把孩子的自尊心破坏殆尽。许多家长没有意识到自己正给孩子造成了不安的情绪。

"是啊，为什么我不能像她一样？父母不喜欢我了"。他的反应往往是：第一，觉得遭到了贬黜，一无是处甚至没有希望；第二，摆脱人见人爱的姐姐；第三，为没人喜欢自己而愤愤不平。

这时，更为恰当的表达是："我知道你担心你的成绩不如姐姐好。我要你记住：你俩各有所长。我们也很看重聪明的孩子，你们各有惹人疼爱的优点。"

2. 忌说吓唬孩子的话

"如果你不立刻跟我走，我就把你一个人扔在这里！"你真会这么做吗？孩子当然希望你不会当真。因为小孩子最怕单独待在一个陌生的地方。但可能他听多了类似的威胁，已对此充耳不闻了。这种争执往往发生在公共场所，一旦你失去控制，孩子就赢了。较有效的方法是：当他太出格时，你把他抱起来。这样，他就会明白你不允许他在公共场所胡闹。

3. 忌说命令话

有些父母在孩子面前耍威风，没有一点民主气氛。有的家长一味地限制孩子，什么也不准，说话就是下禁令。例如："放学后不许与同学玩，不许到同学家里去，不许把同学带到家里。""你每天除了学习，别的什么也不许干。"由于孩子生活在命令中，孩子就会变得迟钝，没有创造力。

4. 忌说气话

有些缺乏修养的父母，稍不顺心就拿孩子撒气。在家没好脸色，说话没好气。孩子不敢接近，又躲避不了。如"去去去，滚一边去""不要说话，给我装哑巴"。孩子有时问点事情，也没好气地说："不知道，别问我。""老问啥，没完没了的……"这些使孩子横遭冷落的气话，是父母应该忌讳的。

5. 忌说侮辱话

有的不理解孩子心理的父母，当发现孩子有什么"不端"，则认为大逆不道，不是冷静地弄清情况，而是凭主观臆断，说什么"你这个不要脸的小畜生""小流氓"……

有的稍文雅的父母也有旁敲侧击、指桑骂槐的现象，弄得孩子反驳也不是，解释也不是，只好委屈地忍受着。

有些伤孩子自尊的话，也是父母与孩子交往时应该忌讳的。

6. 忌说埋怨话

当孩子犯错误之后，他会感到很无助。"我怎么会这样？我真傻。"他后悔当初没听从父母的话。就在这时，妈妈说："我早就跟你说过会这样。"转眼间，孩子的无助就变成了自卫。出于反抗母亲轻蔑的语气，出于摆脱自视蠢笨的自卑，他开始辩解。要么在绝望中屈服，要么在愤怒中反叛，两样都不利于孩子成长。

较好的表达方式是，妈妈说："你试过自己的方法了，可没成功，对吗？真为你难过。我也是这么过来的。"

7. 忌说欺骗话

有些言行不一的父母，言不信，行不果。欺骗孩子的话一般有：

"听妈妈话，明天给你做好吃的、买漂亮衣服。"

"好好念书，考好给你钱奖励你。"

这些话不落实，久而久之，孩子就再也不信了。这种话比没说的后果还坏。

8. 忌说宠爱话

有些不清醒的父母，溺爱子女。常常听到什么"你是妈妈的心肝儿""命根子""眼珠子"。有时孩子耍泼，要买什么，"好，妈这就给你买"。甚至孩子骂自己也笑，打自己还说"好"。这些容易造成孩子形形色色的坏毛病，应该改正。

说服父母的诀窍

大多数子女都会和父母有代沟。的确，因为年龄和社会关注点不同的原因，父母和子女在思想上会存在一定差异。又因为缺乏交流的艺术，双方经常产生碰撞摩擦。家庭中父母与子女间的摩擦，许多是两代人之间的思想分歧，解决起来也不是很容易。而且长辈大多会固执，晚辈又执拗，在都觉得自己正确的时候，往往就会靠争辩来解决问题，这就更加激化了彼此间的矛盾。

在这种情况下，如何说服父母，就需要一定的技巧。说服父母是一种特殊的交流和沟通过程。

1. 献殷勤，套近乎

献殷勤，不是虚情假意，而是要实实在在地孝敬父母。虽然父母有许多缺点，可做儿女的应该真心实意地爱他们，关心他们的冷暖和健康，为他们分忧解愁。有了这种心思，你就会有许多"献殷勤"的办法，也会有诚恳、礼貌、亲切的态度，自然而然就会说得顺耳，讲得动听了。

需要提醒的是，当父母问你什么事情时，这是送上门的"献殷勤"的好机会，你一定要耐心、认真地正面回答或解释，这样一定会换得父母更多的怜爱。长辈总想更多地了解晚辈的生活，你只要耐心地陪着他们就足够了。

人与人之间应该互相尊重，子女对父母更应该如此。而这种尊重，很重要的一个方面就是经常向老人请教和商量问题。除了那些自己能够预料到的肯定与父母的观点存在明显分歧，而又必须坚持己见的问题之外，其他的事情则应该经常及时地与父母商量，听听他们的意见，这无疑是有好处的。即使清楚地知道自己与父母的观点绝对一致，也不妨走走过场，以求得意见一致时所带来的愉快心情。

2. 利用类比讲明道理

在说服过程中，可以巧妙地把父母的经历和自己目前的状况类比，以求得他们的理解，使他们没有反对的理由。

比如，有一位大学毕业生想到南方闯一闯，家长不同意，他这样找理由说服父亲："爸，我常听您说，您16岁就离家到外地上学，自己找工作，独自奋斗到今天！我现在比您当时还大两岁呢，我是受您的影响才这样决定的，我想您会理解和支持我的。"

这样一来，儿子成功地说服了父亲，父亲无法再坚持自己的意见了。

一般情况下，做父母的都有自己认为辉煌的过去，他们免不了以这些资本教育子女。对于已成年的子女，如果要干一番事业但受到父母的阻挠时，就可以拿他们的经历作为论据，进行类比，这样有很强的说服力。

3. 以父母的期望作为自己的旗帜

父母对子女的未来都寄予厚望，望子成龙是他们梦寐以求的，而且在日常生活中，常常教导子女要敢闯敢干，将来要做一个有作为、有成就的人。

在说服他们时，只要你提出的意见与他们的目标一致，就可以抓住这面旗帜，作为有力的武器，为己所用。

有一位刚毕业的年轻人在一家公司找到一份工作，而父亲不同意儿子的选择正在托人给他联系某国家机关。这个年轻人说："这个公司我了解过了，很有前途，生产的是高科技产品，和我学的专业很对口。再说，国家机关好是好，可是人才济济，我到那里要想干出一番事业，恐怕机会不多。可是，在这个公司就不同了，我去那里，总经理要我马上把技术工作抓起来，这是多好的机会。我从小就依靠你们，没有主见，我现在长大了，觉得您说得对，做人要有主见，这个决定就是我自己独立思考定下的。我想您一定会支持我的。"

听到这里，父亲还能说什么呢？

一般说来，父母很注意自身的尊严，对过去说过的话不会轻易失信，而且会及时兑现。所以，在说服他们时，就可以适当利用这种心理，用他们的话作为自己的旗帜，很容易就会成功。

4. 发挥坚定态度的震撼力

子女在说服父母时要表明自己的坚定态度，让他们明白自己的选择是慎重的，是下了决心的，不管遇到什么情况都不会动摇，即使决定错了，也准备独自承担责任，决不后悔。

这种坚定的态度具有柔中寓刚的作用，对于父母有强烈的震撼力。父母从中可以看到子女的主见和责任感，就不会硬顶着把事情搞僵，反而还会顺水推舟，同意子女的意见。

一位女孩的父母不同意女儿和某个男孩谈恋爱，她对父母说："在这件事情上我决心已定，希望你们能理解女儿的心思，以后吃苦受累我也心甘情愿。

如果你们硬不同意,那也没有办法,就当没有生我这个不孝的女儿吧。不过,我是多么希望你们能理解和支持我呀!那样,我会感谢你们的。"

话说到了这里,父母还能说什么呢?他们并不想失去女儿,既然女儿已经铁了心,为什么还要苦苦相逼呢?这个事例中,女儿的决心起了重要作用。

最后,需要指出的是,如果自己的意见不正确,甚至完全错误,那就不是说服父母的问题,而是应该愉快地放弃自己的意见,采纳他们的意见。当然,这同样也需要勇敢和理智。

恋人之间如何交谈

第一次与心仪的对象交谈是需要技巧的,它直接决定你们以后感情的发展方向。它能使你在情窦初开时,把丰富的思想、微妙的心声用妥帖的话语表达出来,和对方的思想情感碰撞,擦出爱情的火花,点燃炽热的熊熊烈火。但是,这是一门复杂的学问,也是一个难题,正如恋爱没有固定的模式一样。

1. 同"搭桥式"恋人交谈

一般来说,经人介绍,发生恋爱关系的双方,大多是些恋爱无方、忠厚老实、性格较内向的人。赴约相见的时候特别容易忐忑不安。但是,初次见面不能羞羞答答,更不应木讷寡言,而应该落落大方,主动启齿。

如何展开交谈呢?

先谈些闲话,进而转入正题,开门见山、有所修饰地自我介绍一下,诸如年龄、文化、工作、脾气、嗜好、家庭状况,以及对未来的向往,等等。接下来说些双方都熟悉的或感兴趣的事。对于感情方面的表白,可委婉、含蓄些,留有一定的回旋余地。交谈的内容,必须注意对方的理解能力和接受能力,不然,对方就难以明白你的意思,甚至产生不必要的歧义。如果认为自己是看上他(她)了,那么,就可直言不讳地说:"我觉得今天与你认识很愉快，你呢？"如果双方或一方需要有待进一步认识和考虑，那你可以说："我希望我们的谈话以后能继续下去……你有这个意思吗？"如果双方或一方感到不满意，可以委婉地表示："让我们都慎重地考虑考虑吧……"或者说："我将征求我父母的意见……"以此作为托辞，努力避免不满情绪的流露，保持交往的礼仪，互相尊重。

2. 同"一见钟情式"的恋人交谈

俄国诗人普希金的长篇小说《叶甫盖尼·奥涅金》中，女主人公达吉雅娜是个朴素热情、富于幻想、热爱自然的姑娘，她见到男主人公奥涅金后就立即爱上了他，并大胆地写诗向他表白，诗中写道：

我知道，你是上帝派到我这里来的，
你是我的终身的保护者……
你在我的梦里出现过，
虽然看不见，你在我面前已经是亲爱的……

达吉雅娜对奥涅金真可谓是"一见钟情"。平时人们所说的"一见钟情"的爱恋，是由双方的直觉感官产生的，是由对方的形象、印象引发的，如外貌、风度、言谈，等等，男女双方的"情"就产生于"一见"之际。

1920年，在巴黎的一次舞会上，上尉戴高乐邀请汪杜洛小姐说："小姐，认识你我非常荣幸，是一种莫名其妙的荣幸……"

而汪杜洛则说："不是吗，上尉先生，我不知道还有比你的话更动听，比此刻的时光更美丽的东西……"他们一边跳着舞，一边倾诉着，当跳完第六支舞曲时，已经山盟海誓，定下终身了：这闪电式的恋爱，的确是一见钟情！

由于人们的个性不同、职业各异、文化修养和气质有别，因此同一见钟情的恋人进行第一次交谈，也没有固定的模式，表达方式、言谈内容都不尽相同。但总体的原则是：在理想上要谈得远些；在学识上要显得渴求些；在心灵上应流露得美好些；在感情上要表达得丰富些；在语气上要表现得谦虚些；在情态上要表现得诚恳些；在情爱上要表达得含蓄些。

如能这样，同恋人的初次交谈定会立于不败之地。

好口才化解小矛盾

有一对恋人约会，男方迟到了，女方噘着嘴不高兴。

男青年见此情景笑了笑，然后，不慌不忙走到女方身旁，对她说："我今天有一个重大发现。"女孩不做声，投来疑惑的眼光。男青年赶忙上前一步，附在女孩耳旁小声说："我告诉你一件事，请你保守秘密。我今天发现——你是多么爱我。"

一句悄悄话，女孩脸上"多云转晴"，漾起了幸福的微笑。

爱情是甜美的，爱情之花需要用甜甜蜜蜜的话语来培育。甜言蜜语是指发自肺腑的爱慕、赞美和尊重对方的言谈。男女青年开始恋爱时，双方都成为一个新的、特殊的角色，他们有着与众不同的心理状态，双方都把对方的赞美视为幸福。甜甜的话语，能使爱情之火燃烧得更加旺盛。

首先，要多用赞美之词。

恋爱时，如果不善于赞美恋人，就很难获得对方的好感，更难得到对方的爱情。在恋人心里，赞美如优美动听的音乐，悦在耳畔，醉在心中；如五月明媚的阳光，像诗一般浪漫。赞美能让对方感受到你的心迹：我时刻在关注你，真心喜欢你，你是我心中不可取代的太阳。

当面不失时机的赞美固然重要，不过，那种听者无意的背后赞美，有时会起到意想不到的效果。

生活中，只要细心观察，赞美之词是不难找到的。例如："你对这个问题的看法，很有新意。""这种发型与你的脸型很相配，非常好看。""这样再合适不过了！"

其次，交谈时多用礼貌语言，多采用征询语气，会使对方感到你很尊重他（她）。

除了赞美，恋爱双方互相尊重，也能使感情更为融洽。例如："你看这样行不行？""我想请你看电影，有时间吗？"

在称谓方面尽量多用"你"和"我们"，少用"我"。因为热恋中的双方，都会产生"两位一体"的组合心理，经常使用"我们"一词来建立"两位一体"的关系，不久以后，便可珠联璧合了。

再次，情人之间的甜言蜜语需要轻轻地说出来。古人很早就发现声音和感情的联系。《乐论》中说："凡首之起，凡人心生也……其爱心感者，声音和以柔。"恋爱双方都有一种羞涩心理，这种心理集中体现在爱的隐蔽性上，反映在言语上必然是带着亲切音色的轻言细语。

轻言细语可以较好地表达依恋、倾心的微妙感情，可以体现温柔、抚爱，还可以把双方共同带进一个温馨的世界。

如果一个男孩提高嗓门对女友说："我们去看电影吧！今天过得真愉快！"对方一定会认为他是没有修养的、粗鲁的傻瓜。这样的人，谁还会爱他呢？

恋爱双方拥有一个不为外人开放的神秘世界。在这个世界里，轻言细语能够传递爱的信息，效果比大声说话更为强烈。而这，只有热恋中的人才能深深感受到。当双方陶醉在爱的旋涡中，当产生了小误会或偶有意见不合时，若在对方耳旁说上几句甜言蜜语，对方一定会感到无比幸福，误会与不合将顿时烟消云散。

恋人之间有一种独特、有趣的语言游戏，那就是"斗嘴"，它既不是口角，也不是吵架，而是他们为了使爱更有味道，淘气地加上一把盐。

最后，恋人之间，由于爱好、性格、习惯等的不同，自然不可能时时和谐。不满总会或多或少存在于恋人之间，如何让恋人满意地接受你的不满呢？把恋人的缺点抑制在"萌芽"状态，有时需要用合情的话语，把心里话掏给对方，作一次倾心交谈。对方事后仔细想想会意识到自己不对，从而更加珍惜你的一片真情。

当然，如果是你不对，也可以巧妙化解。有些事情虽然对自己不利，如果善于说话，就会因为一句话说得对，而改变对方的看法，甚至让对方依照你的意思行动。

例如，赴约的时候迟到了，对方已经等得不耐烦了，一般情况下，这是一件对自己不利的事。如果说："有时等等别人也是别有一番滋味吧！"或是："因为在路上碰到某某要人和他谈话，所以才来迟了。"这样一来，对方当然更是气不打一处来。

如果你换种说法，结果就会两样：

"真对不起，我迟到了。他们总是故意为难我呀！司机慢慢儿开车，路上行人挡道，交通灯管制我，手表的针又走得那么快，走捷径吧，又遇到修补公路，真是连神仙都与我作对，为什么不让我长翅膀呢？有了翅膀，想什么时候飞来就飞来了。"

这样和气、幽默地诉说一通，对方或许会怒气顿消，与你和好如初。

夫妻之间的沟通方法

生活中有一类男人：他们在社交场合很活跃，妙语连珠，海阔天空。与其说他们关心的是谈话内容，不如说是在意谈话中的自己。在他们看来，讲话是自我表现的一种方式。这种时候，妻子则可能因为丈夫从未如此兴致勃勃地对待自己，而感到自尊心大受伤害。

丽贝卡与丈夫斯图尔特应该说是幸福的一对。即便这样，他们也有各自的烦恼。丽贝卡对别人抱怨说，当她对丈夫谈起自己的思想感情时，丈夫总是一言不发地听着；当她想听听丈夫的看法时，他就是三个字："没什么。"

向亲人和朋友吐露自己的心声对丽贝卡和许多女人来说，是生活中必不可少的内容，因为这意味着相互关心，融入彼此。但对于斯图尔特和许多男人来说，谈话的目的是获得信息，感情应该深埋在心底。

首先，夫妻之间说话时，相互尊重不可忽视。

在庆祝十月革命 15 周年的晚宴上,情绪极好的斯大林当着大家的面,对妻子娜佳喊道:"喂,你也来喝一杯。"如果是在家里这样说,是一句充满人情味的话。可是当着苏联党政高级官员和外国代表的面,这样就显得不够庄重得体,甚至可以说太随便了。偏偏娜佳是一位个性极强且年轻气盛的女人,从来就不认为自己是附属物,听了此话,感到受了羞辱,一时又未想到化解的方法和语言,于是就大喊一声:"我不是你的什么'喂'!"接着便站起来,在所有宾客的惊愕中走出了会场。

第二天早晨,人们发现,时年 22 岁的娜佳躺在了血泊中,手里握着"松牌"手枪。

一句话,断送了一条正值青春韶华的生命,实在令人惋惜。从斯大林方面说,他的过错在于不尊重妻子,在自尊这个人际关系的巨大暗礁前不知退让和绕行。祸根是他潜意识中的大男子主义。从娜佳方面看,作为第一夫人,且不论个性,单就化解突发交际矛盾和处理意外事变的能力以及语言表达能力方面看,确实存在着较大的欠缺。其实,这个尴尬场面用一句玩笑话就可以处理了。但她选择的方式令人遗憾。

"去买瓶酱油来!"或,"把房间打扫一下。"

夫妻在日常生活中,一方对另一方用命令的口吻分配工作或下达任务,是常有的事情。这种命令式的语言毫无商量之意,只有理所当然之感。过多地这样做,容易引起不良后果,尤其是在对方情绪不佳时,特别不顺耳,甚至会成为发生口角的导火线。如果多商量少命令就可以避免这种情况发生。"能抽出时间去买瓶酱油吗?""一会儿打扫一下房间好吗?"这样就顺耳多了。即使对方手中正忙着什么,也会愉快地应允。这样,才有利于维护夫妻关系。

但是,这种商量的语气也不是对每个丈夫都适用。

戴安娜喜欢用这样的语气对自己的丈夫说话:"我们把车停到那儿吧。""我们午饭前打扫卫生吧。"

这语气让她丈夫内森很是恼火。内森把戴安娜的"我们这样吧""我们那样吧"当成了命令。同很多男人一样,内森讨厌受制于人,但是,对戴安娜来说,她并没有指使,只是建议。同许多女人一样,戴安娜竭力避免正面冲突——她把要求化做建议而不是命令。可是，对有些男人这种委婉的方式反而更糟。一旦他们意识到别人用含蓄隐蔽的方式指使他们，就会感到受人操纵而恼怒，他们宁可接受直截了当的要求。

作为丈夫，要对妻子多加赞美。在众多的赞美话中，女性最爱听的，必定是出自丈夫口中的赞美了。"你今天烧的菜真好吃""谢谢你把我们的家整理得如此井然有序""你穿围裙的样子真是可爱极了"，没有比这些赞美话更令妻子心动的了。相信听到这类赞美后，妻子会更认真地操持这个家。

夫妻双方应该多说"我爱你""我喜欢你"，千万不要有"即使自己不说，对方也能感应到"的愚蠢想法；也千万不要认为时常将"我爱你"一类的话挂在嘴边，是件肉麻的事，有损自己颜面，这是错误的观念。多多表达自己的情感，能使彼此的关系更加融洽。如果你足够聪明，就应该表现出自己的爱，并且让对方知道。

吵架与和好

即使是再恩爱的夫妻，也难免会有争吵发生。都是些小事，吵过之后也就完了，但是，如果争吵起来不加控制就可能激化出大的矛盾，引出很可怕的坏结果。所以，夫妻争吵有必要掌握好"度"，即使在最冲动的情况下也不要超越那个界限。

这里要注意以下几点：

1. 不揭短

一般说来，夫妻双方十分清楚对方的毛病和短处。比如，对方存在生理缺陷，个子小，不生育，或有过失足等。在平时，要彼此顾及对方的面子而不轻易指出。可是一旦发生争吵，当自己理屈词穷、处于不利态势时，就可能把矛头对准对方的短处，挖苦揭短，以期制服对方。

有道是"打人莫打脸，骂人不揭短"，人们最讨厌别人恶意揭短，这样做只会激怒对方，扩大矛盾，伤及夫妻感情。

2. 不翻旧账

有的夫妻争吵时，喜欢把过去的事情扯出来，翻旧账，拿陈芝麻烂谷子做证据，历数对方的"不是"和"罪过"，指责对方，或借此证明自己正确。这种方式也是很愚蠢的。夫妻之间的旧账很难说得清。如果大家都翻对自己有利的那一页，眼睛向后看，不但无助于解决眼下的矛盾，而且还容易把问题复杂化，新账旧账纠缠在一起，只会加深怨恨。夫妻争吵最好"打破盆说盆，打破罐说罐"，就事论事，不前挂后连，这样处理问题，才容易化解眼前的矛盾。

3. 不带脏字

争吵时，夫妻双方可能高声大嗓，说一些过激过重的话，但是绝不能骂人，带脏字。有些人平时说话带脏字和不雅的口头禅，争吵时也可能顺口说出来。然而，这时对方不再把它当成口头禅，而视为骂人，因此同样会发生"爆炸"。

4. 不贬低对方

夫妻争吵时难免各执一词，都感到真理在自己这边，对方是胡搅蛮缠，往往使用评价性语言贬低对方。比如："和你说话简直是对牛弹琴！""你这个人四六不懂，简直不可理喻！""你是一个泼妇！""你是一个无赖！"这些贬低对方的话，同样容易刺伤对方的自尊，对方为了维护自己的尊严，会一直争吵到底的。

5. 不涉及亲属

有的夫妻争吵时，不但彼此指责，而且可能冲出家门，把对方的老人、亲属也裹进来。如说："你和你爸一样不讲理！""你和你妈一样混账！"如此把争吵的矛头指向长辈是错误的，也是对方最不能容忍的。

总之，夫妻争吵只要把握好了度，就不会伤及感情，"雨过天晴"，两人又会和好如初。

当夫妻因故发生矛盾出现冷战局面时，到一定程度就要有一方首先打破沉默，这时另一方就应响应，夫妻握手言和，重归于好。

打破沉默、消除冷战的方式有以下几种：

1. 直言和解

如果双方的矛盾并不大，只是偶然出现摩擦，就可以直截了当地和对方打招呼，打破沉默。如说："好了，过去的事就叫它过去吧，不要再赌气了。"对方会有所回应，言归于好。也可以装作把所有的不愉快都忘掉了，像什么事也没有发生似的，主动与对方说话，对方如顺水推舟，可打破沉默。如上班前，丈夫突然对还在生气的妻子问："我的公文包呢？"见丈夫没有记仇，妻子也不好意思不理睬，应声道："不是在衣柜上吗？"这样就打破了僵局。

2. 认错求和

如果一方意识到发生矛盾的主要责任在自己，就应主动向对方认错，请求谅解。如说："好了，这事是我不好，以后一定要注意。这件事是我考虑不周，责任在我，我赔不是，你就不要生气了，气出病来，可不划算！"对方听了，一腔怒火也许烟消云散。

退一步说，即使错误不在自己一方，也可以主动承担责任。

3. 幽默和解

开个玩笑是打破僵局的最佳方式。如说："我说，你看世界上的冷战都结束了，我们家的冷战是不是也可以松动一下？""瞧你的脸拉那么长干什么！天有阴晴，月有圆缺，半月过去了，月儿也该圆了吧！女人不是月亮吗？"对方听了多半会"多云转晴"。

总之，只要一方能针对矛盾的具体情况，采取相应的沟通方式，巧用言语，就可以尽快打破僵局，家庭生活会恢复往日的欢乐与和谐。

恩威并用

松下幸之助，是以用人的技巧而闻名全球的。就连批评下属的方式都非常巧妙，这之中的"巧妙"就是责骂后的后续处理方式。

三洋电器的前副董事长后藤清一在供职松下公司时，因他犯了一个小错误而惹怒了松下。当他走进松下的办公室，只见他正拿着一把火钳气急败坏地敲打着桌面，而此时的后藤清一更是被骂得不是滋味，正要悻悻离去时，松下突然说道："等等，刚才因为我太生气了，不小心把这把火钳弄坏了，麻烦你把它弄直好吗？"

后藤无奈，只好拿了把铁锤拼命敲打，而他的心情也随着敲打声渐趋平稳。当他拿着敲直的火钳交给松下时，松下说："比原来的还好，你真不错！"然后就高兴地笑了。

责骂过后，反以题外的话来称赞对方的方式，是很容易消除反感的。更精彩的还在后头。后藤刚离开，松下就给后藤的妻子打电话说："今天你先生回去时，可能脸色会很难看，希望你能好好照顾他。"

本来，一个人在受到上司的责备后，便想立即辞职不干了，但松下的做法，反而使后藤感动得五体投地，决心效忠于公司。

责骂往往会引起别人的反感，而骂人的一方在骂过后，紧张的情绪就会慢慢消失，待理性恢复后，就有后悔的感觉。明知会有这种反应，但如果不予责骂就是姑息别人，事情便不会有所改进。所以责骂归责骂，只是在责骂后你要使对方了解"并不是你对他失去信赖"，这才是最重要的，而这就完全在于责骂后的处理方式了。

松下的赞许和关心就属于这种类型。下意识地用间接方式透露些有关情报给第三者，更是他独到的技巧。因为他知道这位第三者一定会透露给对方，对方自然会想到"原来董事长对我是爱之深，责之切"。如此不但不会令对方反感，反而会感激，更愿为他效力。所以说责骂是必要的，但重要的是责骂后的处理方式。你要学习松下这种与人沟通的方法，在责骂别人的情形下也能真正实现和谐双赢。

展开反击要选对时间

妻子、朋友、亲戚，有时会开玩笑地揭你的"短"，弄得你十分被动尴尬。如果默认，你会觉得心里很不舒服；如果还击，又会闹得两败俱伤，影响自己的形象，又得罪了别人。

怎么摆脱如此尴尬的困境呢？这个时候别急着还击，不妨运用机智的语言来个顺水推舟，淡化这尴尬的氛围，从困境中自我解脱出来。

比如，你向你的女朋友吹嘘："我是作家，最近我在报纸上发表了一篇文章，故事非常生动，受到编辑的称赞。"

此时，突然走出一位朋友，揭你的短："嘿，不怕人笑歪了下巴，你别听他瞎吹，他那篇报纸上的作品，只有豆腐块大，小文章！"

面对这种情况，你一定很尴尬。怎么办？你不妨运用智慧的语言，接着你朋友的话说："小文章怎么了？作家的大作品里不也有小文章！不信，你问曹雪芹去！"

可见，自我解嘲的确是一种应付之道。这样既不会伤了和气，又可以让揭你短的人识趣而退。如果你急着针尖对麦芒地予以还击，那结果就可想而知了。

需要注意的是，那些敢在你面前"揭短"的人，大都是朋友、亲戚或熟人，往往也是脱口而出或即兴联想，开开玩笑，根本不是存心要伤害你。因此，在对付"揭短"时，切不可反唇相讥，挑起舌战，使双方之间良好的关系破裂；相反地，你要泰然处之，一时找不到恰当的解嘲方式和回敬的话，就暂时把"揭短"搁置一边，寻找别的话题，或点上支烟，呷口茶，或嘿嘿一笑，转移别人的视线，这也是一剂良方。

怎样的时机适合切入正题

在交谈的时候，我们通常是有目的性的，就某个话题展开讨论。那么怎样在刚见面后的寒暄中自然地找到时机切入到我们想要谈论的话题中，是一件需要技巧的事情。

一个数学教师刚走上讲台，同学们忽然大笑起来，令他感到莫名其妙。坐在前排的一位女同学小声对他说："老师，你的扣子扣错了。"教师一看，果真第四颗扣子扣在了第五个扣眼里。当时场面有些尴尬，突然间，这位教师煞有介事地对学生们说："老师在想心事，急急忙忙赶着来上课才会不小心扣错。不过，这也没什么好笑的，昨天我们有的同学做习题时，运用数学公式就是这样张冠李戴的。"

这位老师先是用幽默的话语为自己解了围，紧接着又顺势把这意外事件和学生的学习情况连了起来，借此作比，指出了学生学习中的类似错误，既显得自然，表达又具体，很快就为自己解除了尴尬的局面。

还有一例：一位教师走进教室准备讲课时，却看到学生正在为昨晚的女排比赛议论纷纷。

面对这一情况，这位教师没有命令学生们停止议论，而是兴致勃勃地加入了讨论，谈起了自己的感想，两三分钟后同学们都静下心来听他讲时，他却巧妙地将话锋一转："中国女排的胜利为中国人争得了荣誉，它证明了中国人的伟大，但是中国在科学、经济上还很落后，被人瞧不起，我们也要有中国女排这种拼搏精神，在科学和经济建设方面都要努力迎头赶上欧美国家。因此从现在开始，我们就得好好抓紧每一次的学习机会，认真上好每一堂课。"

这位老师运用的就是"借风行舟"的语言艺术。他及时地"借"了学生们强烈的爱国热情之"东风"，恰到好处地加以点拨指引，顺势将学生们的热情引转到学习这条船上,不仅很快恢复了课堂秩序,还借此激励学生们努力学习,起到了很好的教育效果。

试想,如果这位教师运用命令式的语言表达,虽然也可达到停止议论、保持课堂安静的目的,但他无法使学生的思维从女排比赛中走出来。

当人的思维朝着一定的方向进行,特别是当人处于亢奋状态时,命令式的语言、强迫的手段,其制止效果都不好。

因此,碰到上述这类突发事件时,只有巧借其势,用巧妙的语言形式,自然地加以引导,才能达到扭转局势的目的。

顺势牵连、借风行舟的应急艺术确实能有效地使人从困境中解脱出来,但必须注意"牵"得要自然,"连"得要巧妙,不能牵强附会,否则是会弄巧成拙的。

进言献策也要看对时机

孔子在《论语·季氏》里说:"言未及之而言谓之躁,言及之而不言谓之隐,不见颜色而言谓之瞽。"这句话有三层意思:

一是不该说话的时候说了,叫作急躁。二是应该说话的时候却不说,叫作隐瞒。三是不看对方的脸色变化,贸然信口开河,叫作闭着眼睛瞎说。

这三种毛病都是没有把握说话的时机,没有注意说话的策略和技巧。因为说话是双方的交流,不是一个人的单方面行为,它要受到诸如说话对象、设定时间、周边环境等种种限制,所以说话要把握时机。如果该说的时候不说,时境转瞬即逝,便失去了成功的机会。同样的,如不顾说话对象的心态,不注意周边的环境气氛,不到说话的火候却急于抢着说,很可能引起对方的误解,甚至反感。如果信口开河,乱说一通,后果就更加严重。

战国时,楚王的宠臣安陵君能说善道,很受楚王器重。但他并不遇事张口就说,而是很讲究说话的时机。他有一位朋友名叫江乙,对他说:

"您没有一寸土地，又没有至亲骨肉，然而身居高位，享受优厚的俸禄，国人见了您，无不整衣跪拜，无不接受您的号令，为您效劳，这是为什么呢？"

安陵君说："这是大王太抬举我了。不然哪能这样！"

江乙便不无忧虑地指出："用钱财相交的人，钱财一旦用尽，交情也就断了；靠美色相交的人，色衰则情移。因此，狐媚的女子不等卧席磨破，就遭遗弃；得宠的臣子不等车子坐坏，已被驱逐。如今您掌握楚国大权，却没有办法和大王深交，我暗自替您着急，觉得您的处境太危险了。"

安陵君一听，恍然大悟，毕恭毕敬地拜问江乙："既然这样，请先生指点迷津。"

江乙说："希望您一定要找个机会对大王说：'愿随大王一起死，以身为大王殉葬。'如果您这样说了，必能长久地保住权位。"

安陵君说："谨依先生之言。"

但是，过了很长时间，安陵君依然没有对楚王提起这话。

江乙又去见安陵君，说："我对您说的那些话，您为何至今不对楚王说？既然您不用我的计谋，我就再不管了。"

安陵君急忙回答："我怎敢忘却先生的教诲，只是一时还没有合适的机会。"

又过了一段时间，机会终于来了。此时楚王到云梦打猎，一箭射死了一头狂怒奔来的野牛。百官和护卫欢声雷动，齐声称赞。楚王也高兴得仰天大笑，说："痛快啊！今天的游猎，寡人何等快活！待寡人万岁千秋之后，你们谁能和我共有今天的快乐呢？"

此时，安陵君抓住机会，泪流满面地走上前来，说："臣进宫就与大王同共一席，出宫与大王同乘一车，如果大王万岁千秋之后，我愿随大王奔赴黄泉，变做芦草为大王阻挡蝼蚁，那便是臣最大的荣幸。"

楚王闻言，大受感动，随即正式设坛封他为安陵君，对他更加宠信了。

这件事说明，把握说话时机非常重要，这个过程需要充分的耐心，也需要积极进行准备，等待条件成熟，但绝不是坐视不动。《淮南子·道应》云：

"事者应变而动，变生于时，故知时者无常行。"安陵君的过人之处，便在于他有充分的耐心，等待楚王欢欣而又伤感的那个时刻。此时，安陵君动情表白，感人肺腑，愉悦君心，终于受封，保住了长久的荣华富贵。

直言不讳并不一定是好的

有时候有些话虽然是好意的，但也不能毫无顾忌的就说出口，那会引起对方的误解，产生不必要的误会。

有一回，小敏家里来了一位客人，坐在客厅里一直聊，无意离去。

小敏还有其他事情要做，屡次暗示客人，但是那位客人是个"执迷不悟"者。小敏无奈之中心生一计，对他说："我家的菊花开得正旺，我们到园子里去看看怎么样？"

客人欣然而起，于是小敏陪他到花园里去观赏菊花。

看完后，小敏趁机说："还去坐坐吗？"

这时，客人看看天色，恍然大悟地说："不了，不了，我该回家了，要不会错过末班车的。"这种情况下，如果小敏直接声明自己有其他事情要做，岂不伤了感情？

你不妨采取一些巧妙的暗示。诸如看看钟表，或者随意地问他忙否？然后再告诉他你最近都很忙。一般地，稍微敏感点的客人，察颜观色，又听此言辞，肯定就会起身告辞，但若是"执迷不悟"的客人，于此"无动于衷"，我们就可以巧妙地转移一下地点，像上述小敏的"调虎离山"，还是很适用的，这样既维护了彼此的情感，又不至于让自己的事情拖延，实在两全其美。

当然，对那些很熟悉的朋友，就用不着那么煞费苦心了，你可以直接告诉他，你还有事要做，不能久陪了，他就会谅解你。

面对羞辱要冷静沉着

生活中也许会有一些冲动或没有教养的人对你说下面的话：

"说话之前应该先想一想。"

当对方如此指责你时，不见得是提醒你多思考，而是指责你说了令他不快的话。这时，你可以把重点放在时间的问题上："很抱歉，是我疏忽了，那么依您看，说话之后该怎么样呢？"

或者接受他的好意："你说的事，我尽力而为。不过，我一向习惯在你开口说话之前，先思考我该说什么话。"

或者你可以表示为他抱不平的态度："可是如果我想了而你没有想，对你不是太不公平吗？这样太失礼了。"

最简单的方法就是报以微笑，然后默默不语，如果对方等得不耐烦，想再说什么，你就打断他："嘘！我正在想呀！"

"你父母是怎样教你的？"

谈话之中突然牵扯到你的父母，这是最令人生气的事，但是你千万别因为父母受到对方指责而生气，对方可能只是一时冲动所说的气话。

这时你不妨默默想一会儿，再说："我不记得了，恐怕得麻烦你亲自去问他们。"

或者态度谨慎而肯定地回答他："我很抱歉使您恼怒，但是我想这么没礼貌的问题，不应该由一位绅士口中说出来。"

"你以为你是谁？"

这种话通常是对方恼羞成怒时容易脱口而出的话。这时，你不妨谦和一点，请教他："我倒没想过这个问题，你呢？你认为自己是谁呢？"或者以开玩笑的方式说："我不大确定，不过我应该算是个大人物吧！有不少人找我说话呢！"或是："现在吗，我以为我是受害者。对于你的怒气，我感到十分无辜。"你也可以促狭一点，指指旁边的人："我自以为是他，你可以问问他自以为是谁。"

"你连这点小事都做不来吗？"

如果对方如此询问你，这时你可以向他求教："我不知道，请问你可以告诉我第一步该怎么做吗？"

在人与人的交谈中，难免会因一时恼怒而说出气话，也许对方话一出口就已经后悔，但是因为你的愤怒反应，使他不甘示弱而与你针锋相对。因此，判断对方是无心之语时，你不妨较有技巧地应对，让对方心平气和，自觉失言。

当然，假如对方很明显是蓄意惹怒你，你不妨机灵地回敬他一句，然后选择离开，但千万不可大发雷霆，使场面一发不可收拾。

公然直接羞辱人的语言大都有一个共同点：说话的人很冲动，而且被逼得无话可说，你千万不能因为对方的一句辱骂，变得像他一样失去理智，否则你们两个人之间的关系将会决裂，无法补救。最好的对策是保持冷静，从容应对。

关注他人注意不到的细节

罗斯福在一次宴会上，看见席间坐着一些完全不认识的人，他便找一个熟悉的记者，向他打听那些人的姓名和基本情况，然后再主动地和他们接近，并叫出他们的名字。当那些人知道这位正是大政治家罗斯福先生时，都大为敬佩他的用心，以后，这些人都成了罗斯福竞选总统的有力支持者。

在某大学里，有一位从东北来的大高个同学，每次碰见老师或同学，他都以十分欢快的声音叫出对方的名字与人打招呼，久而久之，大家一见他就心情愉快，并常抢先与他打招呼。在年终推选学生会主席候选人的时候，大家不约而同地想到了他。理由是，由他愉快的招呼声推测，他一定是个上进热情、精力充沛的年轻人,当然得选这样的人做带头人。

一位心理学家曾表示,在人们的心目中,唯有自己的姓名是最美好、最动听的东西。每个人都很重视自己的名字,在与人交往中,记住别人的名字也非常重要。记住对方的名字,并把它叫出来,表明了你对他的重视;而若是把他的名字忘了,或写错了,就会引起对方的反感,使自己处于非常不利的地位。

在西方国家,一位政治家所要学习的第一课是:"记住选民的名字就是有政治才能,记不住就是心不在焉。"记住别人的名字,在商业界和社交上的重要性,就跟政治上的选举一样。

我们在日常交往中,如果遇到与自己并不熟悉却能叫出自己姓名的人,就会对其产生一种亲切感和知己感,相反地,如果见了几次面,对方还是叫不出自己的名字,便会产生一种疏远感、陌生感,增加双方的心理隔阂。所以,在初次交谈中,要好好记住对方的名字,在下一次见面时,亲切地呼唤对方的名字,这样,会让你获得更好的人缘。

现代人物质生活日益丰裕,而人际往来、沟通却越来越少了。生活在公寓里的人常常不知自己对面住家的情况,在走廊、过道相遇也漠然而过。谁也不愿抢先招呼对方,问候一声。许多人也为这种"人情淡漠,世风日下"之情而忧心忡忡。

其实,只要你大方而真诚地从第二天起,对你的邻居、朋友、同事抢先打招呼,问候他们,就会发现,别人与你一样正渴望这一层妨碍友情的纸被捅破。

一句很普通的问候,一种欢快的语调,会给人留下良好的印象。所以下次碰见你新认识的人,请以欢快的语调主动跟他打招呼。

熟记人名,做个有心人,欢快一点,主动一点,相信你的朋友会越来越多。

第4章
社交口才与技巧

适当时候主动示好

我相信很多人在人际交往中,都非常希望获得他人的尊重和重视,这就要求我们尽可能地运用各种口才与对方进行情感联络,积极地向对方传递友好之情。

主动向他人表示友好,往往会使人与人之间的关系好上加好。

1. 可以达成交往关系

与任何一个人的交际都是从陌生开始的,这就需要主动向他人表示友好。主动向一个不熟悉的人示好,表达了交往的愿望,容易为对方所接受,并会得到对方友好的表示,这样双方就有条件实现交往,成为朋友。有一个朋友在某个晚上百无聊赖,沿着公园的道路一个人无所事事地闲逛。这时一位五十多岁的老者迎面走过来,亲切随和地同他打招呼、搭话。我的朋友感到对方很友好,便回以相应的态度。很快两人渐入佳境,聊得十分投机、痛快,直到很晚两人才依依不舍地话别。此后两人不断发展着关系,成为"忘年交"。那位老者是研究青年问题的学者,两个人的交往对朋友大有帮助,对方也有收获。这种美妙的交往关系就是靠主动示好形成的。现实中有许多人不善于示好,不要说关系较远的人,就是自己身边的同事、邻里也冷漠相向,视而不见,结果把关系弄得很疏淡,这是令人遗憾的。

2. 如何化解交际矛盾

交际中不可避免会出现这样那样的矛盾。这时,如果你能运用口才技巧地主动示好,就表明你心中的阴云已经散去,有恢复关系的愿望。在你的态度召唤下,对方会大受感染,排除疑虑,敞开心扉,接受你的友好表示。我以前的两个邻居,因为住房挤,双方都在楼道里摆放杂物,结果因为这个发生了矛盾。两人从口沫飞扬地指鼻子骂娘,到推推搡搡大打出手,别人拉也拉不开。后来两个人形同陌路,谁也不理谁。可住在一起,低头不见抬头见。有一次两人走个对面,其中一个本想低头过去,可这时另外一个邻居却主动向他打招呼,这个人见对方表示出友好的态度,脸上也露出了笑容。这一下子就把往日的恩怨都甩得远远的了,以后又重新建立了友好关系。

3. 可以给交往保温加热

人际交往,如果从情感联络的角度来说,要不断地进行情感交流。这只有依靠不断运用的口才技巧来向对方示好,及时传递出情感信号,表达出真诚的愿望,维护情感联络状态,对双方关系得到保温。随着交往的发展,再掌握火候提升感情热度,给交往加热增温,将交往关系推进一步。文学青年小姚,面对已在文学领域取得一定成绩的前辈主动示好,这样两人开始有了交往,形成一定关系。小姚很珍惜这层关系,通过见面时的更为主动热情的态度、一定周期的拜访谈心、取得成绩后的通报、节假日的特殊问候,表达他与前辈的不寻常的关系。这样两人关系不断得到巩固,不断得以升温,成了一对十分投合、亲密的文友。

如果你已经认识到了主动向他人示好的重要性,下一步你要考虑的就是选择一个什么样的示好方式。

(1) 体态示好

当你面对一个相对陌生的人,还不好意思张开嘴,用你的口才来向对方示好的时候,用体态来表示也是一个不错的选择。毕竟,身体语言也是口才的重要组成部分,也是口才的重要补充。相对于语言来说,它不仅传播信息量巨大,而且更为含蓄、真挚,富有感染力。在特殊情况下,它的作用更为明显，是语言等其他手段所无法取代的。比如初始交往，一个眼神、一个身姿动作都能真切而含蓄地传达出友好之意，显得自然适宜而不生硬冒失。体态示好往往有此时无声胜有声的效果。比如一个握手、一个击掌、努嘴笑一笑，都显得更为真切、热烈、感染人。体态大致可分为三个部分：一是面部，包括面部表情和眼神；二是手势；三是体势，即面部、手势之外的身体姿势。体态丰富的人总是善于运用并协调各种体态形式。

（2）招呼示好

人与人碰面、接触，最基本的传情方式就是打招呼。打招呼是对他人的尊重，是目中有人的体现。由于打招呼通常是在初照面、瞬间的交往方式，它是交际联络的方式，也可由此作为交往的起端。打招呼大多没有实际内容，是些套话、废话。比如"吃饭了吗"，"今天天气好啊"一类。但其本意不在话的内容本身，而是示好方式，会给人十分亲切、热情的感觉，让人心里热乎乎的。当然打招呼是需要提高品位、灵活多样的。微笑就是一种利用面部表情打招呼的有效方式，给人暖融融的感受。还可以说声"哈喽"、撇撇嘴等生动的方式。打招呼也有深浅之分，浅时笑一笑，问声好就完了；深时可以执手相看，寒暄一番。

（3）闲聊示好

闲余之时，与对方闲聊一番，也是一种示好的表示，而且更为深入、浓郁。因为两人只有在形成一定的关系，达到一定程度后才可以闲坐散侃。换句话说，能闲聊一番是关系成熟的标志。通过找对方闲聊无疑向对方传递出一个信息：对方在你的心目中处于一定位置，你的行为是一种亲热和亲近的表示。对方是会接受你的，并倍感鼓舞。通过这种隔三差五的闲聊，双方关系得到深化、发展。闲聊示好应注意的问题是时机的选择问题，不要打扰了人家，否则会造成误解，让对方不敢交你这个朋友，也不敢接受你的示好。

见不同的人说不同的话

每个人的性格各有不同,有的人内心方正,有的人内心圆滑,有的人对外方正,有的人对外圆滑。如果我们从这个角度入手,你面对的各种人都会呈现出四种形态:内方外方,内方外圆,内圆外圆,内圆外方。"见什么人说什么话",和不同品性的人交往,要用不同的口才技巧。

1. 对内方外方的人要诚实委婉

在人际交往中,有些人直来直去,有棱有角,可能这些人不太讨人喜欢。因为他们往往性格直爽,感情外露,过于血气方刚。这种人往往处世认真,不留余地;做事投入,过于突出;活力四射,难免张扬;才华过人,忘记平衡。他们坚持是我的错,我就承认,决不东推西挡;是你的错,就是你的错,想赖也不赖不掉。这种品性的人,便是内方外方的人。表里如一、秉公立世,是对这些人的美丽评价。

同这种品性的人交往,在运用口才和他们打交道的时候,第一要遵循的就是诚实。内方外方的人不会口蜜腹剑,不会阳奉阴违,是值得信赖、值得尊重的人,所以要待之以诚,关心爱护。如果对他们虚伪猜忌,往往会使他们产生强烈反感情绪,并且他们还会把这种不满表现在脸上,使你们之间的心理距离扩大。第二要注意的就是说话方式要委婉。内方外方的人做事不灵活,言辞不变通,往往会使一些人陷入难堪境地,所以和他们交往,要注意婉转。当看到内方外方的人口无遮拦时,尖锐抨击时,要采用一个合适的方式转移主题。或者适当地说一些幽默的话,或者对他赞扬一句,巧妙地加以引导。内方外方的人是心地纯正、刚直无私的人,不应该因为他们曾经"刺伤"过你,就对他们计较,就对他们发火。有位内方外方的大作家在如日中天的时候,接到一位青年的来信。这位青年说,要同他合写一部小说。大作家看后,心中有点生气,他在信中毫无保留地写道:"先生:你怎么如此胆大包天呢？竟然想把一匹高贵的马和一头卑贱的驴子套在同一辆车上。"这位青年灵机一动，在回信的开头写道："尊敬的阁下：你怎么这样抬举我呢，竟然把我比作马？"在信的后半部分，这位青年将自己的写作特长、潜力，合作的必要性、可行性以及对青年成长的影响等等一五一十地写出来。大作家接到信后，哈哈大笑起来，立即回信道："我的朋友：您很有趣，请把文稿寄过来吧，我很乐意接受您的建议。"在这个事例中，青年曲解原意，幽默风趣，言辞诚恳，出奇制胜，说服了大作家。

2. 对内方外圆的人要有礼有节

当直来直去会伤害别人自尊心的情况下，当有棱有角会使自己陷入难堪境地的情况下，当方方正正不能达到满意效果的情况下，有些人会采用圆滑变通的策略。明明是正确的，应该义无反顾地坚持，但因为坚持的阻力太大，就违心地装聋作哑了；明明是错误的，应该理直气壮地驳斥，但为了一己私利，就压抑着默不作声了。这些人往往凡事权衡利害，决不感情用事。这些人，就是内方外圆的人。他们洁身自好，处世练达，唯唯诺诺，谨小慎微，既有原则性，又有灵活性。因为精明强干，而又锋芒不露，喜怒不形于色，所以四平八稳，八面玲珑，在复杂的人际、利益关系中，亦往往游刃有余。

同这种性格的人打交道，在口才方面要注意的第一项就是有礼有理。内方外圆的人虽然表面随和，但内心却厌恶粗鲁，仇视邪恶，无礼无理的人是不能和这类人结为至交的。如果想缩短同这类人的心理距离，就必须表现出你的积极、健康、向上的交往心态。这样才能得到这类人物的认同。在口才方面要注意的第二项就是要有节有度。内方外圆的人，即使对他人相当反感，也不会把不满情绪表现在脸上，他表面上对你很友好，但他的内心究竟如何却使你捉摸不透。因此，同他们交往，要讲究分寸，把握适度，不要因为他的脸上挂着微笑，就得寸进尺，忘乎所以。

3. 对内圆外圆的人要有板有眼

生活中，有些人长于研究"人事"，偏重于个人私利，该低的头就低，该烧的香就烧，该拉的关系就拉，该糊涂的事就糊涂，该下手时就下手。不但为人处世圆滑老到，而且内心对自己并无什么约束、什么戒律，很少去追问人生真正的意义。他们遇到好事、露脸的事、有利的事，就去抢；遇到坏事、无名的事、无利的事，就去推。这种心态的人，便是内圆外圆的人。

　　同这种性格的人打交道，不但要在说话方面，在各个方面都应该做到有板有眼。由于他们内心深处，并没有什么必须遵守的做人规则，所以，可能干出表面华丽亮堂、实则损人利己的伎俩。对他们的不当做法，应该明确指正，不要因为太爱面子，便不好意思将实情说出口，使自己受委屈。另外，与内圆外圆的人合作，要有所保留，有所提防，不要过于相信他们。内圆外圆的人非常清楚自己的特点，所以也害怕别人不讲义气，不守诺言。因此，和这样的人打交道，要清楚地示意他们：如果你讲信用，那么我就守诺言。在这种做法引导下，能够使他们在正确交际轨道上行驶。某公司的王二，是个典型的内圆外圆的人。有一件事就很能够说明这个问题。某同事到外地出差，王二笑嘻嘻地请其给他捎带某某物品。等到同事把买来的物品送到他手上后，王二却恰到好处地忘记给钱。过了十天半月，王二非常严肃地、跟没事人似地问道："我给你钱了吧？你可别不好意思！"谁能为百八十块钱跟他认真呢？这样，王二就白白赚了同事一个小便宜，他为自己略施小计获得成功高兴不已。在这个事例中，王二抓住了人们的弱点，去获取个人的私利。对此，王二的同事不应该不把实情说出口，他应该明确指出王二确实没有给钱。如此的话，既不会使自己受到损失，也不会得罪王二这个人。

　　4. 对内圆外方的人要灵活变通

　　有些人在台上慷慨激昂，俨然一副正人君子模样，台下却干些乌七八糟的丑事。这种人在领导眼前、同事面前一派正气，但自己心里却非常清楚自己是一个什么样的人物。这样品性的人，便是内圆外方的人。

　　同这种品性的人打交道，说话要注意灵活变通。与这类人交往，首要的任务是根据各个方面的信息，分析出他的真实内心，然后再对症下药，巧妙引导。如此的话，就能够把他们带到正确的交往轨道上来。小宋想在出国留学之前，和恋人小薛办理结婚登记手续，可是婚姻登记处接待他们的严主任说："小宋啊，你离登记年龄还差两个月呀！法律有规定，别说差两个月，就是差两个小时都不行。"没办法，两个人一脸惆怅地回到家里，闻听此事的他家邻居、在公安局上班的迟科长说："身份证上也没有精确到出生时辰呀，怎么会差两个小时都不行呢？而且，按照我们地方规定，像你们这种情况，是应该予以照顾的。这样吧，明天你们再去一趟，就说民政局李局长的同学、公安局迟科长说严主任神通广大，体恤民情，会积极争取领导支持，给一个照顾指标的。"第二天，这种说法果然发生了效力。严主任沉思了半天，对他俩说："昨天下午，我们才接到上级文件，情况特殊的青年男女应该予以照顾。这样吧，你们填一下登记表格吧。"事情就这样顺利办好了。

"见人说人话，见鬼说鬼话"，虽然说这句话有些不好听，但是在实际的交往中，确实是非常实用的守则。面对不同的人，应该采取不同的口才技巧，只有这样，才会使你和他人的交往更加顺畅。

说话时也要兼顾他人

与别人谈话时，必须始终意识到双方同时兼有说话者和听话者的双重角色，意识到言语交往的双向性。要意识到自己的责任不仅是把自己的思想表达明白，还应考虑怎样才能使对方产生兴趣，易于理解，并根据对方的各种反馈信息来调整自己的讲话内容和方式。为此，要注意以下四个方面的问题：

1. 选择适当的话题

与熟人交谈，自然可以开门见山地直接引出各种话题，但与人初次相识，或参加一次社交活动，则应认真考虑如何选择话题。初次见面，难免要作一番自我介绍。从某种意义上说，自我介绍是进行社会交往的一把钥匙。这把钥匙如运用得好，可使你在社交活动中百事如意；反之，就可能给你带来种种困难。那么，怎样作自我介绍才能获得交际的成功呢？一般说来，自我介绍要讲究适度。有人喜欢先作一番自我贬低式的介绍，以示谦虚和恭敬，其实这是大可不必的。在通常情况下，对方或许是觉得你是老生常谈，言不由衷；或许可能真的认为你不屑一谈，那就弄巧成拙了。当然，也要避免一开始就炫耀自己博学多才,显得锋芒毕露,令人生畏;或使人觉得你夸夸其谈,华而不实。只有实事求是,恰如其分地介绍自己,才能给人以诚恳坦率、可以一谈的印象。

在自我介绍之后,就要选择话题了。为了能使话题成为初步交谈的媒介、深入细谈的基础和纵情畅谈的开端。

2. 讲究双方的对话

社交性谈话,既不同于个人的自说自话,也不同于当众演讲,而是交往双方构成的听与讲相配合的对话。对话的本质并非在于你一句我一句地轮流说话,而在于相互间的呼应。真正成功的对话,应该是相互应答的过程:自己的每一句话都应是对方上一句话的继续,对对方的每句话都应做出反应,并能在自己的话语中适当引用和重复。这样,彼此间心理上就真正实现沟通了。

为了能成功地进行对话,应避免以下九种不正确的对话方式:①打断别人的谈话或抢接别人的话头,扰乱别人的思路;②忽略了使用解释与概括的方法,使对方一时难以领会你的意图;③由于自己注意力的分散,迫使别人再次重复谈过的话题;④像倾泻炮弹似的连续发问,使人穷于应付;⑤对他人的提问漫不经心,言谈空洞,不着边际;⑥随便解释某种现象,妄下断语,借以表现自己是内行;⑦避实就虚,含而不露,让人迷惑不解;⑧不适当地强调某些与主题风马牛不相及的细枝末节,使人厌烦;⑨当别人对某个话题兴趣盎然时,你却感到不耐烦,强行把话题转移到自己感兴趣的方面去;⑩将正确的观点、中肯的劝告伴称为错误的,使对方怀疑你话中有戏弄之意。

3. 适当的时候转移话题

在两种情况下需要转换话题:

一种情况是自己对谈论的话题已失去兴趣,而对方却谈兴正浓,彼此难以谈到一块。此时,不必硬着头皮去听,而应当通过提出一个富有启发性的问题,或接过对方的某一句话,自然地扯到另一个双方都感兴趣的问题上。这样,对方的自尊和谈兴都未受到损害,甚至还没有意识到呢。

另一种情况是,自觉、敏感地观察对方的反应,知趣地感受对方的暗示和约束自己的谈兴。例如，当对方表现出厌倦神色时，就该适可而止了。

4. 注意每一个细节

在交谈中，倘若能注意以下细节，当能产生增进人际关系的效果。这些细节是指：

让别人先说，一方面可以表现你的谦虚，另一方面可以借此机会来观察对方，给自己一个测度的时间和从容考虑的余地。

不论与什么人交谈，都应对对方有所了解，聪明地避开某些对方忌讳的话题，如个人的隐私、疾病及不愿提及的事情，否则会引起对方不快。要学会察言观色，一旦发现自己不小心触及了对方的忌讳，对方有不快之色或状极尴尬时，应立即巧妙避开。

社会心理学家发现，一般人总不喜欢嘴上老挂着"我"的人。因此，应避免过于显露自己的才学，开口便"我如何如何"。须知，谦虚的态度，总是易为人所接受的。在一般情况下，人们总是先接受一个人，而后才肯接受他的意见。

交谈的态度以诚恳为宜。油腔滑调，纵然有很好的意见，也难以为人们所接受。

恰到好处的幽默，能使人在忍俊不禁之中，体会到深刻的哲理。幽默运用适当，可为社交增添愉悦气氛。但妙趣横生的谈话，来源于一个人修养和才华的有机结合，不可强求。如果仅仅为了追求风趣的结果，而讲些格调不高的笑话，甚至不惜侮辱他人，则只能显出自己的轻薄与无聊。

口头禅固然能体现个性，但多数是语言的累赘，即使内容相当吸引人，但如果加上若干个"这个""那个""嗯""啊"之类的口头禅，就如同在煮熟的白米饭中掺上一把沙子一样，令人难以下咽。所以，对作为语言累赘的口头禅，应当割除。

尽量让对方把话说完再插话。实在需要中途插话时，也应征得对方同意，用商量的口气说："对不起，我提个问题可以吗？"或"我插句话好吗？"这样可避免对方产生误解。

如果几个人一起交谈，你要注意不要只把注意力集中到某一个人身上而冷落了其他人。除了你的对话者外,可用目光偶尔光顾一下其他的人。对于沉默者则应设法使他开口,如问他:"你对这事有什么看法?"这样便可打破沉默,机智地引出他的话来。

了解沟通的重要

要想与别人成为朋友,必先与别人进行沟通。因为只有沟通了,彼此之间才能相互了解,才有利于求同存异、协调关系,进而产生友情,成为朋友。因此,如果你想交众多的朋友,必须掌握赢得友谊的口才技巧。

1. 主动和对方攀谈

言为心声,只有用语言与别人交谈,别人才能更好地认识你,你也才能更好地认识别人。以交谈的方式与别人沟通,可促进和深化交往。某书报摊,经常有两个老者前来光顾。其中一个每次总是一边翻报纸杂志,一边与摊主攀谈,最后还要买一两份报刊。摊主和书报摊的常客很快都知道他是一个有情趣、有品位的人,并格外尊重他。另一个老者则不然,他总是面无表情,一言不发,要么买了报刊就走,要么翻阅后放下走开,让人觉得很是古怪。其实这个老头是个自由撰稿人,他到书报摊是来买样刊的。应该说,他来这儿的目的比前一位更明确。但他总是缄默不语,别人谁也不了解他,因此很难取得别人对他应有的尊重和崇敬。从两位老者身上我们不难看出,在日常生活中,多点交谈就多点沟通和信任,就多一些取得别人好感的机会,从而有利于人际交往。

2. 善意地消除误解

人与人之间出现矛盾、摩擦是正常的,关键是要多沟通,说开了彼此之间就会取得理解,逐步磨合,再走向和谐。尤其是一些不必要的矛盾,只要稍作一点解释,就会弄清事实,澄明是非,让双方化干戈为玉帛。小徐在单位学历最高,能力很强,干劲冲天,但就是没有得到领导的及时肯定和褒奖。

于是小徐不禁对领导产生了对立情绪,甚至把领导视为作风、道德、才干值得怀疑的人。其实领导对小徐的表现是看在眼里喜在心里,只是他有他的打算:对青年人要多要求少表扬,以防他们翘尾巴。所以他对小徐来个按兵不动,以至于造成小徐的误解。好在这个领导及时发现了这一点,对小徐的表现作了实事求是的点评,并说明了自己的想法和用意。小徐听了心中的阴云这才散去,并作了深刻的自我批评。这样双方消除了误解,增进了理解,交往变得和谐自然起来。这就告诉我们,当矛盾发生时,极有可能是误解引起的,对此我们一定要加以注意,及时给予解释进行沟通。

3. 讲清自己的想法

对人不信任、有隔阂在人际交往中对沟通是十分有碍的,而这种情况的出现往往是彼此之间不愿展示自己、不理解对方引起的。所以,要想取得对方的信任以利于沟通,就要注意在言谈举止方面大方自然一点,不要清高自傲、孤芳自赏,该坦率、直露的地方绝不含糊其词。只有多向人坦白,别人才能相信你,从而向你多坦白他自己,达到双方的有效沟通。小于平时不爱说话,连为学校创办了一本校刊的事都很少告知别人,以至于有人不理解,引得周围人冷嘲热讽:"想不到我们学校出大编辑了!别制造文字垃圾!""我们教学任务够重的了,连学生都减负担了,你可别给我们增负啊!"小于晓得这是由于很少跟人沟通别人不了解自己引起的,便一边毫不泄气地走自己的路,一边坦率地说:"我如果不办这本刊物,可以多搞点教研,多发表点文章,那叫名利双收。我不傻,我甘心牺牲时间,是为学校出力,是为教师着想。"小于把自己剖白清楚了,并在以后多和人接触、交流思想,帮助别人进一步认识了自己,最终他得到了认可、理解和支持。

4. 宽待他人赢得尊重

"与人方便,自己方便",这说明利益是互惠的,即只有善待他人,他人才能善待你,这样彼此之间通过包涵和谅解就能进一步加强联系和沟通。这就要求我们在交往中,要适当地谅解和善待对方的缺点和不足,要通过交谈、解释等方式向对方示意自己的好感,以了解和亲和对方。如上例有个同事说小于创办校刊是制造文字垃圾,并对小于极尽冷嘲热讽之能事。但小于并没有以眼还眼以牙还牙，因为他明白这个同事负担重：他教高三两个班的语文，又是班主任，加上家里老母亲瘫在床上需要他照顾，实在没有精力为校刊做贡献，而不做贡献又怕别人笑话。了解到此种情况，小于主动走近他，并解释说办刊主要是锻炼学生的实践能力，而老师只是管理一下而已，并非针对老师办的。至此，这个同事方才不好意思起来，并向小于道了歉，彼此之间有了进一步的沟通。所以说，当别人有了不足，特别是有损自己利益时，得饶人处且饶人，这样会博得别人的敬重。沟通的重要性是毋庸置疑的，但是很多人在实际的交往中却没有真正做到这一点，结果出现了很多问题。如果你能够重新审视一下自己在沟通上存在的问题，调整自己的口才技巧和策略，相信你的人际交往会更加成功。

化解不必要的争辩

在人际交往过程中，人与人之间的沟通占有极重要的位置，这个时候就更需要展现你的口才。而沟通中如何化解不必要的争辩更是拥有良好人际关系的关键所在。

一位才思敏捷的牧师正在做一场精彩的讲道，最后他以肯定自我的价值作为结尾，强调每个人都是上帝的宝贝，每个人都是天使。每个人活在这个世上，都要善用上帝给予的独特恩赐，然后去发挥自己最大的能力。

人群中有个人不赞同牧师的说法，他站起身来，指着自己丑陋的扁塌鼻子，道："据你所说，人是从天而降的天使，请问有塌鼻子天使吗？"

另一位腿短的女子也起身表示深有同感，认为自己的短腿不是上帝完美的创造。

牧师并没有和他们进行正面的交锋，而是轻松而自信地回答："上帝的创造是完美的，这绝对不错，而你们两个人也确实是从天而降的天使，这也是正确的，只不过——"他指了指那位塌鼻子的朋友，"你降到地上时，让鼻子先着地罢了。"

牧师又指着那位腿太短的女子:"而你,虽是用脚着地,却忘了打开降落伞。"

这个牧师充满自信而且不乏幽默的回答,正是妥善化解争辩的典范。每个人都有自己的原则和立场,在双方立场背道而驰、各持己见的情况下,很容易引起争辩,而争辩却是最差的沟通方式。

巧妙地使用迂回方式,化解争辩从而促使对方接受我们的看法,是展现你的口才,以及和别人良好沟通的过程中必须熟谙的技巧。

真正达到这种展现口才的境界所依赖的并非只有表面的技巧或纯熟的机变。还应该凭借自己秉持的正确态度,还有从中产生的坚定、智慧的判断,再结合幽默的话语,来成功地化解和对方不必要的争辩。

面对来自对方的质疑,必须不迷惑于彼此坚持的立场,要通过自己的口才来引导对方赞同自己的立场,进而促成对方的观点转变,这不仅是一种口才技巧,同时也是建立良好人际关系的绝妙高招。

巧用"兜圈子"

在日常的人际交往中,快言快语,是人的真诚所在,是非常受欢迎的。但有时候,效果并不好,轻者损害人际关系间的和谐,重者造成麻烦伤害,违背言语交际的初衷。而有时有意绕开中心话题和基本意图,从相关的事物、道理谈起,即"兜圈子",却常能收到较理想的交际效果。请看下列三例:

一位年轻媳妇,见小姑穿一件新的羊毛衫,猜想是婆婆买的,故意高声对小姑说:"嗬,从哪里买来的羊毛衫,真漂亮!"婆婆在一旁答话:"从对门商场买的,刚到的货。我先买一件,让你们穿上试试,要看中了,下午再买一件。你们俩一人一件。"

一天,某青年教师早早回家做了一锅红枣饭。妻子下班回来,端起碗,高兴地问:"这枣真甜啊,哪来的?"丈夫说乡下姨妈捎来的。妻子不无感慨地说:"姨妈想得可真周到啊,年年捎枣来。"丈夫说:"那还用说,我从小失去父母,就是姨妈把我抚养大的嘛!"妻子说:"她老人家这一生也真够辛苦的。"稍停,丈夫忽然叹了口气,说:"听捎枣的人说,姨妈的老胃病又犯了,我想……""那就接来呗,到医院好好治治。"不等丈夫把话说完,妻子说出了丈夫想说还未说出的话。

晚饭后,几个青年人去拜访某教授。谈到夜深,教授接着一个青年人的话题说:"你提的这个问题很值得研究,明天我去 A 城参加一个学术会,准备就这个问题找几个专家一块聊聊。"这些青年立刻起身告辞:"真是抱歉,不知道您明天还要出差,耽误您休息了。"

第一例中的年轻媳妇见小姑穿上了新的羊毛衫,猜想是婆婆买的,也想要一件,但又不好意思说出口,于是转向小姑夸羊毛衫,"环顾左右而言他",达到目的。

第二例中青年教师想接姨妈来城里治病,但不直说,而是通过吃枣饭、忆旧情,造成一种适宜的氛围,然后再说姨妈生病,而让妻子接过话题,说出接姨妈的话。这样的说话方式比直说高明多了。

第三例中教授明天出差,要早点休息,但碍于情面,不好直言辞客,而是接过对方话题一兜,达到了辞客的目的。话语委婉得体而不失礼仪。由此看来,说话兜圈子,有时候确实是必不可少的。它能起到直言快语所不能起到的作用。

著名语言学家王力先生曾说过兜圈子是一门说话的艺术。要正确运用这种艺术,首先要善于分辨言语交际的具体情况,做到当兜则兜,不当兜还是直说为好。言语交际中兜圈子主要有如下几种情况:

1. 顾及情面

比如婆媳之间、恋人之间、两亲家之间等,均是刚刚建立起来的情感宝塔,基础欠牢固,交往中双方都比较谨慎、敏感,言语中稍有差错,都会带来不快或产生误解、造成矛盾。第一例中的那位年轻媳妇,如在娘家面对亲生母亲,大可不必兜圈子;但在婆家,面对婆婆,就不好直说要东西了。而她的兜圈子，既达到了要羊毛衫的目的，又不失情面。

2. 出于礼仪

中国是一个历史悠久的文明古国，素称"礼仪之邦"，具有文明礼貌的社交风尚。人们在言语交际中，十分注意话语的适切、得体。私人场合、知己朋友，说话可以直来直去，即使说错了，也无伤大雅。在公共场合，对一般关系的人，特别是晚辈对长辈，下级对上级，对待外宾，说话就要特别讲究方式、分寸。为了不失礼仪，说话就常需兜圈子。第三例的那位教授的话，就与特定的交际场合、对象、自身的身份相称，实现了和谐的沟通。试想，如果直言明天出发，改日再谈，虽可以达到辞客的目的，但却易置对方较为尴尬的处境，也有失教授慈祥和蔼的一面。

3. 容易让对方接受

某个意思，直接挑明，估计对方一时难以接受，在这种情况下，为了强调事理，征服对方，就可把基本观点、结论性的话先藏在一边，而从有关的事物、道理、情感兜起。待到事理通畅、明白，再稍加点拨，自能化难为易，达到说服对方的目的。第二例中的那位教师就是针对这种情况而兜圈子的。如果他直言接姨妈来城里治病，妻子不一定同意。而通过吃枣饭、谈红枣、忆旧情，事理人情双关，形成了接姨妈的充分理由，水到渠成，所以不用自己讲，妻子说出了他的心里话。

适当的兜兜圈子，会让你和他人的沟通更加顺畅，避免矛盾和争执的发生。这也是口才技巧中的一项大学问。但是该在什么时候兜圈子，也要悉心体会，否则可能一件很简单的事情，却因为漫无目的的兜圈子而搞得越来越复杂。

好的自我介绍是沟通成功的开始

自我介绍是人际交往中与他人进行沟通、增进了解、建立联系的一种最基本、最常规的方式，是人与人进行相互沟通的开始。

在社交场合，如能正确地、合理地利用口才来介绍自己，不仅可以扩大自己的交际圈，广交朋友，而且有助于自我展示、自我宣传，在交往中消除误会，减少麻烦。

在社交活动中，如果你想要结识某些人或某个人，而又无人引见，就可以直接向对方自报家门，自己将自己介绍给对方。如果有介绍人在场，自我介绍则被视为不礼貌的。

自我介绍时应先向对方点头致意，得到回应后再向对方介绍自己的姓名、身份、单位等。自我介绍的具体形式有很多种，下面给大家简单介绍一下：

1. 应酬式

适用于某些公共场合和一般性的社交场合，这种自我介绍最为简洁，往往只包括姓名一项即可。

"你好，我叫王少毅。"

"你好，我是邱磊。"

2. 工作式

适用于工作场合，它包括本人姓名、供职单位及其部门、职务或从事的具体工作等。

"你好，我叫王少毅，是某某文化公司的编辑。"

"你好，我叫邱磊，我在北京师范大学中文系读书。"

3. 交流式

适用于社交活动中，希望与交往对象进一步交流与沟通。它大体应包括介绍者的姓名、工作、籍贯、学历、兴趣及与交往对象的某些熟人的关系。

"你好，我叫王少毅，我是某某文化公司的编辑。我是何老师的老乡，都是北京人。"

"你好，我叫邱磊，是何老师的学生，在北京师范大学中文系，我学中国古代汉语。"

4. 礼仪式

适用于讲座、报告、演出、庆典、仪式等一些正规而隆重的场合。包括姓名、单位、职务等，同时还应加入一些适当的谦辞、敬辞。

"各位来宾，大家好！我叫张强，我是某某文化公司的编辑。我代表本公司热烈欢迎大家光临我们公司，希望大家……"

5. 问答式

适用于应试、应聘和公务交往。问答式的自我介绍，应该是有问必答，问什么就答什么。

"先生，你好！请问您怎么称呼？"

"免贵姓许，许仙的许。"

在自我介绍的时候，也应该注意自我介绍的原则：

1. 平和自信

初次交往，都想互相多了解对方，又都想被对方所了解。自我介绍时就要大大方方、不卑不亢，切不可害羞忸怩、吞吞吐吐、左顾右盼。应该勇于向他展示自己，树立自信，让别人产生希望与你交往的愿望。

2. 繁简得当

应视交际的需要来决定介绍的繁简。一般来说，参加聚会、演讲、为他人办事、偶尔碰面、为单位公关等，自我介绍宜简约些，只需介绍姓名和工作单位即可；而在另一些场合，如求职、恋爱、找人办事、招标时投标、深交朋友等，则可以介绍得细致一点。

3. 把握分寸

首先，自我介绍要突出个人的优点和特长，并要有相当的可信度。特别是具有实际经验的要突出自己在那方面的优势，最好是通过自己做过什么项目这样的方式来验证一下；其次，要展示个性，使个人形象鲜明，可以适当引用别人的言论，如老师、朋友等的评论来支持自己的描述；再次，不可夸张，坚持以事实说话，少用虚词、感叹词之类；最后，要符合常规，介绍的内容和层次应合理、有序地展开。同时要符合逻辑，介绍时应主次分明、重点突出，使自己的优势很自然地逐步显露。

寻找共同的话题

大多数人都会在被互相介绍之后以"嗨,你好!"作为开场白,但通常接下来就会出现相对无语的场面。

当谈话的机会出现时,我们有些人反应总是不够快,或者根本视而不见。其实闲聊不需要准备,兴之所至,在任何约定的时间都可以聊一些适当的话题。你不必刻意抛出各种话题,但一定要打破僵局,而且要快。因为时间越久,站在那儿就越无话可说,你刚认识的朋友就会越快离开你去找一个有话说的地方。

1. 抓住有利的说话时机

你面前的人如果穿得很潇洒,那么你不妨对他说:"你的领带真漂亮!"如果你参加宴会,他正在吃东西,就说:"我想尝尝那个水煮鱼,但又怕太辣。"其实,很容易度过开头这一关,语气要轻松、自然,而且不显得唐突。接着,该把话题传给别人了。提问题可使谈话继续下去。"你是怎么认识主人的?""那是条什么狗?"如果是别人问你,试着不要回答得太简单,让人无话可接。例如,他很欣赏你的西服,你可以说:"很高兴你注意到了。那是我的朋友从香港带给我的,你去过那儿吗?"回答问题的同时,要注意改变有关的话题,使谈话继续下去。

将视线停留在他的脸上,集中精力促使聊天在一种自然、谦逊的氛围中进行。最糟的就是你四处张望或目光茫然,要全身心地投入才行。如果他看上去不大想继续谈,不用难过,也不用担心会让他看出来你有丝毫反应。也许他是感兴趣的,但需要一点时间整理思路。如果你提早结束,你就不会有动力、精力或体力再次聊得神采飞扬。

2. 了解对方的想法

如果现在你们已经聊了一些各自的兴趣爱好,都觉得挺合得来,接下去该准备进行深谈了。

在这一阶段，人们往往很容易低估用心听的重要性。别人在说话时，你仅仅保持安静是不够的。除了听清事实之外，还要听话听音。是什么使你的交谈对象最困扰呢？例如，他提到过失业或者刚刚离婚吗？如果你发现他开始时这么说："希望你不会介意我的问题……"那是他正在向你发信号，打算过分涉及私事，而又感到有点不便。因此，听话听音迫使你把心思集中到他身上，而不是你自己。还要记住一点，谈话成功不需要惊天动地，需要的是双方积极配合继续聊下去。投入不一定要相等，重要的是诚恳。

3. 察言观色

一个人的心理状态、精神追求、生活爱好等等，都或多或少地在他们的表情、服饰、谈吐、举止等方面有所表现。只要你能够善于观察，就会发现你们的共同点。在火车上，一名中文系的老师看到对面座位上一个年轻人在看一本世界名著，于是主动和他交谈："你是学什么专业的呀？"对方回答："我是学中文的。""哎呀，咱们是学同一个专业的，我也是学中文的，你们上学时学的什么版本……"

由于这位中文老师仔细观察，寻找到共同点便打开了对方的思路。这就是在观察对方以后，发现都是学中文的这个共同点。当然，察言观色发现的东西，还要同自己的情趣爱好相结合，自己对此也要有兴趣，才有可能打破沉寂的气氛。否则，即使发现了共同点，也还会无话可讲，或讲一两句就"卡壳"了。

4. 试探揣摩

陌生人相遇，为了打破沉默的局面，开口讲话是首要的。有人以招呼开场，有人以动作开场，一边帮对方做某些急需帮助的事，一边以话试探；有的通过借书借报，来展开交谈。

刘女士到医院里就诊，坐在候诊大厅里，邻座坐着的一位大姐很健谈，大姐主动问她："你是来看什么病的？听口音不像本地人，你老家是哪里的呀？"当她得知刘女士是山东青岛人时，很高兴地说："青岛非常美，我以前出差多次去过……"刘女士便问："那您在什么单位工作呀？"于是她们亲切地交谈起来，等到就诊时，她们已经是熟悉的朋友了，分手时还互邀对方去家中做客。这种融洽的效果看上去是偶然的，实际上也是有原因的。只有通过"火力侦察"，发现共同点，交际才能自如。

5. 步步深入

发现共同点是不太难的，但这只是谈话的初级阶段所需要的。随着交谈内容的深入，共同点会越来越多。为了使交谈更有益于对方，必须一步步地挖掘深层次的共同点，才能如愿以偿。

6. 避免谈话的陷阱

如果应付得当，大多数人都会跟你聊得比你想象得久，还会感激你的礼貌。但仍有一些谈话陷阱，会使谈话终止。

速度陷阱。当你的话像子弹一样飞驰或者像慢慢腾腾爬行的列车一样喋喋不休时，是无法引起别人兴趣的。保护自己以防堕入速度陷阱——太快或太慢——的一种办法就是经常停顿一下，给你的话友一个发言的机会。

消极话题。如果你过分热心于个人或其他重要的问题，如果你津津有味地说着不幸的事儿，别人就会变得紧张而且不舒服。类似的，即使他的地位高于你，你也不用畏首畏尾。如果你的工作不理想，别说："我只是个档案管理员，我讨厌这份工作。"消极只能表明你一无是处。如果你有远大的抱负，可以大胆而且坦白地说出来："我正在学习成为一名饮食学家，但现在仍在做办公室工作。"

个人隐私。谈话的内容如果涉及私人关系、财产和身体等比较直接的话题是完全不适当的。"你婚姻幸福吗？""你一个月挣多少钱？"这些问题不仅让人觉得你多管闲事，而且把轻松的聊天变成了警察审讯，还是不说为妙。

刚刚开始的谈话也许有些困难，但是如果你勇于迈出第一步，你就会发现其实这一切并不困难。展现你的口才技巧，多注意他人的反应，会让你在人际交往中得到更多的友谊。

学会如何赞美别人

运用自己的口才,适当地赞美别人,这种赞美会推动彼此之间的友谊得到非常良好的发展,还能消除人际交往过程中的矛盾和怨念。运用口才去赞美别人是一件好事,但也不是一件容易的事。赞美别人时如果不能审时度势,没有掌握一定的口才技巧,即便你是发自肺腑的,也会把好事变成坏事。所以,在开口赞美别人之前我们一定要掌握以下技巧:

1. 赞美因不同的人而有不同的方式

人的素质有高低之分,年龄有长幼之别,因人而异,针对性强,有特点的赞美比泛泛而谈的赞美能收到更好的效果。上了年纪的人当然希望别人夸赞他"想当年"的业绩与雄风,所以和老年人交谈时,可以多称赞一下他引以为自豪的过去;对年轻人不妨语气稍微夸张地赞美他的创造才能和开拓精神,最好能举出几点实例证明他的前程可以说是一片光明;对于经商的人,可以称赞他头脑灵活,生财有道;对于有地位的干部,可称赞他为国为民,廉洁清正;对于知识分子,可称赞他知识渊博、宁静淡泊……但是有一点一定要明确:这一切要依据事实,切不可虚夸。

2. 赞美别人时的态度要情真意切

虽然每一个人都喜欢听到别人赞美自己,但是请各位记住,并非任何赞美的话都能使对方高兴。能让对方感到高兴,在交际中引起对方好感的赞美之言,只能是那些基于事实、发自内心的赞美。相反,如果你无根无据、虚情假意地赞美别人,就算你口才再好,也会适得其反。他不仅会感到莫名其妙,更糟糕的是会给对方留下油嘴滑舌、诡诈虚伪的印象。例如,当你见到一位其貌不扬的年轻女士,却偏要虚情假意地赞美她说:"你真是美极了。"对方立刻就会认定你所说的是虚伪之至的违心之言,甚至会认为你在讽刺她。但如果你注意观察她的服饰、谈吐、举止,发现她在这些方面的出众之处并运用自己的口才来真诚地赞美，她一定会高兴地接受。真诚的赞美不但会使被赞美者在心情上变得十分愉快，还可以使你在人际交往的过程中，更加左右逢源、如鱼得水。

3. 赞美对方的内容要翔实具体

在我们平时的人际交往中，有非常显著成绩的大人物其实并不多见。所以，在人际交往过程中，应从具体的细节入手，善于发现别人哪怕是最微小的优点不失时机地运用自己的口才来加以赞美。赞美对方的内容越是翔实具体，说明你对对方越了解，对他的长处和成绩越看重。这样的赞美之言让对方可以深切感受到你的真挚、亲切和可信，你们之间的距离就会越来越近。如果你只是含糊其词地赞美对方，说一些"你工作得非常出色"或者"你是一位卓越的领导"等空泛的话语，不但会引起对方的猜度，甚至产生不必要的误解和信任危机。

4. 要把握赞美对方的时机

赞美的效果在于审时度势、恰到好处，运用口才赞美别人的尺度也要真正体会"美酒饮到微醉后，好花看到半开时"。比如，当别人计划做一件有意义的事时，开头的赞扬能激励他下决心做出成绩，在做事过程之中的赞扬有益于对方再接再厉，事情结束时候的赞扬则可以肯定成绩，指出进一步的努力方向，从而达到和对方肝胆相照的效果。

5. 赞美最难得的就是雪中送炭

俗话说："患难见真情。"最需要赞美的不是那些早已功成名就的成功人士，而是那些因被埋没而产生自卑感或现在正身处逆境的人。他们平时很难听到一声赞美的话语，一旦被人当众真诚地赞美，便有可能振作精神，大展宏图。因此，最有实效的赞美不是"锦上添花"，而是"雪中送炭"。

当我们看到一个经常赞扬子女的母亲是如何创造出一个完满快乐的家庭、一个经常赞扬学生的老师是如何使一个班集体团结友爱天天向上、一个经常赞扬下属的领导者是如何把他的机构管理成和谐向上的集体时，我们也许就会由衷地接受和学会人际间充满真诚和善意的赞美。

学会批评的艺术

经常会看到这样的场面：领导不分场合对下属大声责骂，以为这样就可以树立威信，下属才会服从他；家长不顾孩子的感受不停地指责孩子的缺点，以为这就是对他们的爱；教师一脸严肃地在学生的考卷上指指点点，大声训斥，以为这样他就会发奋学习；同事、邻里、朋友之间不顾方式地对对方的缺点、过失进行批评，期望对方改正。但这种说话方式往往事与愿违，即使对方感到自己有错误，也会强词夺理，甚至根本不予理睬，弄得不欢而散。

如果能换一种方式，私下与其交换意见，委婉表达自己的想法，并给他摆事实，讲道理，分析利弊，他就会心悦诚服，真正接受你的意见和帮助。

可见，说话的方法是关键，方法不同，效果当然也不同。

下面是一些批评的有效方式：

1. 启发式批评

要让对方从根本上认识到自己的错误，需要批评者从深处找出错误的原因，晓之以理，动之以情，循循善诱，帮助对方认识、改正错误。

2. 幽默式批评

幽默的语言和形象的比喻等，可以缓解批评时紧张的情绪，启发批评者思考，从而增进相互间的感情交流，使批评不但达到教育对方的目的，同时也创造出轻松愉快的气氛。

伏尔泰曾有一位仆人，有些懒惰。一天，伏尔泰请他把鞋子拿过来。鞋子拿来了，但布满泥污。于是伏尔泰问道："你刚才怎么不把它擦干净呢？""用不着，先生。路上尽是泥污，两个小时以后，您的鞋子又要和现在一样脏了。"

伏尔泰没有讲话，微笑着走出门去。仆人赶忙追上说："先生慢走！钥匙呢？食橱上的钥匙，我还要吃午饭呢。"

"我的朋友,还吃什么午饭。反正两小时以后你又将和现在一样饿嘛!"伏尔泰巧用幽默的话语,批评了仆人的懒惰。如果他厉声喝骂、命令他,则不会有这么好的效果。

3. 警告式批评

如果对方犯的不是原则性的错误,就没有必要"真枪实弹"地对其进行批评。这时可以用温和的话语,只点明问题,或者是用某些事物对比、影射,点到为止,起到警告的作用。

春秋时期,秦国准备袭击郑国。军队走到魏国时,这个消息被郑国的弦高知道了。弦高原打算到附近做买卖,但他不忍自己国家蒙受灾难,便打算劝秦国主将改变主意。

弦高如果以硬对硬,肯定会适得其反。于是他带了千张熟牛皮,赶了百头牛作礼物,犒赏秦军。他故作恭敬地说:"我国国君已经听说您将行军经过敝国,特命我准备好粮草招待,让我来犒劳您的随从。"秦将一听这话便了解到郑国已对他们有所防备,不易攻击,于是便打消了侵略郑国的念头。弦高巧妙地对秦国发出了警告,收到了最佳的效果,未动一兵一卒就保全了自己的国家。警告式的批评在这里发挥了极大的作用。

4. 委婉式批评

采用间接的方法,声东击西,让被批评者有思考的余地,其优点是不伤被批评者的自尊心。

在一次宴会上,一位肥胖出奇的夫人坐在身材瘦小的萧伯纳旁边,带着妖媚的笑容问大作家:"亲爱的大作家,你知道防止肥胖有什么办法吗?"萧伯纳郑重地对她说:"有一个办法我是知道的,但是我怎么想也无法把这个词翻译给你听,因为'干活'这个词对你来说是外国话呀!"

萧伯纳这种含蓄委婉、柔中带刚的批评方式,效果极强。

总之,批评的方法应以教育为主,用事实教育人,用道理开导人,用后果提醒人,从而使对方心悦诚服地接受批评。

学会安慰别人

真正的安慰应该将安慰融合到鼓励之中,它能给人增加正视困难的勇气。如果你的朋友因某事伤心甚至痛哭,你不要劝他不要哭,而应当让他痛痛快快地哭一场。等他心中稍觉平静时,你就可以说几句劝勉的话。这时哪怕是一句,效果抵得上在此之前的一万句。所以,对于这类人,不要贸然地触及他的伤痛,而要善于等待,抓住最好的时机来安慰他们。

安慰也要讲究技巧,不然,其效果就会弄巧成拙,比如有人为某事而烦恼,许多人可能这样安慰他:"这有什么大不了的?看你还烦成这样!"如果你仅仅说这么两句而不进一步解释,那么还不如不说。因为这样的话不但没有给他安慰,而且会使他更加烦恼。他心里一定会说:"哼!你是站着说话不腰疼!"本来你是想安慰他一下,结果适得其反。

真正的安慰应该寓安慰于鼓励之中,这样不仅有助于安慰的效果,而且还给人增加面对困难的勇气。

下面介绍一些安慰各种人的方法与技巧:

1. 安慰病人

探望病人的时间要依病人的情况而定。若是前往医院探望病人,要遵守医院所规定的探视时间。若是去家中探望病人,多以下午为宜。若病人尚且处于病危之状或是某些不宜探望的疾病,可以过一段时间再去,或请其亲属转达自己的慰问之意。探望病人的时间不宜过久,一同前去看望病人的人也不宜过多。要是妨碍了病人的休息,倒不如不去。

前去探望病人可携带些礼品。礼品的选择要同病人的病情、喜好相适合。像鲜花、水果和书刊是普遍受欢迎的。

如果安慰身患重病的不幸者,就不能过多地谈论病情。因为对方本来就难过,你这样做只会加重病人的思想包袱。这时你不妨多谈谈病人所关心的事，讲讲各种各样的新闻，以减轻病人的痛苦；如果能说些笑话或有趣的事，就会使病人身心愉快，有利于早日康复。

2. 安慰重病者家属

安慰重病者家属，应从侧面入手，多谈些平常的生活小事，让他们放宽心，不要沉浸在痛苦中，要做好精神准备。

3. 安慰残疾人

在我们的生活中，有许多有严重身体缺陷的残疾人，他们长期坐卧病榻，遭受着病魔的折磨，有时会变得十分暴躁，生活枯燥无聊。所以，安慰他们不能带着怜悯，要维护他们的自尊。要讲些鼓励的话，激励他们对生活的渴望和热忱。

4. 安慰失恋者

热恋中卿卿我我的男女突然被对方抛弃，失恋者百思不解，悔恨交加，精神恍惚，肝肠寸断。想使他们摆脱失恋的阴影，必须从整个人生舞台的角度进行安慰，使他们重新振作，面对现实，追求新的生活。

5. 安慰离婚者

离婚是一种难言的悲哀。对任何一方都要劝其豁达一些，重新建立新的家园。安慰他们最好的办法就是同情，让他们在品尝痛苦之余，认识到生活中还有美好的一面。

6. 安慰死者家属

劝慰失去亲人的家属既要劝其"节哀""想开点"，又不能不让他痛哭，因为哭是一种宣泄，只有让他排除心头的忧伤，精神上才会好受些。如果你朋友家里有人去世，你去参加丧礼时应注意以下几点：

参加丧礼穿着不能太艳，应穿深色庄重的服装。参加丧礼应保持悲痛、肃穆的表情，不要嘻嘻哈哈。参加丧礼不要念叨死者生前之事，这样只会增加死者家属的悲伤。如果不能参加追悼会要与死者家属通信，可以打电话表示哀悼。

另外，生活中还有许多人，诸如失业者、落榜者等都需要别人的安慰，有人伸出温暖的手使他们摆脱痛苦，一定会使他们感到莫大的安慰。但是，要使安慰有效果,必须掌握好安慰的方法,否则将会事与愿违,越描越黑。

人的一生摆脱不了痛苦,对不幸,不仅自己需要坚强起来,也迫切需要别人的安慰。真正的安慰不仅能使我们感受到生活的温暖,更能给予我们征服困难的勇气和力量。

学会如何说"不"

说"不"就像生存一样是我们的一种权利。

人们为了自己在别人心目中有个好印象,往往对别人提出的一些要求,不加选择地加以接受。但有许多事情并不是你想办就能办到的,由于各种条件、能力的限制,有的事是根本办不成的。所以,当别人托你办事时,你必须考虑,这事你是不是能办成,如果不行,你就得老老实实地说出来,随便夸下海口或碍于情面都只会造成比这更糟糕的后果。

当然,拒绝别人也是件不容易的事。有一位教授说:"求人办事固然是一件难事,而当别人求你办事,你又不得不拒绝的时候,也是叫人头痛万分的。因为每一个人都希望得到别人的重视,同时我们也不希望给别人带来不愉快,所以也就很难说出拒绝别人的话。"

为什么说"不"会是件困难的事呢?这是因为"不"是一个否定,它表示拒绝、否定、排斥、反对之意。顾及到人人都不喜欢遭拒绝、被否定、受排斥、被反对,所以我们在明明应该说出"不"的时候,仍然难以启齿。

拒绝是要讲究艺术的:既要拒绝对方的不适当的要求,又不能伤害对方的自尊,同时又不能损害彼此的正常关系,因此,拒绝别人并不是那么容易的事。

什么叫"学会"说"不"呢?我们应该使那个否定词"不"字更容易说出口来,说得更加自然、更加流畅。

怎样才能既说出"不"又不得罪人、不恶化公共关系呢?这的确需要技术和艺术。

1. 以幽默方式说出"不"

罗斯福还没有当选美国总统时，曾在海军担任要职。一天，一位好友由于好奇向罗斯福问起海军在加勒比海一个小岛上建设基地的情况。罗斯福神秘地向四周看了看，对着朋友耳朵小声说："你能保密吗？""当然能，谁叫咱们是朋友呢？"朋友挺有诚意地回答。"我也能，亲爱的。"罗斯福一边说，一边对朋友做了个鬼脸，两人大笑起来。可见，如果以幽默的方式说"不"，气氛会马上松弛下来，彼此都感觉不到有压力。

2. 以别的原因说出"不"

当一位你并不喜欢的人邀请你去逛街或吃饭时，你可以有礼貌地说："我老爸要我回家练做饭呢！"这种说法隐藏了个人的意愿，而用其他原因做借口，从而减轻对方的失望和难堪。

3. 以反弹方法说出"不"

这种方法要求别人以什么样的理由向你提出要求，你用什么理由进行拒绝，让对方无话可说。在《帕尔斯警长》这部电视剧中，帕尔斯警长的妻子出于对帕尔斯的前程和人身安全考虑，企图说服帕尔斯中止调查一位大人物虐杀自己妻子的案子。最后她说："帕尔斯，请听我这个做妻子的一次吧。"他却回答说："是的，这话很有道理，尤其是我的妻子这样劝我，我更应该慎重考虑。可是你不要忘记了这个坏蛋亲手杀死了他的妻子！"

4. 以别的建议说出"不"

有人请你看一场话剧而你并不感兴趣，你怕直说会扫他的雅兴，你不妨提个别的建议来表示你的拒绝："谢谢，不过今晚的世界杯已进入决赛，我们还是看足球吧，怎么样？"

5. 热情友好说出"不"

你想对别人的意见表示不同意，请注意把你对"意见"的态度和对人的态度区分开来，对意见要坚决拒绝，对人则要热情友好。

6. 岔开话题说出"不"

当别人向你提出某种要求时，他们往往通过迂回婉转的方式，绕个大弯子再说出原意，如果你在他谈到一半时就知道了他的意图，并清楚自己不能满足他的愿望时，你不妨把话题岔开，说些别的，让他知道这样做只会令你为难，他也就会知难而退了。

7. 以替代方式说出"不"

有一位教授问他隔壁的小男孩："小军，你是愿意把梨子给伯伯吃呢，还是愿意把可乐给伯伯喝？"因为小军这时一手拿着雪梨，一手拿着可乐。没想到不到五岁的孩子竟说："你快去，伯伯，我妈妈那儿还有。"这小孩脑瓜真是转得快，教授将他的军不但没有把他难住，反而用了个替代方式将了教授一军。

8. 以要求对方满足某种条件说出"不"

《成功的公共关系》这本书的作者威廉·雷利博士曾向企业主管建议，当下属希望晋升，而他本身的条件又暂时不具备时，可以这样拒绝他："是的，我理解你的心情，可是你知道每个要得到提升的人，必须先使自己变得对公司更重要。现在我们看看，为此我们还要做些什么努力。"

9. 以客观与主观之间的矛盾说出"不"

当别人向你提出使你感到为难的要求时，你不妨先承认他的要求可以理解，你同时也希望满足他的要求。但接着说出不容置疑的客观原因，从而拒绝他的要求。

拒绝别人不适当要求的时候，要以一种客气的态度讲话。对于客气的拒绝，人们是不能不接受的。

如果您想婉转地拒绝，可以提出一个相反的其他建议，以表示这件事的不可能。

如果一位同事想把他的任务交给你去做，也许您会本能地回答："你的事我可不在行。"其实这是很不好的拒绝方法。

为了不伤和气，你应该这样对他说："我很愿意帮您的忙，不凑巧得很，我自己的那份工作还没干完。其实以你的能力和素质是完全可以做好那件事的。您不妨先干起来，也许我能帮您干点别的什么。"

如此既有拒绝，又有相反的建议，建议他先干起来，对方还能有什么话说呢？

当然，我们也有要求别人帮忙的时候，也可能遭到对方的拒绝。这时，不妨自己先把话打断，表示不帮忙没有什么关系，反过来再安慰对方几句，请他不必介意。这样，拒绝你的人这一次虽然没有帮你的忙，说不定下一次他会全力帮助你呢！

酒桌上该如何表现

谈起喝酒，几乎所有的人都会有切身体会，"酒文化"也是一个既古老而又新鲜的话题。现代人在交际中，已经越来越多地发现了酒在中间起到的作用。

的确，酒作为一种交际媒介，迎宾送客，聚朋会友，彼此沟通，传递友情，发挥了独到的作用。所以，探索一下酒桌上的"奥妙"，有助于你交际的成功。

1. 众欢同乐，切忌私语

大多数酒宴上宾客都较多，所以应尽量多谈论一些大部分人都能够参与的话题，得到多数人的认同。因为个人的兴趣爱好、知识面不同，所以话题尽量不要太偏，避免唯我独尊，天南海北，神侃无边，出现跑题现象，而忽略了众人。

特别是尽量不要与人贴耳小声私语，给别人一种神秘感，往往会产生"就你俩好"的嫉妒心理，影响喝酒的效果。

2. 瞄准宾主，把握大局

大多数酒宴都有一个主题，也就是喝酒的目的。赴宴时首先应环视一下各位的神态表情，分清主次，不要单纯地为了喝酒而喝酒，而失去交友的好机会，更不要让某些哗众取宠的酒徒搅乱东道主的意思。

3. 语言得当，诙谐幽默

酒桌上可以显示出一个人的才华、常识、修养和交际风度，有时一句诙谐幽默的语言，会给客人留下很深的印象，使人无形中对你产生好感。所以，应该知道什么时候该说什么话，语言得当，诙谐幽默很关键。

4. 劝酒适度，切莫强求

在酒桌上往往会遇到劝酒的现象，有的人总喜欢把酒场当战场，想方设法劝别人多喝几杯，认为不喝到量就是不实在。

"以酒论英雄"，对酒量大的人还可以，酒量小的就犯难了，有时过分地劝酒，会将原有的朋友感情完全破坏。

5. 敬酒有序，主次分明

敬酒也是一门学问。一般情况下敬酒应以年龄大小、职位高低、宾主身份为序，敬酒前一定要充分考虑好敬酒的顺序，分明主次。与不熟悉的人在一起喝酒，也要先打听一下来人的身份或是留意别人如何称呼，这一点心中要有数，避免出现尴尬或伤感情的局面。

敬酒时一定要把握好敬酒的顺序。有求于在席上的某位客人时，对他自然要倍加恭敬，但是要注意，如果在场有更高身份或年长的人，则不应只对能帮你忙的人毕恭毕敬，也要先给尊者长者敬酒，不然会使大家都很难为情。

6. 察言观色，了解人心

要想在酒桌上得到大家的赞赏，就必须学会察言观色。因为与人交际，就要了解人心，左右逢源才能演好酒桌上的角色。

7. 锋芒渐射，稳坐泰山

酒席宴上要看清场合，正确估价自己的实力，不要太冲动，尽量保留一些酒力和说话的分寸，既不让别人小看自己又不要过分地表露自身，选择适当的机会，逐渐放射自己的锋芒，才能稳坐泰山，不致给别人产生"就这点能力"的想法，使大家不敢低估你的实力。

突破争执的僵局

当你在人际交往中明显感受到他人的攻击时,不要轻易地认输。尤其是陷入僵局的时候,无论如何,你都要运用口才,想方设法打住话头,否则就无法挽回颓败之势。

当你和对方陷入僵局时,最重要的是不能慌张,而且还必须静静地等待。如果鲁莽地采取行动,只会使自己败得更惨而已。下面,给大家介绍一些如何突破僵局的方法。

1. 使用俗谚

使用俗谚是一种可以起死回生的口才技巧。俗谚可使人产生"那是一种真理"的错觉。而任何人都不得不屈服于真理之下。

比如当对方急着要你做决断时,你可以说:"俗语说得好:'欲速则不达',在这紧要的关头,我们应先稳住阵脚,以便从长计议。"

当对方以丰富的知识攻击你的无知时,你可以说:"俗话说:'知而不行,犹如不知',我们应该重视这一点。"

当你和对方因为争执陷入僵局时,你必须先设法搅乱对方的阵脚,接着再重新稳住自己的阵脚。这是削弱对方攻势的方法。

2. 找借口

找借口也是个好办法,这时的要诀是必须故弄玄虚;你要有背水一战的决心。

"你的意思我完全了解,但你何必这样严厉地指责,以致伤了彼此的和气?再说,你那方面也不见得完全没有问题。你这种态度,实在令人难以接受。"

"或许你说的是对的,但你要知道,很多事情并不是你说了算的,如果你硬要固执己见,本来可以成功的也会失败。"你必须在话题以外寻找借口,以便向对方反咬一口。因为在此之前，你是处于挨打的地位。扰乱对方的阵脚，不断地发问是很有效的方法。

采取这种办法时，有以下两个要点：

第一，很明显的事也要反复地询问。这样一来，对方必会感到厌烦，因而产生不想再和你纠缠下去的想法。这是一种声东击西的方式。为了转移对方的注意力，以免他再注意我方的弱点，最好对他说些毫不相干的事。另外，此发问方式也具有使对方的话丧失条理的效果。当对方声色俱厉地加以论证时，应找出其最主要的关键部分，然后反复问一些极明显的事。例如："我想再确认一下……""你只要想到……"故意说一些风马牛不相及的事，最后对方将不得不对所说的话作某些修正，这就是我方的目的。

第二，要对方为语意不清的字句下定义。诸如："作建设性的处理""调整""检讨""促进""跟随""妥善处理"等等。如果对方有弱点存在，其攻势便不会再那么凌厉了。

3. 多使用"比如说"

这也是摆脱困境的有效方法。即使对方有条有理地高谈阔论，有时只要以下列的方式发问，对方就会立即崩溃。例如："比如说，有什么例子吗？""比如说，适合什么情况？""比如说，在你的工作中有什么实例？""比如说，你能想出适用的方法吗？"等等。

即使对方的话非常有道理，而且在逻辑上也显得有条不紊，但若他无法回答"比如说……"这类问题，难免会觉得不知所措。

下面举一个我们常见的例子：

A："说话时增添些幽默感，可使会话更生动、活泼。但幽默如果没有掌握住时间、地点和情况，就无法产生预期的效果。"

B："我知道了。可是，你能不能告诉我，应该如何掌握时间、地点和情况呢？比如说，在什么时候、什么地点，以及什么情况下，才可以说较为幽默的话呢？"

A："哦，一般来说……"

当你要求对方"举出例子"时，可以立即回答的人不多。这时，对方显然已处于劣势。因此，你要紧跟着说："你说的我完全了解，不过，如果不知道具体的使用方法，就等于是纸上谈兵，毫无意义可言。"

我们都希望不和任何人发生争执，因为争执带来的后果只有两败俱伤。但现实往往并不能和我们想象中的一样完美。所以，掌握一些突破这种僵局的方法也是必要的。

第 5 章
推销口才与技巧

钓住顾客的胃口

销售人员在和客户进行面谈之前,是需要有一个开场白的,而好的开场白是销售成功的一半。在实际销售工作中,销售人员可以先唤起客户对所售产品的好奇心,引起客户的关注和兴趣,然后销售人员应讲出商品的情况,接着迅速转入面谈阶段。因为好奇心是人的所有行为中最有力的一种动力,而唤起好奇心的办法则可以是多种多样的,要尽量做到得心应手,不留痕迹。

一位人寿保险代理商一接近准客户便问:"5公斤软木,您打算出多少钱?"

"如果您坐在一艘正在下沉的小船上,您愿意花多少钱呢?"由此令人好奇的对话,可以引发顾客对保险的重视和购买的欲望。

人寿保险代理商阐明了这样一种思想,即人们必须在实际需要出现之前投保。

为了接触并吸引客户的注意,有时,可用一句大胆陈述或强烈问句来开头。

20世纪60年代,美国有一位非常成功的销售员乔·格兰德尔。他有个非常有趣的绰号,叫作"花招先生"。他拜访客户时,会把一个三分钟的蛋形计时器放在桌上,然后说:"请您给我三分钟,三分钟一过,当最后一粒沙穿过玻璃瓶之后,如果您不要我再继续讲下去,我就离开。"

他会利用蛋形计时器、闹钟、20元面额的钞票及各式各样的花招,使他有足够的时间让顾客静静地坐着听他讲话,并对他所卖的产品产生兴趣。

假如你总是可以把客户的利益与自己的利益相结合,提问题的方法将特别有用。顾客是向你购买想法、观念、物品、服务或产品的人,所以你的问题应带领潜在客户,帮助他选择最佳利益。

美国某图书公司的一位女推销员总是从容不迫、平心静气地以提出问题的方式来接近顾客。

"如果我送给您一套有关个人效率的书籍,您打开书发现内容十分有趣,您会读一读吗?"

"如果您读了之后非常喜欢这套书,您会买下吗?"

"如果您没有发现其中的乐趣,您把书重新塞进这个包里给我寄回,行吗?"

这位女推销员的开场白简单明了,使客户几乎找不到说"不"的理由。后来,这三个问题被该公司的全体推销员所采用,成为标准的接近顾客的方式。

另外,好的开场白应该会引发客户的第二个问题,当你花了30秒的时间说完你的开场白以后,最佳的结果是让客户问你,你的东西是什么?每当客户问你是干什么的时,就表示客户已经对你的产品产生了兴趣。如果你花了30秒的时间说完开场白,并没有让客户对你的产品或服务产生好奇或兴趣,而他们仍然告诉你没有时间或没有兴趣,那就表示你这30秒的开场白是无效的,你应该赶快设计另外一个更好的开场白来替代。

如果你卖的是电脑,你就不应该问客户有没有兴趣买一台电脑,或者问他们是不是需要一台电脑,你应该问:"您想知道如何用最好的方法让你们公司每个月节省5000元钱的营销费用吗?"这一类型的问题可能比较容易吸引客户的注意力。

"您知道一年只花几块钱就可以防止火灾、水灾和失窃吗?"保险公司推销员开口便问顾客，对方一时无以应对，但又表现出很想得知详细介绍的样子。推销员赶紧补上一句："您有兴趣了解我们公司的保险吗？我这儿有20多个险种可以选择。"

下面，是一些强力有效的开场白：

"我需要您的帮忙。"

"我知道您是这里当家做主的大老板，可是我能不能找那些认为自己在当家做主的人谈谈？"

"我想借5万元，不知道您能不能帮我？"

"我刚刚在隔壁跟××在一起，她觉得我能对贵公司有所帮助，就像我对他们公司一样。"

"我刚刚在隔壁跟××在一起，她建议我顺道过来找××再谈谈。请问她在吗？"

"我是××，您并不认识我。"

"我刚在车上煎了一颗蛋，不知道你们这里有没有盐和胡椒？"——"我的老板说，如果我做不出业绩来，就叫我卷铺盖走人。所以如果您不想买东西，说不定你们这儿缺人。"

"大部分和我们合作的机构都希望职员在出差时，有更好的生产效率。我们的电脑设有内置打印机，能为外出工作的员工节省金钱和时间。"

"你们这一类的业务经理，总想取得最新的竞争情报。我们的竞争分析服务能让客户随时知道对手的最新情况。"

1. 新颖的推销战术

推销员的思考模式以及应对技巧，必须异于常人，方能出奇制胜，所以我们要尽快摒弃那些老掉牙的推销术语。

不管你的作风如何，最重要的就是了解你的顾客。如果顾客一和你接触，就能放松心情，而且因为占用你的时间而觉得有所亏欠的话，那么，你离成功也就不远了。

2. 以"年资"作推销

有位销售人员去我朋友的办公室推销他公司的服务。他一进门就自我介绍："我叫××，是××公司的销售顾问，我可以肯定我的到来不是为你们添麻烦的，而是来与你们一起处理问题，帮你们赚钱的。"

然后，他问公司经理："您对我们公司非常了解吗？"

他用这个简单的问题，主导了销售访谈，并吸引了顾客的注意力，他继续说："我们公司在本行业的市场区域内是规模最大的。我们在本地区的经营已有22年的历史，而在过去10年里，我们的员工人数由13人增加到230人。我们占有30%的市场，其中大部分都是客户满意之后再度惠顾的。"

"××先生，您有没有看到孟经理采用了我们的产品后，公司营运状况已大有起色？"

用这样一个简单的开场白，他已经为自己和他的公司，以及他的服务建立了从零到最大的信赖度。他已经回答了"它安全吗？""它可靠吗？"这两个问题。他打开了顾客的心，并且降低了顾客的抗拒，所以顾客马上就很有兴趣地想知道他过去的客户得到了哪些利益，而自己将会从中得到哪些好处。由此，顾客从开始的抗拒与疑虑变成后来的接受与信任。

3．"7+1"成交法

所谓"7+1"成交法，就是你设计一系列的问题，而每一个问题都必须让客户回答"是"等肯定的答案。

"先生（小姐），我们在你们的社区附近作一些有关教育的调研，请问我可以问一下您对教育的看法吗？"

"可以。"

接下来问："请问您相信教育和知识是一件有价值的事情吗？"或："请问您相信教育和知识的价值吗？"

"相信。"

"如果我们放一套百科全书在您家里，而且是免费的，只是用来作展示，请问您能接受吗？"

"可以。"

"请问我可以进来向您展示一下我们的这套百科全书吗？我不是想把这套百科全书卖给您，我所想要做的只是希望把这套百科全书放在您的家里，当您的朋友来到您的家里看到这套百科全书时,如果他们有兴趣,您只要将我们的联系电话告诉他们,请他们和我们联系。"

"可以。"

依照心理学家的统计发现,如果你能够持续问对方六个问题而对方连续回答六个"是",那么,当第七个问题或要求提出后,对方也会很自然地回答"是"。

4. 巧用对比说服顾客

一位草坪修剪工讲起他在底特律郊区和一些家庭主妇打交道的事。当一位主妇说她必须先和丈夫商量时,我问她:"夫人,您每星期采购零杂用品要花多少钱?"

"哦,大概250美元吧。"她回答。

"您是不是每次去超市都要和您丈夫商量呢?"我又问。

"当然不会。"她说。

"那您每年光是采购这些零杂用品就得花1.2万多美元,那可不是一笔小开销啊。我注意到您说并没有征求您丈夫的意见,而我们现在谈到的仅仅是一个200美元的决定,所以我相信您丈夫不会介意您做主的,对吧?"

然后,我又趁热打铁地说:"我星期三来替您家修剪草坪,您看上午合适还是下午合适?"

"那就下午吧!"

这位草坪修剪工用"对比"推销术轻易地说服了有抗拒心理的家庭主妇。

5. 将心比心

许多顾客做事很有耐心,不把事情弄清楚决不往前踏一步,没有考虑清楚决不作出决定。这时候,最好强调自己与他站在同一阵线上,你是为他着想的,你代表的是他的利益。

贝吉尔是美国顶尖的保险推销员之一。有一次,贝吉尔去见一位准顾客,这位准顾客正考虑买25万美元的保险。与此同时,有10家保险公司提出计划,角逐竞争,尚不知谁能成功。

贝吉尔见到他时,对方立即道:"我已麻烦一位好朋友处理,你把资料留下,好让我比较一下哪家便宜。"

"我有句话要真诚地告诉您,现在您可以把那些计划书都丢到垃圾桶里。因为保费的计算基础都是相同的起点,任何一家都是一样的。我来这里,就是帮助您作最后的决定。以银行贷25万美元而言,受益人当然是银行。关心您的健康,才是最重要的。不用担心,我已帮您约好的医生是公认的最权威的,他的报告每一家保险公司都接受,何况做25万美元保金的高额保险的体检,只有他才够资格。"

"我还需要考虑几天。"

"当然可以,但是您可能会耽误3天,如果您患了感冒,时间一拖,保险公司甚至会考虑再等三四个月才予以承保……"

"哦,原来这件事有这么重要!贝吉尔先生,我还不晓得您到底代表哪家保险公司?"

"我代表客户!"贝吉尔在迅雷不及掩耳的积极行动下,顺利地签下一张25万美元的高额保险,他所凭借的利器:一是及时的行动;二是恰当地利用了一些推销话术,"我代表客户"让顾客相信,他所做的一切都是为了顾客的利益。

6. 不要与顾客争辩

迈特是美国的一位汽车推销员,他对各种汽车的性能和特点了如指掌。本来,这对他搞推销是极有好处的,但遗憾的是他喜欢争辩。当客户过于挑剔时,他总要与顾客进行一番嘴皮子战,而且常常令顾客哑口无言,事后他还得意地说:"我令这些家伙大败而归。"

可是,经理批评了他:"在舌战中你越胜利你就越失职,因为你会得罪顾客,结果你什么也卖不出去。"后来,迈特懂得了这个道理,变得谦虚多了。

有一次,他去推销怀特牌汽车,一位顾客傲慢地说:"什么,怀特?我喜欢的可是胡雪牌汽车。你送我我都不要!"迈特听了,微微一笑:"你说得不错,胡雪牌汽车确实好,该厂设备精良,技术也很棒。既然你是位行家,那咱们改天来讨论怀特牌汽车怎么样?希望先生能多多指教。"于是,两个人开始了海阔天空式的讨论。迈特借此机会大力宣扬了一番怀特牌汽车的优点,终于做成了生意。迈特后来成为美国著名的推销员。

为什么迈特以前争强好胜却遭到批评，而后来不再与顾客争辩反而成了模范推销员？因为他掌握了一个重要原则，那就是：交易中不宜争辩。

作为一个企业，应该讲究信誉，进行商品交易时对买方的意见与抱怨应分清是非。有的企业为维护面子，绝不容忍顾客对自己的商品进行挑剔，如果顾客的意见稍微偏离事实，他们就会奋起反击，使买方哑口无言。其实，这是一种错误的观念。企业的信誉不但来源于商品的质量优良、款式新颖、价格适宜、功效实用，而且还来源于科学、严格的管理，来源于较好的经济效益和热情谦逊的服务态度。而企业的面子是靠全体员工为顾客提供热情周到的服务来建立和维护的。这种热情周到的服务必须基于这样一种认识和宗旨："顾客是上帝"，"顾客至上"。如果意识到这一点，那么，就应当宽宏大量地对待顾客的意见与抱怨，站在顾客的角度，真诚地理解并欢迎顾客的异议，认真地分析和处理顾客的意见和建议，使顾客在与自己达成协议时保持愉快的心情，获得满足的快乐。

把自己当作弱者

在商品交易中，经常会出现很多情况。当客户提出抱怨，而销售者的态度也很不好，就会走入销售瓶颈。有时候，确实是顾客挑三拣四，但如果销售者不能平心静气，而是心胸狭窄，势必影响交易成功率。聪明的销售人员往往很善于给顾客"台阶"下，适当的示弱，做出让步，让对方心理平衡，这样不但能赢得顾客，也缓解了双方的矛盾，使客户在心情愉悦的情况下购买自己的产品。

在谈判中，真诚的自责是给对方一种体贴、一种慰藉，责的是自己，安慰的是对方。善于与对方进行心理互换也是一种使顾客获得快乐的手段，它不仅能使交易继续下去，说不定对方还会给你带来更多的客户。示弱就是一种扬人之长、揭己之短的语言技巧，目的是使交易重心不偏不倚，或使对方获得一种心理上的满足，从而达到销售的目的。

有个人很擅长做皮鞋生意，别人卖一双，他往往能卖几双。一次谈话中，别人问他做生意有何诀窍，他笑了笑说："要善于示弱。"接下来他举例说：

"有些顾客到你这里来买鞋子，总是东挑西拣到处找毛病，把你的皮鞋说得一无是处。顾客总是头头是道地告诉你哪种皮鞋最好，价格又适中，式样与做工又如何精致，好像他们是这方面的专家。这时，你若与之争论毫无用处，他们这样评论只不过想以较低的价格把皮鞋买到手。这时，你要学会示弱，比如，你可以恭维对方确实眼光独特，很会选鞋挑鞋，自己的皮鞋确实有不足之处，如式样并不新潮，不过较稳罢了；鞋底是牛筋底，不能踩出笃笃的响声，不过，柔软一些也有柔软的好处……你在表示不足的同时也侧面赞扬一番这鞋子的优点，也许这正是他们瞧中的地方，可使他们动心。顾客花这么多心思不正是表明了他们其实是很喜欢这种鞋子吗？"

通过示弱，从而满足了对方的挑剔心理，一笔生意很快就成交了。这就是他的妙招，示弱并不是真示弱，只不过是顺着顾客的思路，用一种曲折迂回的办法来俘虏对方的心罢了。

用暗示影响顾客

语言的某些内在的含义，有时候会比语言本身更加有感召力。在很多的情况下，我们都可以感受到暗示语言存在的神奇力量。例如，广告中的广告词对我们产生的暗示效应。我们可能对广告的影像记忆还不深刻，但却会对经常听到的广告词有深刻的记忆，从而关注广告中所介绍的产品，而这些注意是一种无意识的行为，是语言暗示后的结果。当一遍遍的宣传在人的潜意识中积累沉淀下来后，在人们购物时，就会受到潜意识中这些广告信息的影响，让人不知不觉地去购买。所以，销售人员也可以借助语言暗示的作用，让这些语言在不经意间对客户产生影响力，在客户的潜意识中留下记忆，从而使说服的效果更为显著。

美国有一位推销员伯特，有一次为了推销一套可供一座四十层办公大楼用的空调设备，在一家公司周旋了几个月还是无法谈成，然而，购买与否的最后决定权，还是握在买方的董事会成员手中。

有一天董事会通知伯特，要他再一次将空调系统向董事们介绍。伯特强打起精神，把不知讲过多少遍的话又重述了一遍。但董事们反应冷淡，只是连珠炮似的提了一大堆问题，用外行话问内行人，似乎有意刁难。

伯特心急如焚，眼看几个月的心血就要付诸东流，他浑身发热。这时，他忽然想到"热"这个妙计。他不再正面回答董事们的问题，而是很自然地改变了话题。他泰然自若地说："哟！今天天气还真热，请允许我脱去外衣，好吗？"说罢，还掏出手帕，煞有介事地擦着前额渗出的汗珠。

他的话、他的动作立刻引发了董事们的连锁反应，或许这是一种心理学的暗示作用，董事们似乎一下子也感受到了闷热难耐，一个接一个地脱下外衣，又一个接一个地拿出手帕擦汗。

这时，终于有一位董事开始抱怨说："这房子没有空调，闷死了。"就这样，董事们再也不需要伯特推销，自动地考虑起空调的采购问题。令人不可思议的是，拖了几个月之久的买卖，竟然在短短十分钟内就获得了突破性的成功。

很显然，真正的关键在于伯特及时抓住了问题的重点，恰到好处地利用了环境提供给他的条件，并运用语言的附加意义或暗示语法，让他的话产生了极大的威力。

语言的魅力是我们难以估量的，有时一句简单的话、一种轻柔的语气都可能给人带来无法形容的力量。恰到好处的语言运用，会给人的生活增添动力，而一些不合适的语言则有可能会影响到人的心境以及对生活的态度。强有力的语言不一定是华丽的词汇，有时，平常而又简单的语言依然可以带来不同凡响的影响。

受暗示性是人的心理特性，它是人在漫长的进化过程中形成的一种无意识的自我保护能力，它是人的一种本能。人们为了追求成功和逃避痛苦，会不自觉地使用各种暗示的方法，比如困难临头时，人们会安慰自己或他人："快过去了，快过去了。"从而减少忍耐的痛苦。人们在追求成功时，常常会鼓励自己说："坚持一下，我一定成功的。"这些简单的语言都给了人们强烈的暗示，让人们在无形中有了强大的抵抗困难或勇于进取的动力。

在读书求学的过程中，我们常常会面临学习的困难和打击，当自己感到无助的时候，如果老师这个时候给我们一点鼓励的话，我们失落的心就会重见光明，重新激发出进取的信心；在小时候，当受到伤害感到委屈的时候，如果妈妈说上一句"孩子，不要担心，妈妈会陪你去解决"之类的话，立刻会给我们受创的心灵增添温暖；在陌生的地方，陌生人一句问候的话，也会让我们找到许多家的感觉。这些在平常看来很一般的语言，在特定的场合下却能带来不一样的作用。

其实，暗示语言的神奇力量在于，它是通过给人施加一定的激励，来增加人心灵的力量，唤起人们潜在的欲望。

在许多情况下，我们都可以感受到来自语言的暗示，比如，广告语对顾客的暗示作用，有时，我们可能记不住这个广告的影像，但却会因为一些很有说服力的广告语而对该产品产生极大的注意，这些注意都是一种无意识的行为，是语言暗示的结果。一遍遍的宣传在人的潜意识中积累下来，当人们购物时，人的意识就受到潜意识中这些广告信息的影响，左右人的购买倾向，让人自觉不自觉地去购买这件产品。

在说服的过程中，一些词语的应用相当有技巧。经常使用刺激消费的用语，会让你的销售业绩成倍增长。比如"当你使用它的时候……"这句话具有暗示的效果，具有说服的作用。向客户的潜意识里灌输他已经购买了这件产品，你现在是在教他怎样使用产品，而不是说服他购买。当客户在潜意识里认可了这件产品，就会激起对产品的占有欲，从而产生购买的欲望。

不同的词语是具有不同的暗示作用的，有些词语可以帮助你对客户进行说服。

和客户沟通要习惯说"当"，而不要说"如果"或"假如"。比如"当你使用这台笔记本电脑的时候，它会大大提高你的办事效率，并给你带来最好的效果，我敢肯定你一定会非常喜欢并乐于使用它。"这样能挑起客户的占有欲，并引起兴趣。而如果你说"假如你有这样一台笔记本电脑，你使用起来会非常方便"，这样的语言会使客户感觉——我也许会拥有它，也许不会。

成交高手擅长用"我们来……"的句型刺激出客户的购买欲望，因为这样会营造一种合作的气氛，表示"你"和"我"是同一阵线的，而不是相互对立。如果你说"我们来做某某事"，客户就不会产生压力，甚至会认为这就是双方的共识。

例如对客户说"我们来看看，当你今天购买产品时，你能得到哪些额外的优惠"，就远比平铺直叙地说"你今天购买产品，一定物超所值"好听多了。其实两种说法的内容是一样的，但是"我们来……"句型让客户更容易接受。

以"我们现在要向你证明，这种服务'如何'为你节省更多的钱"作为开场白，绝对优于"采用我们的服务，绝对可以帮你省钱"。因为"如何"一词引起了客户的好奇心，是开启客户心灵的一把钥匙。"想不想看看某种东西'如何'运作？"相信任何人都会感到好奇，忍不住靠向前去听听人家还要说什么。

去翻翻销路最好的流行杂志，数数上面的标题用了几个"如何"。再观察其中的广告和文章，算算有多少"最新"和"即可"，因为大家都喜欢"最新"的方式，享受"即可"的满足。因此，建议你在销售过程中，常用这些词汇。

一般人会对"你认为"起头的问句感到有些犹豫，但是一旦他们有答案时，他们会比较坚定地维护自己的立场。"感觉"是个很温和的字，"认为"比较强硬，而"依你之见"则是最肯定的。当你问："依你之见，这是不是能够解决你的问题的最佳选择？"你就是在请这位客户说出最确定的立场。假如回答是肯定的，他可能就会决定买。也有些话语会勾起客户对过去购买某样东西的恐惧的回忆，这些词语我们就要尽量避免使用。

当你问一个人："你对于那东西的感觉如何？"这是一个很容易回答的问

题。如果你问别人的感觉,他们没办法不去表达自己的感受。当你问一位客户:"你对目前生意状况的感觉如何?"或:"你对最近一次选举的感觉如何?"你的问句是完全中立的,且绝对不会得到一个非常情绪性的反应。

说服式词语能够鼓舞客户、吸引客户,更能够娱乐客户,引导客户点头称是。只要平时多加练习,一定会让你的说服力大增,进而大幅提升你的销售业绩。说服的"风格"总是比"技巧"更重要,而经过千锤百炼的说服式词语,正是营造这种"风格"的关键,同时也更能够凸显促进成交的威力。所以,平时要养成收集各种词汇的习惯,这就是精通表达技巧的第一步。很多词语都能够表达强烈的言外之意,这些词语都是一些具有说服性的词语。在销售时使用这些具有关键意义的充满感情色彩的词语,会增加感染力,有助于调动客户的情绪,促进成交。

揣摩顾客的考虑与应对"没钱"的客户

怎样应对那些总是说需要再考虑考虑的客户呢?这是特殊产品或一些家庭日用品的销售工作人员最害怕的难题。对于顾客所说的"我还要再考虑",最好的应对方式就是说:"当然,先生,我很了解您这样的想法,但是我想,如果您还想再考虑,一定是因为您觉得对这个产品的某个方面还没有详尽的了解,是这样么?"

大部分客户都会回答:"是的,所以我在做决定之前还是需要再想一想。"

接下来,你要这样回答:"好的,我们不妨一起把这些问题列出来讨论一下。"然后,拿出一张白纸,在纸上写下 1 到 10 的数字。"现在,先生,您最不放心的是哪一点?"不管顾客说什么,把这一点写在数字 1 的那一行,然后再继续问,把下一个问题列为第二点。客户顶多会列出三到四点,当客户再也想不出问题之后,你说:"还有没有我们没有想到的呢?"如果顾客说:"没有了!"你便说:"先生,如果以上提出的问题,我都能一一给您满意的答复,我不敢说一定做得到，但是如果我能，您会不会购买？"如果顾客的回答是肯定的，你就提前缔结这个销售。接下来，你要针对问题为客户一一解释和保证，如果他认为他还是不能马上决定购买，专业的推销员会说："您一定还有不满意的地方。请把新想到的考虑再列出来。让我们共同来处理。"当你逐一回答这些问题时，一定要清楚而明确，在解释清楚问题之后，一定要先问客户："您对这点满意了吗？"

或是："我们是不是已完全谈到每一个细节了？"

或是："您是不是对这点还有疑惑？"然后，再开始解释下一点。

另外，还有一种方式来应付客户说"好好考虑"的抗拒。你可以面带微笑地说："这真是太好了，我很高兴听到您要好好考虑，显然如果您没有兴趣的话您也不会花时间来考虑它。因此我假设不管您决定买或不买，您都要避免作出错误的选择。您说我的假设成不成立？您考虑时间的长短在此时并不重要，您要寻求的就是正确的决定，您同意我的说法吗？"

顾客说"考虑看看"时应采取下列对策：

"一定是我的说明不够清楚，您才不能欣然允诺，这恐怕会有负面的影响，请让我重新说明一次。"

"您这么忙，可能没有时间重新考虑这件事。与其以后决定，倒不如现在请您再考虑看看好吗？"

"您说考虑看看，证明您对我的话有兴趣，这真让人兴奋。不关心我们的商品，不可能特地抽出时间听我说明，由此可知您有意思购买。现在您考虑的是，想弄清楚自己需要什么吧，考虑3分钟或3年应该都一样，这和时间无关，您需要的只是确认自己的判断是否正确。既然如此，我们何不重新再考虑看看？我认为结论还是一致的，这不就证明您的判断是正确的吗？"

"我认为您有意思购买，但怕周围的人说闲话。其实，找消极的人商量，答案一定是'最好不要买'；问积极的人，答案绝对是'这种事您自己决定，可以的话就买'。您想和谁商量呢？现在最重要的是您要或不要，要的话何须考虑？您只需考虑如何使用，不是吗？"

作为一名销售工作者，你有责任以好的态度把产品和服务卖给客户，如此，客户才会向你购买，况且给别人好的机会就是给自己创造更好的机会。就算是遇到一些说到自己没有钱或者没有购买能力的客户，我们所持有的态度也应该是有理而尊重的，要自己了解他的真实意愿。

有一个推销员上门推销化妆品，女主人很客气地拒绝了。

"不好意思，我们目前没有钱，等我有钱时再买，你看行不行？"

但这位推销员看到女主人怀里抱着一条名贵的宠物狗，计上心来。

"您这小狗真可爱，一看就知道是很名贵的狗。"

"是呀！"

"您一定在它身上花了不少钱和精力。"

"没错。"女主人眉飞色舞地向推销员介绍她为这条狗所花费的钱和精力。

"那当然，这不是一般阶层能够做到的，就像这化妆品，价钱比较贵，所以使用它的女士都是高收入、高档次的。"

一句话说得女主人心花怒放，再也不以没钱为借口，反而非常高兴地买下了一套化妆品。

看了这个例子以后，你一定会有所启发。钱确实是非常实在的东西，没钱就没有办法买所需要的东西，所以许多推销员在"没钱"面前败下阵来，其实他们放过了许多成功的机会。

应该记住，客户嘴上说的"没钱"是极富弹性的，很可能是一种借口。

事实上，钱变不出来但可以凑出来，关键在于客户是否真的决定要买。正因为钱在买卖当中起了关键作用，所以客户想拒绝的时候，"没钱"便是最好的挡箭牌，但这对有经验的推销员来说并不能起多大的作用，他照样让客户掏腰包。

还有一些针对"没钱，买不起"这类反对意见的应对话术：

"所以嘛！我才劝您用这种商品来赚钱。"

"所以嘛！我才推荐您用这种产品来省钱。"

也可能对方真的没有带钱该怎么办？

如果你是一位汽车销售员，常常会有顾客在店里转来转去地看车，尽管你做了大量的推销工作，他却没有带现金、信用卡和支票，不能付一笔保证金。你要是花了一个小时左右的时间进行推销,而他还这样的话,我相信你是不情愿放他离去的,因为一旦离去,他就很可能再也不会回来了。你要懂得顾客虽然嘴上说没有带钱——实际上他们却不可能两手空空地回家。

一天上午,陈先生夹着一个公文包,在店里转悠,左看看右看看,一会儿说这辆车车价太高,一会儿说那辆车款式不漂亮。最后,陈先生看中了一辆雪弗莱汽车,却说:"我今天只是随便看看,没有带现金。"

"双鸟在林,不如一鸟在手。"你要说:"陈先生,没有问题,我和您一样,有很多次也忘了带钱。"然后,你稍稍停顿一会儿,观察到顾客有种脱离困境、如释重负的感觉——他带了钱!你接着说:"事实上,您不需要带一分钱,因为您的承诺比世界上所有的钱都能说明问题。"

接下来,你抓起顾客的手说:"就在这儿签名,行吗?"

等他签完名,你要强调说:"我这个人往往能给别人留下不错的第一印象,我知道,他们不会让我失望的。"

实际上,当你这样说时,确实很少有人会令你失望。你会发现,当你信任别人时,别人也会向你证明他们的确值得信赖。

倾听顾客的心声与客户拉近距离

在听他人说话的时候,偶然响应一两句是非常必要的,有不完全明白的地方,加一句问话也可以,因为这表示你十分用心而专注地去聆听对方的讲话。但千万不能将发言权抢走后,就开始滔滔不绝地自己讲得很起劲,除非对方的话已告一段落。无论对方说什么,都不要随便纠正他的错误,若因此而引起对方的反感,那你就不能成为一个好听众了。

有些人很喜欢打断他人的谈话,自顾自地发表言论,即使对方已经表现出不耐烦,他仍面不改色地继续说下去。其实,即使是一名超级业务员也并非一直滔滔不绝地介绍产品,完全不给顾客思考的时间。这种自以为是的说话方式,将会使他人拒绝和你交谈,充其量只是一场多余的个人脱口秀罢了。

很多人以为,所谓"善谈者",就表示会说话,善于巧妙地驾驭言辞。事实上,一个口齿伶俐、巧言令色的推销员并不一定是成功的推销员。工作绩效好的推销员往往是能够热诚而专注地听顾客说话,适时地回馈重要信息给顾客的人。因此"善听者亦是善言者"。

有些人常喜欢把已经对你说过好几次的事情一再重复,也有些人会把同一个笑话反复说好几次,当一名听者的你,此时就要训练忍耐的美德了。你不能直接对他说:"你已经说过好几遍了。"这样会让他下不了台,你应做的事是耐心听下去。他对你说话时,是充满了对你的好感和诚意的,所以你也应该以同样的诚意来接受他的善意。

但如果说话者的话题冗长、乏味时,把时间和精力拿来应酬他是十分不值的,就应该用巧妙的方法使他停止,但最重要的是不要伤及他的尊严。最好的方法是巧妙地引导他聊到别的话题,而且最好是对方有兴趣的、内行的,恰巧又是自己所喜欢的话题。

虽然话说得太多,或是打断他人说话不利于沟通,但是太过沉默则会造成冷场,这样也不好。从表面看起来,你在很专注地聆听对方说话,但是因为你缺乏反应,很容易让人误以为你不高兴,或在想别的事,所以在适当的时候,你应该诚恳而明确地表达自己的看法,让对方知道你在很专心地听他说话。

当一个良好的听众,不仅使他人乐于和你交谈,也能使你获得一些意外收获。从倾听他人说话当中,你会了解对方的思想、兴趣,在社交或是商业上的聆听更加重要,因为专注的聆听很可能会使你获得一些制胜的情报,因此当一个良好的听众其实并不吃亏。

有一次,爱德华·查利弗为了赞助一名童军参加在欧洲举办的世界童军大会,极需筹措一笔经费,于是就前往当时美国一家数一数二的大公司拜会其董事长,希望他能解囊相助。

在爱德华·查利弗拜会他之前,打听到他曾开过一张面额100万美元的支票,后来那张支票因故作废,他还特地将之装裱起来,挂在墙上作纪念。

所以当爱德华·查利弗一踏进他办公室之后，立即针对此事，要求参观一下他这张装裱起来的支票。爱德华·查利弗告诉他，自己从未见过任何人开具过如此巨额的支票，很想见识一下，好回去说给小童军们听。董事长毫不考虑地就答应了，并将当时开那张支票的情形，详细地讲给查利弗听。

查利弗开始并没有提起童军的事，更没提到筹措基金的事，他提到的是他知道对方一定很感兴趣的事，结果呢？"说完他那张支票的故事，未等我提及，那位董事长就主动问我今天来是为了什么事。于是我才一五一十地说明来意。出乎我意料之外，他不但答应了我的要求，而且还答应赞助5个童军去参加童军大会，并要我亲自带队参加，他负责我们的全部开销，另外还亲笔写了封推荐函，要求他在欧洲分公司的主管提供我们所需的一切服务。"爱德华·查利弗说。

这个故事很值得我们学习。在我们要见一个客户时，要先通过调查知道他的一些兴趣、喜好、经历等。而这些可以作为正式话题之前的引题，千万不能小看这些话题，两个人距离的拉近靠的就是这些。心理的距离近了，其他的就好说了。

多给人一些关注，用乐观心态看问题

在销售工作中，我们想要达到良好的销售目的，多从一些细节方面关注一下对方，是相当必要的，在与之接触的时候，多关注一下对方的语气、动作和一些小习惯，了解对方对于一个事情的看法，从而了解这个人，关心对方所关心的方面，时常加以嘘寒问暖的话语，让对方感受到你是一个细心周到的人，这样，很容易赢得客户的好感，达成最终成交的目的。

有两家商店，同时装修，同时开业，商店设备也大致一样。但经营了一年之后，甲店比乙店经营得好，也就是说：甲方赚了而乙方亏了。

为什么同时开业，同样的"硬件"，但赚钱的情况却不一样呢？

说来也简单，甲店的老板喜欢和顾客闲聊，顾客的所需所爱也就全在老板的了解之中。所以，顾客要为家里的老人买饼干，他会说：这位太太，老年人吃这种饼干不好，您可以试试这种，这种饼干好消化。

或者他会说：这位妈妈，小男孩吃这种饼干好，这种饼干加有钙；理查德，这种包装的咖啡，送礼又好看又不贵……

"汉森先生，夫人今天怎么没来？""病了。"晚上甲店老板就让自己的私人医生预约了汉森先生，他们一同出现在了汉森家的门口。

掌握顾客的心理往往就是制胜的法宝。甲店的老板经营得好，主要就是因为他和顾客常常闲聊，在这谈话之中就了解到了顾客的需求，同时也拉近了他自己和顾客的心理距离，顾客就有了一种安全感。顾客对于商家充分信任，而商家也了解顾客的需求，这样的经营岂有不胜的道理？

乔·吉拉德被誉为世界上最伟大的推销员，他在15年中卖出13001辆汽车，并创下一年卖出1425辆汽车（平均每天4辆）的纪录，这个成绩被收入《吉尼斯世界大全》。那么你想知道他推销的秘密吗？他讲过这样一个故事：

记得曾经有一次，一位中年妇女走进我的展销室。说她想在这儿看看车打发一会儿时间。闲谈中，她告诉我她想买一辆白色的福特车，就像她表姐开的那辆，但对面福特车行的推销员让她过一小时后再去，所以她就先来这儿看看。她还说这是她送给自己的生日礼物："今天是我55岁生日。""生日快乐！夫人。"我一边说，一边请她进来随便看看，接着出去交待了一下，然后回来对她说："夫人，您喜欢白色车，既然您现在有时间，我给您介绍一下我们的双门轿车——也是白色的。"

我们正谈着，女秘书走了进来，递给我一打玫瑰花。我把花送给那位女士："祝您长寿，尊敬的夫人。"显然她很受感动，眼眶都湿了。"已经很久没有人给我送礼物了。"她说，"刚才那位福特推销员一定是看我开了部旧车，以为我买不起新车，我刚要看车他却说要去收一笔款，于是我就上这儿来等他。其实我只是想要一辆白色车而已，只不过表姐的车是福特的，我也想买福特的。现在想想，不买福特的也可以。"

最后她在我这儿买走了一辆雪佛莱，并写了张全额支票，其实从头到尾我的言语中都没有劝她放弃福特而买雪佛莱的词句。只是因为她在这里感受到受重视，才放弃了原来的打算，转而选择了我的产品。

肯定许多营销员学过诸如推销经典之类的课程，但是他们却没有成功，因为生活是多彩的，顾客是多样的，销售方法也同样是多种的，与顾客联络感情促进公共关系的提升是一个伟大推销员的最大财富。

有位商人为了生意，到远方的城镇去，忽然想到朋友的生日即将到了，自己应该买个礼物带回去祝贺，他想送一幅具有深意的画当贺礼。

商人觉得："我是一个有品位的人，要送人礼物也不能太寒酸、太没有深度，那会显得自己太没气质。"于是就去拜访一个画家。

"请问老板在吗？"商人进了门之后，看到一位衣衫褴褛的老人便对着他问。

"请问有什么事吗？"老人头也没抬地问。

"我想要一幅最有气质、最有深度的画，送给朋友当贺礼。"商人说。

老人终于抬起头来，端详着面前这位有着整齐又干净外表的人，问道："请问先生觉得什么样的画是最有深度、最有气质的呢？"

根本不懂画的商人，被这样反问，一时语塞，不知该答什么，便说："我有一位朋友，几天后就过生日了，那么就送他一幅牡丹的画作吧。牡丹不正代表大富大贵，简单明了又有意义吗？！"

老人点了点头表示明白他的意思，便现场作了一幅牡丹的画作，让商人带了回去。

商人参加了朋友的生日聚会，并当场将之前请老人画的那幅牡丹展示出来，所有人看了，无不赞叹这幅活灵活现的画作。

当商人正觉得自己送的贺礼最有气质、最有品位的时候，忽然有人惊讶地说："嘿！你们看，这真是太没诚意了，这幅牡丹花的最上面那朵，竟然没有画完整，不就代表'富贵不全'吗？"

此时在场的所有贵宾都发现了，而且都觉得牡丹花没有画全，的确有"富贵不全"的缺憾。最难过的莫过于这位商人了，只怪当初自己没有好好检查这幅画，原本的一番好意，反而在众人面前出糗，而且又不能改变这个事实……

　　这时候，主人却站出来说话了，他深深地感谢这位商人，大家都觉得莫名其妙，送了一幅这么糟的画，还要道谢？

　　主人说："各位都看到了，最上面的这朵牡丹花，没有画完它该有的边缘，牡丹代表富贵，而我的富贵却是'无边'，他祝贺我'富贵无边'。"真是太可爱了！众人听了无不觉得有道理，而且还全体鼓掌，认为这真是一幅非常具有深意且完美的画作。

　　商人是对这两种不同处境感受最深刻的人，他十分佩服这位主人。他知道，即使再有能力的画家，也难免会有失误。就看自己如何不被外人的想法影响，来解释这样的不圆满了。

　　许多产品是需要顾客去感知的，不同的顾客有不同的感受和解释，现在营销人员要做的是怎样给顾客一个合理的解释才能够将自己的产品推广出去（前提是合格产品）。

第6章
面试口才与技巧

当面推销自己

求职工作的面谈,是应聘者为了展示自己的能力与招聘者进行的谈话活动,是进入职场的第一步。在这个过程中,首先必须要诚实,而那种自我夸大的行为是不适宜的,因为那只能瞒骗一时。如果应征工作的面谈令你胆战心惊,那么,也许就是因为你深深地明白自己有多少能力了。

有一个青年到一家火柴厂去谋求职位,他对于此业原是外行,但为了去求职,他预先调查了国内火柴厂的出品数量和销量、外国火柴在市场上的地位、各种火柴厂产品的比较、各竞争厂家的营业情形,等等。求职时,在几十个应征者当中他出类拔萃,招聘者对他对此业的广博研究大感兴趣,结果不言而喻,机会垂青于他。所以,预备一些使对方发生浓厚兴趣,同时,表现你深谙此道的谈话资料,往往能帮助你较易获得成功。

由此可见,求职工作晤谈的好坏在很大程度上决定着求职成功与否。

这种晤谈不同于社交拜会,不宜摆出一副安逸的姿态。谈话的范围应限于一定的界限内,不要谈办公室的陈设,不要谈对方的装束。你可以谦逊,但绝不可以谄媚,一味唯唯诺诺,那样,别人会觉得你一无是处。另外,应征晤谈时间有一定的限制,所以当你说出你的能力,对方试探你的智慧时,简单作答是必需的。你必须把你的资格和能力,浓缩在一个很短的时间内交待清楚,所以准时就是你所受训练、教育及能力的最佳证明。

发表意见时不可肆意批评别的营销方法,更不可告诉对方说"我的计划一定成功"或"如果雇用我,必可使业务改良、发展"之类的话。这些只能让对方心里称许,而不应由自己说出来,报告你的能力时不应流于自夸,得失仍应该让对方去评判。这样,即使你的见解和他不大相符,希望仍不会失掉。自夸必连带着固执,这样的态度只会使人厌恶。

如何应对面试者

对求职者面试时,招聘者手中往往拥有许多求职简历,里面的应聘者皆为实力雄厚的人才,所以招聘者想知道你和别人相比有什么不同的地方。在能力相同的情况下,某些求职者之所以会成功,关键就在于在面试时回答问题有着出色的表现。

招聘人员提出的问题可能多种多样,但归纳起来不外乎以下10个:

1. 介绍一下你自己

招聘人员已经注意到你是否按时到达,打扮是否得体等,现在,你得用语言使自己给对方留下好印象。确切地说,你该用两分钟时间来谈论你接受的教育和工作经历,并说明你为何觉得自己适合干这份工作。

你应该准备好一句能让人记住你的话。比如,有位成功者这么说:"我毕业于一所没有名气的大学,但请看看我过去10年的工作成就吧!"突出了他的精明和强干,从而使他战胜了势均力敌的竞争者。

2. 你为何找不到工作

招聘人员对有人回答这一问题的欺骗行为极为敏感,你应该直截了当,眼睛看着对方。德比公司的温斯托克警告说:"如果你的回答超过了一分钟,那你就算完了。"你可以实事求是地回答:"我和新上任的领导们产生了观点分歧。"你也可以这样说:"他们给我的工作不是我想干的,那不适合我。"

3. 你的实力如何

这是问你是否体力充沛、全神贯注、充满自信、办事果断、成熟老到、反应灵敏、卓有成效、意志坚强。"其实,这一切我们都想了解。"新英格兰金融集团的前副总经理帕克·库勒这样说。你要用工作中或在校时的具体实例来证明自己的才干,比如"毕业实习时,我销出的票券比任何同学都要多"。这便是你毕业成绩的一个有力证明。

一位求职者这么回答:"我的性格刚毅、果断、执著,做事讲求效率;我的工作态度是踏实肯干、认真负责、爱岗敬业;我的奋斗目标是在机遇和能力的双重催化下实现自我价值,追求人生的成功。"

4. 你想要多少工资

初次面试不要扯到报酬问题,你未来的雇主会在第二或第三次见面时提出来。假如要说,既不要提得太低,那会显得你对自身价值信心不足,也不要提得太高,那会吓坏你的雇主。你可说个范围,比如"我希望年薪在4万元到6万元之间"。

5. 你能为我们做些什么

面试官要看看你是否对他们公司作过调查研究。那些对公司和企业不甚了解的应聘者,一般都被面试人员认为傲慢自大或"口头表达能力差"而遭淘汰。一位大学生是这样回答的:"我不敢说能做什么惊天的伟业,但我想在贵公司极有发展潜力的前景和老板的领导下,充分发挥我的专业特长和能力,为公司的进一步发展贡献我全部的才力和心血。如果可能的话,这不仅是一种荣誉,更是一种义务。"

6. 你有什么弱点

这是要看看你是否坦率诚实和具有良好的心理平衡能力。有些招聘官常这样问:"能谈谈你某次失败的经历吗?"错误的回答是:"我想我没有这种经历。"要知道,从不失败的人是没有的。成功的回答应是:"人的一生谁也免不了会有缺点和弱点,人的发展就是在缺点与弱点的不断更改中完成的。我的弱点是在我向着一个特定的奋斗目标努力追求的过程中常常出现急躁情绪。

我想随着年龄的增长和经验的丰富会不断改正的。"

回答时，要尽力展示你在失败中得到的收获。有位工程系毕业的学生，在大学一年级时差点因考试不及格而退学，但毕业后求职面试时，他这样告诉面试官："我很快振作起来，我用的是一种武器——顽强拼搏，要战胜困难，非顽强拼搏不可啊！后来，我的成绩一直是 A。"结果，他得到了自己满意的工作。

7. 你最成功的事业是什么

你说不出一件自以为成功的事，有的老板就不雇用你。你可以写下近五年来那些最值得你骄傲的事情，如果可能，最好能用数据说明。比如："去年，我所在公司的 10 个销售人员中，我的业绩排名第一，独立完成了全公司 30% 的销售额。"或者说："因为我推荐的那套电脑软件，公司每年节约 8 万元。"

8. 你喜欢什么样的老板

不要自以为幽默地说："我喜欢我以前的老板。"也不要对以前的老板说三道四。这一问题的目的是想看看你是否会和老板闹别扭。

有位成功的应聘者是这样回答的："我喜欢那种能力高超，意志坚强，能跟他学到东西，能给我机会，给我指导，必要时又能给我批评的领导。"

9. 你为何辞去现有的工作

招聘者心里完全清楚，很多人离开原来的工作岗位是由于他们跟老板合不来，然而，没有多少人想听你讲述这方面的事。

很多招聘者建议把加入一家新公司的理由设定为事业发展的需要。例如："在原公司销售科工作了两年后，我学到了许多有关营销方面的知识。现在，我想学点别的。"或者，"现在，我想学点新东西，而贵公司则是我最中意的。"不过，要是你确实因与老板发生冲突而被解聘，那么，你最好主动把事情原委告诉他们，而不要让他们先问你。话要说得既明确又有艺术性。例如："在管理形式方面，我和原公司的一位新金融主管存在着分歧。不过，我们双方对此表示理解。"

10. 你会和未来的老板相处得好吗

有的招聘者建议回避这样的问题。但是，也有人建议这样说："我会一心一意扑在工作上，注重工作成效。然而，我也灵活多变，能和不同性格的老板很好地相处。"

如果问题很明确，如"讲一讲你曾相处过的你认为最糟的老板"，注意你的措辞，并把你们之间的分歧说成是工作中的或是管理方面的，而不要说是私人问题。

除了以上10个问题，面试官可能还要出些附加题考考你。他可能说出一件难办的事，问你该如何解决；他还可能用各种方式试探你是否正直。

有家公司的副总经理故意问应聘者："不少公司，为拉生意在暗中给人好处，你对此怎么看？"这一问题的正确回答只有一个："我不会做任何违法的事。"

招聘面试通常以"还有我们未谈及的事吗"来结束。这个时候，你可问问你的工作内容、老板的期望，以及你要接替的人是为何走的，等等。机智的提问不仅能得到对方给你的满意回答，还能加深你在对方心目中的印象。临别时，你可以简要说明自己适合这份工作。

你只要好好准备，并结合实际自由发挥，就一定能战胜那些准备不充分的对手，在招聘面试时获得成功。

话不可乱说

在面试的过程中，要想成功就要知道什么该说什么不该说，而不是不加思考地什么都说，否则不可能找到好工作。那么，面试时有哪些话题是不能说的呢？

政治话题，宗教话题，家人或亲戚。

首先政治和宗教话题容易引起敏感话题和有争议的话题，而且对于面试工作来说也不是很有关系，所以不要在面试的时候提及这两个话题。其次即使面试官桌上摆着自己的家庭照，你的口袋里装有家人或亲戚的照片也不行，那都是很私人的事情，不适合摆在工作场合进行讨论，尤其是不符合面试的场合。

某地区的天气或交通，或任何风土人情。你把这些批评得体无完肤，然而，有可能碰巧批评到面试官的家乡，而面试官正巧又深深地思念着故乡。

心爱的明星球队或运动员。你最喜欢的可能是面试官最讨厌的，虽然面试官因为这一点就反对你不合情理，可是也无可厚非。

为面试官取得某物或某种特殊商品的提议。举例来说，"我能为你买到批发价的"，也许这是事实，如果换个场合会表现出你待人的热忱，可是在面试时则格格不入，而且会显得你在贿赂面试官。

你如何地厌恶数学、科学或其他特别学科。虽然表面上看来似乎与此职位无关，然而，公司主管也许正巧期望员工擅长数理。

抱怨面试官让你久等，或你填写工作申请表或接受打字测验的房间热得烤死人。你想表现给面试官的是你的积极面，一味抱怨则适得其反。

老提大人物名号以自抬身价。举例说，你的前任老板是个室内设计师，你曾协助她装潢某位名人的宅邸，名人的排场和派头并不值得你大讲特讲。假使你真的与某些社交名流为友，也要留心，别造成你在吹嘘自己的印象。

和工作毫不相干的个人憎恶。举例来说，你提到如果不幸天生一头红发，绝对会把它染成另外一种颜色，而你也许会发现公司总裁碰巧就有一头火焰般的红发。

漫无焦点的闲扯。你回答完问题或作完一段评论，就此打住，等待下文。话点到为止，喋喋不休徒劳无益。

谈话偶尔会陷于沉默，为了化解冷场的情况，你脑中浮现的念头，不可随意脱口而出，务必三思而后言。

将面试官赞美得天花乱坠。即使你诚心佩服其人，在这种情况下，你的赞美可能遭到误解。当然，你可以这么说："与您面晤是一种愉悦，谢谢您。"

求职的点点面面

求职的过程中有很多的方法和应对的办法，面对现在日趋激烈的职业竞争，我们怎样通过自己的每一处细微的优点来展现出与众不同的自己从而在职场中脱颖而出，是一个非常关键也是一个很棘手的问题。下边就有几种方法让我们在求职的点点面面都能够灵活的应对。

1. 自信幽默法

一位大学毕业生走进一家报社问道："你们需要一位好编辑吗？"言下之意自己当然就是"好编辑"，语言很是自信。

"不。"拒绝却是那么干脆。

"那么，好记者呢？"语言还是那么自信。

"不。"拒绝还是那么干脆。

"那么，印刷工如何？"依然是坚韧不拔。

"不。"看来是没戏了。

"那么，你们一定需要这个东西。"这位大学生从公事包里拿出一块精美的牌子，上面写着："额满，暂不雇用。"

报社主任笑了，但也开始用一种新的眼光来审视面前这位年轻人了。最后，这位年轻人被录用为报社销售部经理。

自信的语言应答不但有助于受试人吻合招聘者既定的聘用期望，而且可能重新塑造招聘者的聘用愿望。

2. 见微知著法

国外某家企业欲招聘一个职员，有三位求职者前来报名。招聘人员让这三个人想像正在砌砖盖房子，然后问道："你们在做什么？"

第一个应聘者说："砌砖。"

第二个应聘者说："我正在挣钱，每小时3.3美元。"

第三个应聘者却说:"你问我吗?我正在修建世界上最宏伟的高楼大厦。"

结果,第三个应聘者被录取了。

如果你作为公司的主管人员,不难想像这三个人未来发展的情况怎样。最可能的情况是:前两人依然是砌砖工。他们没有远见,不重视自己的工作,缺乏追求更大成功的推动力,这种人很难为企业的发展做出创造性的贡献。但是,那位把自己看成在修建高楼大厦的砌砖工决不会永远是个工人。也许他已成为工厂主或承包商,甚至成为有名的建筑师。第三个砌砖工已经掌握了新的思维方法,这为他在工作中的自我发展开辟了道路。

一个人的工作态度能说明他是否能担负大任。事实上,招聘者对求职者能否适合某项工作,经常注意到这一点,就是看他对目前的工作有何看法。如果求职者认为自己的工作很重要,就会给招聘者留下深刻的印象,即使他对那项工作还有不满。道理很简单,如果他认为他目前的工作很重要,那很可能为他的下一份工作自豪。这是许多单位选用人的重要原则。一个人的工作态度同他的工作表现有着密切的关系。他的工作态度,正如他的仪表一样,会对上级、同事和下级,乃至他接触的大部分人说明他内在的品质。

3. 单刀直入法

在某市的大学生供需见面会上,该市公安局研究所的招聘桌前,围满了前来求职的男性公民,大部分是男大学生。一个年轻的女大学生硬是挤到招聘桌前,向招聘人员表明自己渴望从事刑事检验分析研究工作。

招聘人员面露难色,因为这个研究所从来没有女工作人员。可是,面对着姑娘恳求的目光,招聘人员决定破例给她一次机会。

他说:"工作人员需要亲临案件现场,遇到的全是血淋淋的场面,姑娘家哪敢去呢?"

"我就敢去,"这个姑娘双眉一挑,毫不含糊地说,"让我抬死人,我也不怕。"

"你可别说大话,干这行没黑夜没白天,得随叫随到。"

"嘿!我假期打工就是给人家开车,跑起路来没点儿胆量行吗?"说着,她掏出了驾驶证。

人事干部这下服了,心里直嘀咕,这样泼辣能干的姑娘比有的小伙子还能干呢!这个研究所的人事干部当场拍板,与之签订了招聘合同。

这位姑娘求职成功的秘诀在哪里呢?她三言两语,坦率直陈自己的优点和长处。对于人事干部的发难并没有显露出丝毫畏难情绪和踌躇神态,这一切均符合刑侦工作人员应该具备的心理素质。尽管如此,人事干部还是不太相信她的胆量,她亮出驾驶证并表明自己的胆量,这才使人事干部信服。我们试想一下,如果这位姑娘在这种场合讲话细声细气、畏畏缩缩,人事干部则难以相信她能够胜任刑侦检验研究工作。她话锋凌厉,单刀直入,快言直陈,而不闪烁其辞,使人确信其具备刑侦检验研究工作应具备的品质,成功应不足为奇。

4. 绵里藏针法

说话时柔中有刚、绵里藏针,可以显示出一个人口才的娴熟程度,这也是求职取得成功的一大法宝。

一家外贸公司举行一次别开生面的宴会招聘考试,有一位小伙子表现良好,深深吸引了招聘人员。

在宴席上,这位小伙子走到这家公司的人事经理面前举杯致辞:"×经理,能结识您很荣幸,我十分愿意为贵公司效力。但如果确因名额有限我不能梦想成真,我也不会气馁的,我将继续奋斗,我相信,如果不能成为您的助手,那我就一定会当您的对手……"

小伙子言语得体,柔中有刚,充满自信,意志坚强。这是外贸工作最宝贵的性格。他谈话时彬彬有礼,不卑不亢,机智敏捷,性格开朗,具备了搞外贸的优良素质。最后那句话提醒了这家外贸公司的人事经理:如果因为录取名额的限制,让这位优秀人才流失到别的公司,岂不是一大损失。最后,公司录取了这位青年。

5. 随机应变法

招聘者有时会出些尴尬情境中的难题,看应试者怎样应答。应试者如果表现出色,就能在一时之间赢得招聘者的好感。

国外一家旅馆老板测试三名男性应试者,问:"假如你无意推开房门,看见女房客正在淋浴，而她也看见你了，这时，你该怎么办？"

甲答："说声'对不起'，然后关门退出。"这个对答无称呼，虽简洁，但不符合侍者的职业要求，而且也没使双方摆脱窘境。

乙答："说声'对不起，小姐'，然后关门退出。"这个称呼准确，但不合适，反而加深了旅客的窘迫感。

丙答："说声'对不起，先生'，然后关门退出。"

结果，丙被录用了。为什么呢？因为他这种故意误会的说法，维护了旅客的体面，非常得体、机智，表现出一个侍者应该具有的职业素质和应变能力。

6. 折中艺术法

折中的语言是求职者遇到两难问题时，选择较为理想的回答办法。

日本住友银行招聘公关人员时，极为重视职员协调人际关系的才能。该银行没有专门考核业务知识，而是提出了一道别出心裁的判断题："当国家的利益和住友银行的利益发生冲突时，阁下采取何种对策？"

三类不同的应聘者的回答迥然不同。

第一类人回答："当国家利益跟我们银行利益发生冲突时，我会坚决地站在我们银行的立场上。"

银行主管人员认为，这样的人将来准会捅娄子，不能聘用。

第二类人回答："当国家利益和住友银行利益发生冲突时，我作为国家的一员，应该坚决保护国家的利益。"

银行主管人员认为，第二类人员适合政府部门的工作，也不可取。

第三类人则回答说："当国家利益和银行利益发生矛盾时，我要尽全力淡化矛盾。"

银行主管人员认为这种人才是住友银行需要的高手。企业同政府的关系往往集中表现在国家利益和企业利益上，企业公关人员作为企业与公众之间的媒介，只有善于注重社会整体的协调性，才有可能妥善处理好企业与国家的关系。

第三类人为何求职成功，而前两类人为何不成功呢？要成为一名公关人员，必须具备协调人际关系的才能和本领。在企业与其他影响企业生存发展的组织发生冲突时，公关人员既要消弭双方的歧异，又要维护双方的合法权益，这样才能保证公司顺利发展并与其他组织维持平衡和谐的关系。住友银行的问题可谓别出心裁，独具风格。在这种两难选择的情况下，求职者采用折中的答题方式，同时，提出若干建设性意见，这样有助于企业摆脱困境。这类人自然会博得招聘者的欣赏。

7. 角色互换法

奥地利精神分析学家弗洛伊德结婚后，夫人想请一位佣人，她询问几位应试者有没有什么要求，几位姑娘有的说要有休息日，有的说要有单独的卧房，有的问能否和主人一起上桌吃饭，只有一位姑娘悄声说道："我希望成为家庭中的一员。"弗洛伊德夫人听后大为感动，当即决定聘用这位姑娘。

应试者受聘后能否与他人和睦相处，这是主考官很关心的问题。如果应试者在面试中能恰如其分地表现出一种归属感，常能取得好效果。这位姑娘在面谈中谈吐不俗，她充分地理解作为一个佣人，应当与雇主全家和睦相处，在心理上与雇主达成默契，这样有助于形成良好的家庭氛围。事实上，招聘者招聘职员的目的，是寻求工作上的合作者或者"好帮手"。只有那些对单位怀有强烈归属感的人，才能与单位荣辱与共，同甘共苦。然而，求职面谈中，这一点往往为求职者所忽略，求职者应多从对方的立场上考虑问题，方能使招聘人员心怀好感。

8. 避虚就实法

求职过程中，求职者要因时循势，避虚就实，说明自己的优点和长处，并不失时机地向招聘人员展露自己的才华和能力，这样，对方才会对你心中有数，从而形成积极、正确的评价，这样无形中就为求职成功增添了一份成功的希望。

小张是某师范大学中文系的本科毕业生，面临着毕业分配，许多同学急得像热锅上的蚂蚁，小张则悠然自得，神情自若，同班同学极为惊讶他的表现，这小子葫芦里装的是什么药呢？原来小张已经打定主意到附近的××师范专科学校求职，并向该校寄出了履历和学业成绩，××师范专科学校已经向他发出面试的通知。

面试这天，小张早早地来到这所学校，学校领导接见了他，并告诉他将与另外两名来自不同学校的 A 君和 B 君竞争同一职位。面试的第一个步骤是自我介绍，小张排在最后，他向领导表明自己出身于农家，决心献身教育事业，为提高当地人民文化素质服务。但 A 君和 B 君自我介绍时，只简单介绍自己在校的学业成绩和行为表现，未说明各自的求职动机。

随后，学校领导要求 A、B 和小张拿出各自的拿手好戏。小张把自己四年学习期间发表的散文、诗作展现在学校领导的面前。

小张不满足于表露自己在学校时已经取得的成绩，采用了避虚就实的策略，主动请缨，要求到讲台上露一手。他的提议也当即赢得校方的赞同。俗话说："好马劣马，拉出来遛遛就知道了。"小张的课讲得生动活泼，这表明了他的口才和学识俱佳，是块做教师的好材料，当然受到校方的青睐。而 A 君和 B 君在真枪实弹的教学比武面前，却口才不佳，语不连贯，所以，他们俩的面试成绩较差，小张的求职自然大获成功。

9. 有的放矢法

交谈的成功不在于辞藻的华丽抑或朴实，也不在于据理力争或委婉柔顺，而在于在交谈过程中，始终围绕着问题的中心去说明问题、解决问题。对于一个复杂的问题，如果三言两语难以解释清楚，则不妨详细地说出来，但要做到简洁而不烦琐重复。有时，还要根据表达的需要，将各个不同的讲话内容细致地进行组织，并考虑答话的顺序与步骤，取得较好的效果。

在一次求职面谈中，一家企业招聘人员向一位女大学生问道："国外一家企业的代理人携巨款来我市寻找适宜的投资对象，你作为我市某中型企业的法人代表，请问你将采用什么步骤赢得这笔投资？"

这位女大学生略作思考，然后答道："第一，我需要了解对方详细的背景材料，例如，该公司的经营方针、项目、实力、已有业绩，当然也包括这位代理人的个人材料，最重要的是此次来中国的计划；第二，代理人来后，我应当与对方预约见面时间和地点，比如说可以通过电话，或与有关机构及个人联系；第三，与代理人商谈时，我应当使用他国的语言，以增加熟识感和亲切感；第四，这次行动不一定会成功，但是，我要尽我的所能给对方留下深刻而良好的印象，以期为下次合作打下基础。"

虽然这位女大学生的回答不尽圆满，但招聘单位录取了她。

女大学生的第一句话，说明了作为一个企业主管人员，要知己知彼，把握对方的背景资料，清楚地了解对方的底细，而她要了解的这个外商投资计划也表示了企业主管人员对当前活动重点的安排应有清楚的认识，这是面谈中最成功的一句回答。她的第四点回答也显得极为成功。胜败乃兵家常事，商界也是如此，没有所谓的常胜将军，因而企业主管人员与外商谈判时要保持良好的心理素质，胜不骄，败不馁，给外国人留下良好的印象，争取下次合作。

只要你掌握了这些求职的方法和技巧，就不愁找不到好工作。

先抑后扬的力量

1909 年，风度优雅的布洛亲王当时是德国的总理大臣，而德国皇帝则是威廉二世——德国的最后一位皇帝，他傲慢而自大——他建立了一支陆军和海军，并夸口可征服全世界。

接着，一件令人惊异的事情发生了。这位德国皇帝说了一些狂言和一些令人难以置信的话，震撼了整个欧洲大陆，引起了全世界各地一连串的风潮。

更为糟糕的是，这位德国皇帝竟然公开这些愚蠢自大、荒谬无理的话，他在英国做客时这么说，同时还允许伦敦的《每日电讯报》刊登他所说的话。例如，他宣称他是和英国友好的唯一德国人。他说，他建立一支海军对抗日本的威胁；他说，他独自一人挽救了英国，使英国免于臣服苏俄和法国；他说，由于他的策划，使得英国罗伯特爵士得以在南非打败波尔人，等等。

在一百多年的和平时期中，从没有一位欧洲君主说过如此令人惊异的话。整个欧洲大陆立即愤怒起来，英国尤其愤怒，德国政治家惊恐万分。

在这种狼狈的情况下，德国皇帝自己也慌了，并向身为帝国总理大臣的布洛亲王建议，由他来承担一切责难，希望布洛亲王宣布这全是他的责任，是他建议君王说出这些令人难以相信的话。

"但是，陛下，"布洛亲王说，"这对我来说，几乎不可能。全德国和英国，没有人会相信我有能力建议陛下说出这些话。"

布洛话一说出口，就明白犯了大错，皇帝大为恼火。"你认为我是一个蠢人，"他叫起来，"只会做些你自己不会犯的错事！"

布洛知道他应该先恭维几句，然后再提出批评；但既然已经太迟了，他只好采取次一步的最佳方法，即在批评之后，再予称赞。

"我绝没有这种意思，"他恭敬地回答，"陛下在许多方面皆胜我许多，而且最重要的是自然科学方面。在陛下解释晴雨计，或是无线电报，或是伦琴射线的时候，我经常是注意倾听，内心十分佩服，并觉得十分惭愧，我对自然科学的每一门皆茫然无知，对物理学或化学毫无概念，甚至连解释最简单的自然现象的能力也没有。但是，"布洛亲王继续说，"为了补偿这方面的缺点，我学习了某些历史知识，以及一些可能在政治上，特别是外交上有帮助的学识。"

皇帝脸上露出微笑。布洛亲王赞扬他，并使自己显得谦卑，这已值得皇帝原谅一切。

"我不是经常告诉你，"他热诚地宣称，"我们两人互补长短，就可闻名于世吗？我们应该团结在一起，我们应该如此！"

他和布洛亲王握手，他十分激动地握紧双拳说："如果任何人对我说布洛亲王的坏话，我就一拳头打在他的鼻子上。"

几句贬抑自己而赞扬对方的话，使一位傲慢孤僻的德国皇帝变成一位坚固的友人。

与地位比自己高的人谈话，一言不当，就可能触怒对方，轻者遭受一顿批评，重者引发不堪设想的后果。正如布洛亲王的第一句话，让傲慢孤僻的皇帝大为恼火，以为布洛亲王看轻自己。还好，聪明的布洛亲王立刻意识到自己的失误，巧言补救，以尊敬的语气赞美皇帝在自然科学方面的许多优点，再诚恳地表示自己确实不如皇帝。语气和缓有度,既恭维了对方,掩饰了第一句话的失误,又表明了自己谦卑的态度。结果呢,僵硬的气氛缓和,敌对的态度变友好。

所以,有时候说几句贬抑自己而赞扬对方的话会取得异乎寻常的效果。这种方法在职场中也是必不可少的。巧妙运用,能收到惊人的效果。

机遇面前,诚实最重要

我们的职业生涯中,会遇到很多的机遇,这些机遇我们应该有效地将其把握住。但是在把握机遇的同时,我们应该牢记的是诚实的重要性,谎言不会永久存在,如果一开始不能诚实地面对机遇,那么纸是包不住火的,当有一天谎言被拆穿,东窗事发的时候,你会发现损失惨重,甚至会将所有的成果都毁之殆尽。

美国某公司在珠海招人,广告登出来后,不少人前往应试。过笔试关的有几十人。

最后一关是面试,一个个进去与洋老板直接交谈。阿明这一天也参加了面试,当他走进老板的办公室时,老板突然惊喜地站了起来,径直向阿明走过来,握住他的手,兴奋地说:"想不到在这里见到你。那一次,我陪女儿在白藤湖划船,她不小心掉进水里。你奋不顾身跳下水,把她救了起来。当时忙着救女儿,也忘了问你的名字!世界真小,想不到在这里见到你!"

阿明被洋老板这一大段激动人心的话弄糊涂了,心想准是这洋老板认错人了!于是坚定地说:"先生,我没有救过人,你认错人了吧!"

但老板仍一口咬定是阿明,千真万确;而阿明依然坚定不移地否认,口气坦然真诚。

这时洋老板才大笑起来,拍了一下阿明的肩膀,说:"好样的!你是诚实的,面试通过了。"

原来，是老板在演心理剧，他根本没有女儿。诚实最终为阿明赢得了满分。

有些公司在举行面试时会假设一些事情或情景，以试探面试者的真实品德和个性，不知情者往往吃亏，而且吃了亏还不知道自己错在哪儿。

从上例可看出，求职还是要遵循做人诚实的基本原则，有时诚实还会为你赢得机遇。

诚实是一个人的必备品质，所有正规的公司都希望他们的员工具有诚实可靠的品质，这样，他们才会放心地把事情交给你去办。

有些人在面试时花言巧语，说得天花乱坠，只求把主考官蒙骗过去，完全没有考虑到自己的真实个性。这样也许会一时得利，侥幸过关，但是终究经不住时间的考验，下场必是可怜地被淘汰。

第7章
职场口才与技巧

与上司谈话要管好自己的嘴

与领导说话不能无所顾忌，尤其是在工作中，毕竟是上下级关系，以下一些引起领导不快的话尽量少说。

不经意地说："太晚了！"

这句话的意思是嫌领导动作太慢，以至于快要误事了。在领导听来，肯定有"干吗不早点"的责备意味，这样的话不能对领导说。

对领导说："这事不好办。"

领导分配任务下来，而下级却说"不好办"，这样直接地让领导下不了台，一方面说明自己在推卸责任，另一方面也会让领导没面子。

对领导说："您真让我感动！"

其实，"感动"一词是领导对下级的用法，如"你们工作认真负责不怕吃苦，我很感动"。而晚辈对长辈或下级对上级用"感动"一词，就不太恰当了。尊重领导的说法，应该用"佩服"，如"经理，我们都很佩服您的果断"，这样才比较恰当。

对领导说："不行是吗？没关系！"

这话是对领导的不尊重，缺少敬意。退一步来讲，也是说话不讲方式方法，说了不该说的话。

对领导的问题回答："无所谓，都行！"

如果你这样说是出于客气，这种客气反而会招致领导的误解；如果是因为你不满意领导的看法或决定，这样说无益于问题的解决，倒不如坦率地向领导表明你的观点，更有助于解决实际问题。

对领导说："你不清楚。"

这句话就是对熟悉的朋友也会造成很大的伤害，对领导说这样的话，更是不应该。

工作中面对上司的不合理要求，许多人都是一筹莫展，不知道怎样化解。这里为大家提供一些有效途径，仅作参考。

1. 兼并上司的立场

李先生是一家网络公司的总经理助理。他的顶头上司王总是搞学术、技术出身的，由于工作重点长期放在学术研究上，因此，王总对企业管理是门外汉。但出于对技术的钟情与所处的职位，王总对于技术部门的事总是亲自过问，把管理层的体系搞得一团糟，其他部门虽然当面不敢说，但私下里却议论纷纷。因此，李先生与其他部门的沟通协调极为不顺。

经过一番思考，李先生决定向顶头上司王总提出自己的建议。他对王总说，真正意义上的领导权威包含着技术权威和管理权威两大部分，王总的技术权威在公司是有目共睹的，而管理权威则相对薄弱，有待加强。王总连连点头，并陷入深深的沉思。

李先生巧妙地运用兼并策略使王总改变了立场，并获得了成功。后来，王总果然将更多的精力投入到人事、营销、财务的管理上，企业的不稳定因素得到了有效的控制，公司运营进入了一种良性循环，李先生的管理权威也得到了巩固。

从李先生的经历，我们可以得到启发：兼并上司的立场，的确不失为向上司提意见的上策。首先，它不是从正面排斥上司的观点，而是站在上司的立场上考虑问题，最终是为了维护上司的权威，出发点是善意良性的；其次，这种策略属冷处理方式，不仅没有伤及上司的自尊，也容易被上司接受；最后，使用这种策略的人需要具备较强的综合能力及学识修养，并不是任何人都能够针对不同的情况兼并上司的立场。在兼并上司立场的同时，自己的领导能力亦会随之增长，甚至突飞猛进。

2. 将"意见"转化为"建议"

选择适当的时机向上司提"建议"，值得注意的是它不仅要包括你所提出的意见，还包括解决问题的方案。

首先，在向上司提建议时，要选择适当的时机，这里主要照顾到你的上司的心情。记住你的上司也是个平常人，当他公务缠身、心情郁闷时，即使你的建议再好，再具建设性，他也不会听进去。

其次，你在与上司谈话时应密切注意对方的反应，你可以从他的面部表情及身体语言所传达的信息，来迅速判断他是否接受了你的观点，并根据当时的话题适当地举例说明，使你的建议更具有说服力。

最后，你必须注意说话的态度，要从言语上表现出对上司的尊敬，恰如其分地表达出你的意思。也许对方并不完全认同你的观点，但是他会因为你的坦率和诚意而乐于听你的建议，他认同的是你这种个性的人。

3. 限用一分钟说完

如果你需要向上司提意见，你认为时间多长合适？大多数上司都很难接受冗长的意见。争取在一分钟内说完你想要说的话，比起那些较长的意见来更"有理"，也更容易让上司接受；反之，假如他不认同你的意见，也不会因为你浪费他过多的时间而对你表示厌烦。

4. 相信否定也是意见的附属品

许多人一旦建议不成，或者被上司以"我不赞成""这不合适"等驳回时，往往心灰意冷。其实，因为一两次的意见不被接受便放弃自己的观点是一种错误的做法。既然决定向上司提意见，就应该相信"否定也是意见的附属品"的观点，要有良好的心理准备接受对方的否定。当然，仅做到这一点还远远不够，还应该在意见的内容上、方式方法上下功夫。

首先，在内容上要言之有物。既然是提意见，就要把自己的意见完整、清晰地表达给对方。因此，你必须以大量的数据材料作铺垫，使意见站得住脚；否则一旦被上司问得张口结舌，就变成上司向你提意见了。

其次，在意见的内容无懈可击的前提下，还要讲究提意见的方式方法。向上司提意见本来是件好事，但如果过于"热心"，会使自己"冲"过头，反而造成负面影响。因此，在给上司提意见的时候，千万不要过于自作主张而忽视了上司周围的人际环境以及时间安排。

"希望向高处爬的人，应该踩着谦虚的梯子。"这是莎士比亚的名言。对那些希望自己的意见被上司接受和认可的人，这句话同样适用。

应对主管的方法

在你的观念里，一般认为应该用何种方式和上司相处或沟通呢？你可否因为他们是未来命运的主宰者，能够提拔你而对他们处处迎合、谄媚；或者你会认为上司高高在上，气焰高张，能避开多远就避开多远，除了公事外，彼此最好不相往来。

其实，这些想法都太过偏激。在工商业时代，几乎每个人都有上司，在公事上，免不了要与上司交谈，所以你应该掌握谈话技巧，与上司建立愉快的关系。

1. 尊重主管的决定

当主管交代你办事或批评你的成果时，你不可与之争辩：在主管尚未下决定之前，你可以向他表明自己的看法、建议，一旦他已经决定，最好不要坚持己见。

2. 要了解主管的脾气

有些上司喜欢你有事随时和他商量，有的上司则要你先打电话预约或是先作一个书面说明。如果你有事要和上司讨论，应该先明白自己要讨论的主题是什么，立场是什么。时间最好选择上司较有空闲、心情较佳的时机，你的意见也较容易被接受。

3. 不要当面批评主管的错误

主管人员也会做错事情，他和我们一样有偏见、喜怒，当然也会有盲点，因此，如果主管犯错时，千万不可当面指责，更不能在其背后取笑，以免主管对你心存成见。因为不管谁对谁错，你总知道谁才是老大吧！

4. 对主管必须表现适度的敬意

有些职员对上司十分敬畏，一见到上司便手足无措或是把上司当作偶像崇拜，大大小小的事都要和他商量。但要注意这种敬意要尽量适度。与上司谈话应该公私分清楚，除非是特殊情况，否则最好不要向上司请教私人问题。

5. 凡是关于公事都应该告知主管

上司对于公司的业务、行政必须下判断、做决定，因此他需要对事情有全盘的了解。所以，当你与上司谈话时，应该详细告知他你所了解的情况。

6. 与主管谈话，态度不卑不亢

处在民主社会，尽管个人在能力和成就上有所差异，但仍旧是平等的。虽然对上司必须保有敬意，但这并不表示和上司说话时要态度卑微，千方百计讨好他。一般而言，许多上司并不喜欢职员太过谦卑，反而希望自己的职员能有自信地表达自己的想法及见解，所以你应该适度地赞美上司，诚心诚意欣赏对方，而非有目的地刻意讨好。

7. 向主管提建议或构想要有方法

向主管提出建议或构想时，可以引述一些成功的先例，或是一些哲理，让上司在无意之中采纳你的意见。另外，与上司谈话时的态度不要太过严肃，不妨以较轻松自然的口吻和对方讨论，并向上司请教这份提议是否有需要改进的地方。

8. 对主管应该忠诚

如果在负责事务上有两位以上的主管，你应该认清谁是你真正的顶头上司，如果有相关事务上的问题，应向直属上司请教，并获得他的信赖与支援。另一位主管交代的事，如果无冲突，你要尽力去做好。如果与直属主管的意见相冲突，你应该以委婉谦逊的态度拒绝。千万不可心存投机，想两面讨好，否则很可能左右为难，得不偿失。

9. 尽可能为主管做好公共关系

在他人面前，应该委婉说明主管的优点长处，以及对属下的照顾。在主管面前，也要常常称许同事的品德和才能，以拉近公司上下的距离，增进公司内部的团结。一个好的上司并不会喜欢有人在他面前搬弄是非，他会认为"说人是非者，必是是非人"。

10. 要懂得察言观色，适时说话

当上司身体不适或心情不快时，最好不要向他请示一些无关痛痒的小问题。

另外，不要常常向上司报告业务进展的困难处，如果遇到困难，一定要同时提出解决困难的有效办法。否则，很容易使主管低估你的办事能力。

11. 有事要向主管请示，不宜越位拿主意

有事要向主管请示时，应该就问题的正反两方面说明其理由，再依实际的情况以及未来可能的发展，提出难易程度不同的几种处理办法，让上司考虑、决定。尽量避免过分强调某一种理由，或是直率地肯定某一办法，以免引起上司的质疑和反感。

12. 不要经常打扰主管，也不宜事事征询其意见

说话时要简明扼要，除非上司问起，最好不要反复说明；有些事不妨等到有圆满的成果时，再向上司报告。

13. 不要在同事或同业面前，公开批评自己的主管

无论丑化上司的私生活，还是嘲笑上司的专业，就不单是隐私和自尊心的问题，也是做人的基本原则。

14. 在主管情绪激动时，最好暂时缄默，不妨先谦逊地接受批评

如果不全是你的过错，等到上司心平气和时再加以解释，不仅可以避免关系破裂，也是为上司分忧解难的表现。

15. 如果主管确实有错误之处，间接指出他的缺点

一般人为了掩饰自己的弱点，往往会坚决地认定某些错误想法，并且恶意地攻击对方，企图自我防卫，有些上司也会做这样的事。所以，当上司犯错时，你最好私下以商量的语气，申述你的看法，并且虚心请求上司指教；

当他发现你的意见更有理由时，自然会改正他的错误和缺点。

16. 向主管提出意见时，应该态度明确

向主管提出意见时，应该态度明确，说话内容条理分明，使对方能清楚你所表达的意思。不可态度暧昧不明，说话模棱两可，以免造成误解。

17. 当主管的主张前后差异太大时，不要急于下定论怪罪主管，应委婉询问原因

通常主管之上还有主管，因此在很多情形下，上司的职责也会产生强烈的冲突，令他进退两难；或者是因为环境、时间的不同而有相异的决定，这时你不妨向上司表明自己的疑问，并请求他作说明。

18. 事先防止诽谤，胜过事后的辟谣

对于经营范围内最容易遭人误解的事，应该特别留意。最好向上司询问清楚自己的职责范围，然后在职责范围之内，依照上司的指示办事，因为上司已经了解你的事务，便不会对你产生怀疑。

19. 当主管遭遇困难时，你该主动向对方表达关切之意，并尽力协助

千万不能在主管面前还以言语相讥，或是在背后散播谣言，落井下石。

20. 如果你与主管因故不能和谐共事，在离职之后，不要在外人面前批评旧主管

应该偶尔称赞他的优点，怀念过去的情谊。一方面可以表示你的人缘好，另一方面可以让现任主管认为你是忠诚可靠的朋友。

与同事和谐相处

在学生时代的纯真友谊是难能可贵的，但是天下无不散的筵席，进入社会后，从前的同学又有缘成为同事的，实在少之又少。因此，当我们面对天天见面的同事时，在言行举止上，我们应该如何控制，才能与同事和谐共处呢？

1. 与同事相处一如和朋友交往，贵在诚信

当对方诚恳地向你请教问题时，你应该诚恳地回答，不要敷衍塞责。遇到我们无法回答的问题，应该诚实地表示自己并不清楚，不可随口胡诌，子曰："知之为知之，不知为不知，是知也。"

2. 当有同事邀请，如不愿意，最好明白地婉谢

有时候，我们会因为"太客气"了，而不好意思拒绝同事的邀请，结果玩得既不开心，内心又懊悔不已，实在太划不来了。

3. 要言出必行，信守承诺

如果你对同事有过承诺，一定要尽力做到。有信用才能赢得别人的信赖，同时自己也才能心安理得，一旦你获得同事的信赖，办事就能无往不利了。

和蔼可亲的态度使人愿意亲近。

如果你在办公室整天拉长着脸，好像大家都对不起你似的，同事自然不敢与你交谈，与同事的关系则停滞不前，那么你的人生乐趣就会减少许多，因为你拒人于千里之外，就等于画地自限。如果不能与同事建立良好关系，上班很可能会成为你的噩梦！

4. 懂得欣赏同事的优点，最容易获得对方的好感

每个人都希望能引人注意，希望别人知道自己的优点，因此，当你的同事有杰出表现时，你应该诚心诚意地表示称赞，这样会使对方认为你是他的知己而对你推心置腹。

尊重同事的隐私权，避免让关怀成为恶意的刺探。

中国人一向喜欢以嘘寒问暖来表达关怀之意，最后往往流于议论别人的私事，因此，与同事相处时要尊重他人的私生活，避免东家长西家短的，因为很多事情局外人是无法了解的，如果以讹传讹，将会造成严重的伤害。

5. 与同事相处要公私分明

有些人因为私交很好，在办公室时仗着私下关系亲密，而态度随便或有所偏袒，这种公私不分的态度很容易引起他人的反感。如果夫妻或情侣在同一单位办公，上班时间最好公事公办，不要常常腻在一起谈话，以免引起其他不必要的风言风语。

5. 和同事谈话时，记得切勿吹毛求疵

如果有人对你无理取闹，你应该保持适当的反应，不可太过暴躁。这种宽容的态度，并非不辨好坏或是忍气吞声，而是可使他人觉得你平易近人。提高自己地位最好的办法就是虚怀若谷，而非任意贬损他人的优点及成就。

6. 不要因一时意气之争，与同事发生口角

同事是和自己站在同一条线上奋斗的伙伴，不要为了逞一时口舌之快而损害对方的自尊心和利益，否则以后就很难再获得他们的友谊和合作了，所以，你必须抑制自己激动的情绪。

如果你需要同事的合作，首先就要驱逐对方反对的情绪和态度。

大家身为同事，其目标、工作原则和意见往往很接近，但对于实施办法等具体问题，则见仁见智。所以在彼此意见相持不下的时候，应该心平气和地讨论，从争执中寻求共同的动机和目标，然后在大原则不变的情形下，达成协定。

有时，同事之间为了维护自己的利益和地位，常会在心理上筑起一道藩篱，如果要把藩篱去掉，那么我们应该在言行举止上表示自己的善意和坦白，并常常考虑对方的立场，言行及态度不要太过严肃或太注重形式，尽量和同事打成一片，不要强调自己高人一等，或摆出高高在上的态度。

当你想要他人自动地、热忱地与自己合作时，你应该先站在对方的立场，设想对方如何才能与你合作。如果你能把对方的利益设计成计划中的一部分，向对方说明你们利害的一致性，便会使对方乐于与你合作。

7. 要时常反省

平常多多反省自己的行为，是很重要的。不要轻易动怒、发牢骚，或对别人冷嘲热讽、斤斤计较，否则大家会对你望而生畏，自然会刻意避开你，这样你就很难与同事相互合作。

8. 当同事指责自己的错误时，应该虚心受教

与同事相处难免会有意见不合的时候，如果对方批评自己的过错，应欣然接受，并请对方清楚说明，被人责怪难免自己有三分错，所以当别人纠正自己的错误时，千万要虚心接受。

与同事交谈时，应该让对方认为你是他们坚强的伙伴。

如果你想要得到同事的协助，有时甚至需要采取较低的姿态，因为骄傲和冷漠的态度，是无法赢得同事的友谊的。

不论是在私底下或是公众场合和同事交谈，应该避免言之无物，最好能提出有建设性的意见，使对方认为你不仅为公司设想，同时也兼顾到同事的利益。

当你对某位同事或上司觉得不满，也要尽量避免在他人面前提及；如果是对方有所抱怨，你不妨暂时充当听众，最好不要反驳或是加以附和批评，如此不仅可以与对方维系良好关系，也可减少不必要的误解。

9. 如果你有才能应该表现出来，但不可锋芒太露，否则容易遭忌

当你提出自己的见解之后，别人自然会判断此见解是否可行，不接受人家的提醒又批评别人的意见，这样贬损他人而褒扬自己实在是下下之策。

10. 使人有安全感是你与同事相处的关键

因为你不计较别人的过错，让人不觉得你有报复的意图；与人谈话不要次次都抢风头、占便宜，如此一来，别人自然会认为你是最忠诚可靠的朋友，就会毫无顾虑地与你合作。

11. 诚恳地聆听同事的意见

莎士比亚说："对于他人的话，你要善意听之，则你将得到五倍的聪明。"你如要改善与同事之间的人际关系，那你就要承认对方的长处，而且时常表现出他对公司、对自己都是十分重要的，让对方觉得被重视。

如何向领导谏言

既然向领导"谏言"的目的是使之接受，那么方式方法是否得当和"谏言"的内容同样重要。

遇到下面几种领导时，尤其要注意谏言的方法：

1. 领导不喜欢反驳

这些领导常是很有能力、颇优异的人物，对于一时的失误，不愿接受别人的反驳。尽管如此，如果职员能够把准时机，巧妙地进谏，还是可以起到助其纠正失误的作用的。

下属对这样的领导进谏时，必须注意方法。首先在态度上要尊重领导；其次对你自己的意见，要说得有理有据，并且要强调是你"个人的"意见；最后要能及时收场。

因为自尊心强的领导，你越和他争论，他就越不肯认错，尽管有时他明知自己错了。既然你肯定自己的意见正确，就要让领导有时间自己否定自己的主张，采纳你的谏言。

另外，还要注意的是不可恃功自负，当得知领导改变了原来的错误决定，采纳了你的建议后，不要扬扬自得，不要旧事重提，这样，领导才会更加重视你的意见。

2. 领导不重视谏言

有些领导有时会当面应付你，也有时当面根本不会做什么反应。这种情况是不是还可以"进谏"呢？作为一名职员，要想在竞争激烈的现代商场中立足，要尽可能为自己创造机会，绝不应该因为领导不愿意听"谏言"便不去"谏"。

对待不重视下属的领导，在谏言之前，必须充分调查，充分考虑其必要性，以使领导不得不予重视。对于领导原本已经当面答应了，但后来却音信皆无的情况，你便要反思一下自己谏言的方式是不是合适，口气是不是过重，是不是无意中表现了轻视领导的意思等。

一个高明的谏者，遇到不喜欢听谏言的领导，都会选择一个适宜的场合进谏，比如，可以利用"人多力量大"的原理，和同事们一同谏言。

3. 领导不立即答复

还有一种领导对于谏言不立即做出结论。这些领导一般处于中间管理阶层，因为他上面还有上级，便常常要考虑多方面的因素。

对这种类型的领导提建议，他表示不能马上答复时，合适的办法是暂不争辩，稍候一段时间再说。因为每一位领导，都比职员更希望企业的管理更加科学、合理，对于好的建议，他们必定给予适当的注意。

在人前要懂得藏拙

习武的人每天追求的就是练就一身刀枪不入的真功夫，比如"金钟罩"、"铁布衫"之类的，然而，不管武功能够达到多么登峰造极的地步，都不可避免地会留下一两处会被人置于死地的死穴，这就是武林中人最为看重的命门。命门不被人发现便罢，一旦暴露出来，就会有性命之忧。那么，作为职场中人，你在办公室中的功夫又练到了什么地步？若有以下情形出现，多半是命门暴露，虽无性命之忧，却有前程之危！

1. 过分谦虚

假如你深信在办公室里剖析自己是一种正确的做法，从而让上司有了你有待完善的印象实在是再可怕不过的。这是因为你过于自信，自我感觉过好的缘故。更可怕的是，碰到一个对你深恶痛绝的上司，那就有你好看的了，说不定会把你扫地出门。

2. 夸大自己的才能

一些人由于对自己缺乏信心，于是以"王婆卖瓜，自卖自夸"的形式来夸大自己在同事中的影响，或以自吹自擂来引起上司的注意。懂得证明自己价值的人固然可敬，但是如果你推销自己的方式不对，那么肯定会给同事和上司留下不好的印象。在与你相处的过程中，别人会因为你的自吹自擂而忽视你的其他长处。实际上，这样的做法往往暴露了你的弱点，别人会认为你是用吹嘘来给自己壮胆，在他的眼中这是你缺乏自信的表现。上司对你的评价也会因此大打折扣。

3. "哭泣游戏"的结局

一个人在办公室的信誉，至少有50%来自他在人前的表现。

你在上司或同事面前的表现与你真实的工作能力同样重要。任何不专业的表现，如脸红、哭泣，甚至不协调的衣着，都会影响你的形象。

在工作场所上演"哭泣游戏"，注定要失败。如果你在老板面前因为工作而泪眼汪汪，证明你缺乏处理工作压力的应变能力与心理素质，更让人怀疑你是否能代表公司的形象。

上司不是你的父母，更不是你的心理医生。所以，假如你有失态之举应该做两次深呼吸，再说一声抱歉，然后立即恢复常态即可。

4. 管不住自己的嘴

在轻松的工作氛围中，上司会提议下属各抒己见，对他提出合理的建议。如果在所有的会议中你都持和上司相反的意见，那么，再开明的上司也不会容忍你的行为。所以，如果你是个天生的"反对派"，应在这种场合学会保持冷静，如果没有足够的理由，最好别置身于上司的对立面。

不与上司争彩

公司的高级经理或老板是否知道你在干什么工作？是否对你有较高的评价？大多数人认为，只要自己表现好，工作好，迟早会传到上司耳中。可惜情况不是这样，可能你工作相当出色，而别人根本不知道。

因此，我们不仅要做得好，也要能说得好，这样才能得到上司的赏识。

1. 把荣耀留给上司

把荣耀留给上司是应付上司最有效的方法。在其他公共场合指出上司的优点，凡事让他知道：有了成绩不忘告诉同事和更高的领导，这也有上司的一份功劳；开会有上司在场时，一定不要临时搬弄新资料，应事先将资料告诉上司，由他自己提出来；不要把计划书全盘托出，要保留上司发表意见的余地。总之，处处让上司感觉到他的尊严与重要。

2. 向上司传递员工情况

大多数上司都希望对部下各方面情况有所了解,如某人的母亲生病住院、某天是某人过生日等。上司了解这些情况后适度表示关怀可增加员工的亲近感,值得注意的是,上司所需要了解的不是你对某人恶意攻击或揭其隐私,也不是叫你向他打小报告。与上司谈到同事的时候,只能谈论同事的长处,这样才能有助于你和同事之间建立良好的关系,也让上司看到你为人的正派可信。

3. 不要打听上司的隐私

有时候,上司会在员工下班后独自在办公室呆坐,这也许是由于其面对工作压力而心情压抑,或家庭生活中遇到了什么不如意。上司这时会很脆弱,同样希望得到别人的抚慰。如果你就此肆无忌惮地探问其隐私,甚至为其出谋划策,那就是"马屁"拍在"马腿"上了。要知道即使上司最脆弱时,他也只是寻求适度的关心,一杯热茶足以让上司认为你是一个善解人意的好下属。你还可以给上司随意讲出一个令人捧腹的笑话,开解他郁闷的心结,他会发自内心地感激你。记住,真正热爱你的上司,出发点应是爱戴而不是利用。

4. 做好工作后再说

尽管许多上司从不反对下级的讨好奉承,但他们更喜欢那种工作踏实、作风正派的人。如果你把上司交代的每一件事都办得井然有序,然后再说几句上司爱听的话,比起那些只会吹牛拍马却不干实事的人,上司更希望接近你这样的下属。

在与上司相处时,你要勇敢地迎着上司的目光,而不要躲躲闪闪;你可以坦率地与他交换看法,当然要做到不隐瞒不夸大;从不议论上司的隐私,并尽己所能努力工作,争取成为其最佳的部下。做到了这些,还愁上司不赏识你?

与上司谈话的技巧

在工作中,上下级之间的关系很重要。谈话是联系上下级之间的一条纽带,因此必须加以研究,因为它关系到你的发展前途和晋升问题。

许多与同事、亲友能滔滔不绝地说话的人,一到上级面前便结结巴巴,想好的话也不知从何说起。造成这种情况的原因是多方面的,但一般说来,上下级地位的差距在客观上造成了感情上的差距,人们所担心的"命运""前途"都掌握在领导手里,若讲话出了差错将会影响今后的发展。另一些人认为,和领导说话要有不一般的样子,诸如此类,都造成了心理上的压力。

那么,在一般情况下,如何与上级谈话呢?

1. 态度上不卑不亢

对上级表示尊重,承认他有强于你的地方,或者才华超群、经验丰富,所以要做到礼貌、谦逊。但是,绝不要采取"低三下四"的态度。绝大多数有见识的领导,对那种一味奉承、随声附和的人,是不会予以重视的。在保持独立人格的前提下,和领导谈话应采取不卑不亢的态度。在必要的场合,你也不必害怕表示自己的不同观点,只要你从工作出发,摆事实,讲道理,领导是会予以考虑的。

2. 了解上级的个性

上级固然是领导,但他首先是一个人,作为一个人,他有他的性格、爱好,也有他的语言习惯,如有些人性格直爽、干脆,有些人则沉默寡言,事事多加思考。你必须适应这一点,不要认为这是"迎合",其实,这正是应用心理的一门技巧。

3. 先给他写张纸条

作为上级,一天到晚要考虑的问题很多,他会根据问题的重要与否,去选择时机思考。假若你是为个人琐事,就不要在他正埋头思考时去干扰他。

如果你不知道上级何时有空，不妨先给他写张纸条，把自己需要解决的问题要点写上，请求与他交谈，或者你写上要求面谈的时间、地点，请他先定。这样，可方便领导安排时间。

4. 多准备几套方案

在谈话时，充分了解自己话题的含义，做到能简练、扼要、明确地向上级汇报，如果有些问题需要请示，应有两个以上的方案，而且能够向上级说明各方案的利弊。这样，有利于上级做决断。只有一个方案是不明智的，因为没有选择余地，为此，你事前应当做周密的准备。此外，如果上级同意了某一方案，你最好事后立即把它整理成文字再呈上，以免日后产生理解上的分歧，造成不必要的麻烦。

5. 据实汇报工作进展情况

在工作上要报告事实的真相，这是相当关键的，这不仅有利于领导做出正确的决断，也直接影响到领导本人的威信。许多部门上下级、同级之间发生纠纷，就是因为某些人向上级报告失实而造成的。美国广告大王布鲁贝克在谈起他年轻时的一件逸事时说，一次他所在公司的经理问他，印刷厂把纸送来没有？他回答送过来了，共有5000令，经理问："你数了吗？"他说："没有，是看到单上这样写的。"经理冷冷地说："你不能在此工作了，本公司不能要一个连自己也不能替自己反映清楚情况的人。"对于自己没有把握的事情不说，自己没有做过的事情，不能说做得很圆满，这样反而使上级反感。

给领导足够的权威

尊卑有序是一种纪律的象征，维护领导权威形象是属下分内的事。

1. 陪同

许多时候，职员有同领导出访客户的机会。这时候，领导和职员的配合程度直接关系到公司的形象，作好陪同是对职员的基本要求，如有重要的契约或接受订货时，必须与领导同行。

若客户和领导有直接的关系，作为下属应该站在辅助的地位，和客户初次见面时亲切地寒暄，并且做适当的自我介绍，第一次就要给对方留下好的印象。在整个谈话过程中，要不卑不亢，给人以良好的感觉。

当客户和领导谈话时，陪同的职员应该细心地倾听，如果对方有问题问你，你要直接或间接地征询领导的意见，然后给对方以满意的回答。

谈判过程中，如果领导和客户在某个方面争论得比较激烈，你就要适时地从中打圆场。

在商谈结束时，无论成交不成交，都不要被当时的气氛所影响，应尽宾主之仪，亲切地道别，不要让对方有这样的评价："这个公司上下怎么一点礼貌都不懂。"或者，"这个公司经理还不错，可用人不太精明，怎么选了这么不懂礼仪的陪同。"

2. 引见

如果是请领导访问自己所熟悉的客户。这时首先要注意的就是不要"越位"，应该将自己立于领导和客户之间的中间人立场，使领导有较多的讲话机会。

在领导与客户商谈时，应该注意领导的谈判技巧和应对方式，并且要充分掌握气氛。气氛过"热"时，适当地"降温"，如"来，大家先喝杯茶"；气氛过"冷"时，不时地"加温"，可以说："这茶不错，你们认为呢?"这样适度地转移话题，解除尴尬，才不失为中间人的身份。

当然，这时也不能一味骑墙，毕竟商谈是为了本公司的利益。因此，你要不太显露地为本公司出力。比如，当领导进一步向对方提问时，你可以若无其事地推动；当你认为领导谈判的内容不当或有必要进行更正时，应该很有默契地助领导一臂之力。但是，在这种情况下，因为你同客户也是旧相识，不要过多地同领导联手以求占得上风。因为这样会使对方提高警觉，产生戒备心理，对双方的相互沟通无益。况且，有领导在场，你也大可不必过多地参与商谈的主要内容，领导心中自然是有数的。

在同领导访问客户时，同他们配合，尊重他们，不仅能增进上下级的关系，在客户看来，你是一个应对得体的好下属，从而提高公司的信誉。

让老板加薪有技巧

加薪和升职永远是职场里人们最关心的话题，也是最棘手的问题。

许多人并非表现不好或没有工作能力而得不到加薪和升职，他们只是不善于表现自己。如今的企业老板因公务缠身，不可能每时每刻都留意你的表现，作为员工有必要主动、适时地表现自己，只有这样才能达到自己的预期效果。

加薪是小李渴望已久的事情。论起资历，他在厂里一干就是4年，自认工作态度还行，也没有犯过什么过错，可是老板根本没有给他加薪的意思。小李觉得自身价值得不到体现，心里很烦闷。也曾多次在工作总结会上暗示过老板，但老板对此没有丝毫反应。明确地向老板提出这个要求，他又觉得不好意思，怕遭到拒绝，但是不说的话又不甘心，最后他还是鼓起勇气，委婉地向老板说明了自己的意思。出乎意料的是，老板在观察他工作几周后果然为小李加薪了，事情就这么简单。小李认为，只要是属于自己的正当权益，就应该努力去争取。

向老板提出加薪，也要讲究技巧。

要懂得把握适当时机。例如，刚完成一项任务，成绩十分理想，上司对你赞赏有加；年报表刚发表，公司的盈利大有改善；公司推出的新产品，销售量奇佳，公司准备摆庆功宴；或者上司权势日重，心情非常轻松。

懂得鉴貌辨色。先了解上司何时心境较开朗，是早上、下午、午饭时？下班还是周末？选对时间能收到事半功倍的效果。

还要让对方有思考余地。有些人不能在毫无准备下做出答复，又或者他也必须向上级呈报。所以应先将自己的要求提出，几天后再约上司面谈。

当然要准备充分的理由：为何你认为加薪合理？是因为你的工作技能增加了，你对公司的贡献多了，还是责任加重了，或使公司效率增强、利润倍增……提出实例来，提醒上司注意你的真正价值。

老板和员工的关系是平等的。只要你认为加薪是合理的，你就有权提出。但你必须注意说话方式，巧妙地、有技巧地把自己的意图传达给老板，就算万一不被老板接受，也不至于让双方陷入尴尬的局面，以致影响日后的相处。

拒绝之前要反复思量

有些工作可能会占用我们的个人时间，有些工作可能会不属于我们的工作范畴，当领导对我们布置下来的某项工作，是我们不愿意或者是不情愿去完成的时候，是应允还是拒绝，都是我们自己所决定的。但是在拒绝之前，一定要反复的思考，想清楚领导这次指派工作的目的是什么，当一切工作都做好的时候，再向老板提出拒绝比较稳妥。

当秋高气爽，气候宜人，你正想利用这段黄金季节给你陈旧的居室动一次大手术；工作之余，你正不舍昼夜地撰写一篇论文。这时，你的上司却要你去远方出趟差，接受另一项工作任务，是拒绝呢，还是心不甘、情不愿地碍于情面勉强接应下来呢？

显然，勉强接应下来的结果就是敷衍。即使任务完成了，也不见得能让上司、同事和自己满意。这时，你最好的选择是拒绝。如何拒绝才能不让自己难堪，又不失去上司的信任呢？

三国时期的华歆在孙权手下时，名声很大，曹操知道后，便请皇帝下诏召华歆进京。华歆启程的时候，亲朋好友千余人前来相送，赠送了他几百两黄金和礼物。华歆不想接受这些礼物，但他想，如果当面谢绝肯定会使朋友们扫兴，伤害朋友之间的感情。于是他便暂时来者不拒，将礼物统统收下来。并在所收的礼物上偷偷记下送礼人的名字，以备原物奉还。

华歆设宴款待众多朋友，酒宴即将结束的时候，华歆站起来对朋友们说："我本来不想拒绝各位的好意，却没想到收到这么多的礼物。但是，匹夫无罪，怀璧其罪。我单车远行，有这么多贵重之物在身，诸位想想我是否有点太危险了呢？"

朋友们听出了华歆的意思，知道他不想收受礼物，又不好明说，使大家都没面子，他们内心里对华歆油然而生敬意，便各自取回了自己的东西。

假使华歆当面谢绝朋友们的馈赠，试想千余人，不知道要推却到什么时候，也不知要费多少口舌，搞得大家都很扫兴，使大家都非常尴尬。但华歆却只说了几句话便推却了众人的礼物，又没有伤害大家的感情，还赢得了众人的叹服，真可谓一箭双雕。

华歆为什么能够成功地谢绝馈赠呢？

这主要是因为华歆注意保全朋友们的面子，他在拒绝朋友时，没有坦言相告，而是找了一个危害自身安全的理由，虽然朋友们也知道他是在故意推辞，但不会以此为意，因为华歆委婉的拒绝并没有让他们丢面子，也没有令他们跌身份。

找一个适当的借口拒绝对方。拒绝的理由一定要充足。首先设身处地，表明自己对这项工作的重视，希望自己能接受的心情；然后表明自己的遗憾，具体说明自己为什么不能接受。如说："我有件紧急工作必须在这两天赶出来。"充足的理由、诚恳的态度一定能取得上司的理解。

然而你也不可一味地拒绝。尽管你拒绝的理由冠冕堂皇，但是上司也许仍坚持非你不行。这时，你便不能一味地拒绝，否则，上司可能会以为你只是在推托，从而怀疑你的工作干劲和工作能力，以至失去对你的信任，在以后的工作中，有意无意地使你与机会失之交臂。那么，如何才能两全其美呢？

那就是提出合理的接替方法。对上司所交代的事，你不能接受又无法拒绝，这时，你可得仔细考虑，千万不可怒气冲天、拂袖而去。你可以与上司共商对策，或者说："既然这样，那么过一天，等我手头的工作告一段落，就开始做，你看怎么样？"你也可以向上司推荐一位能力相当的人，同时表示自己一定会去给他出点子，提建议。这样，你一定能进一步地赢得上司的理解和信任，也会为你以后的工作、生活铺开一条平坦的大道，因为上司也是和你一样普普通通、有血有肉、有感情的人。

第8章
辩论口才与技巧

成功辩论的要素

要想辩论成功,以下几点要求非常重要:

1. 旗帜鲜明

辩论必须做到观点正确,旗帜鲜明。在辩论中,对原则问题,要语言明确,毫不含糊。自己爱什么、恨什么、拥护什么、反对什么,都必须鲜明地体现在自己的言辞之中。逻辑的力量在辩论中是不可低估的,要取得辩论的胜利,必须有正确的论点、充足的论据和有力的论证。当然,也应注意用词艺术,考虑不同对象可能接受的程度。

2. 快人快语

论辩与对话、答问一样,都具有临场性的特点,面对来势猛烈的攻击,论辩者不允许有过多的思考时间,因此必须要反应敏捷,在瞬间选用简洁、凝练的话语回击对方,出口成章,应对自如。在针锋相对的激烈舌战中,论辩者必须"兵来将挡,水来土掩",使用锋利、明快、夹枪带棒的语言,迫使对方频频后退,难以招架。

3. 逻辑严密

论辩中要善用逻辑利器,或攻其命题,或驳其论据,或揭其论证的荒谬,充分体现论辩语言的思辨特征，使对手无暇思索。

4. 幽默风趣

幽默在论辩中有着神奇的力量。试想在剥去对方的伪装，或者找出对方的漏洞时，寓刀枪锋芒于说笑之中，以辛辣的讽刺、痛快的驳斥，使对手不得不败下阵来。

辩论中的几个巧妙方式

我们在和对方进行辩论的时候，有很多方式都可以让我们在辩论时更有优势，关键在于我们怎样灵活地运用这些方法。

1. 善于突破对方的漏洞

我们在讲话中不但要时刻专注于自己的论点，还要认真地去听对方话语中的每一字每一句，善于从中找到对方讲话的漏洞加以突破，从而掌握主动权。

心理学家 B 君是日本某电视台"人生问题"节目主持人。一次，一位有夫之妇 G 夫人向他提及自己的烦恼：丈夫每日都晚归，似乎在外有风流之事，不知有何对策。她最后说："只有丈夫才可以在外胡来，实在令人气炸肺……"

B 君立刻逮住了这句话，问她："您刚才说的'只有丈夫'这句话，究竟是什么意思？"

G 夫人答道："我的意思是，大伙都说，风流是男人的本性，我觉得这是古时候的观念。"

B 君紧接着追问："您说是古时候的观念，照您的意思，是说现代女性也可以风流了吗？"

G 夫人立即辩解道："我可不是这个意思，我是说，这不是风流是对是错的问题，而是他瞒着我在外风流，这才是令人生气的事。"

B君又穷追不舍："这么说，只要不瞒您，您就允许吗？您的意思是既然丈夫可以风流，做太太的也可以风流，是不是？"

据说，G夫人勉强承认自己有这种意思——可能的话，她也想风流。B君就是这样逮住对方话柄，步步紧逼，逐层追问，从而套出了G夫人潜在的欲望。这一实例从一个侧面说明了如何逮住话柄进攻对方。

2. 巧妙利用"就坡骑驴"

"就坡骑驴"是一种论辩技巧的具体比喻。当对方的观点对你有利的时候，不妨首先承认他的说法，然后在他的观点上添加一些你所独有的而他所缺少的东西，一招制胜，就如同就坡骑驴或借梯登高一样。

在美国内战之后的一次竞选中，内战中的一位战士约翰·爱伦与内战中的英雄陶克将军竞选国会议员。从地位和功勋来说，爱伦显然处于劣势，然而经过一次竞选演讲，爱伦却取得了胜利，让我们来看看他们是如何舌战的：

功勋卓著并曾就任过三次国会议员的陶克将军在竞选演讲时说："诸位同胞们，记得就在10年前的昨天晚上，我曾带兵在茶座山与敌人激战，浴血奋战之后，我在山上的树林里睡了一个晚上。如果大家没有忘记那次艰苦卓绝的战斗，就请在选举时不要忘记那个风餐露宿而屡建战功的人。"陶克将军列举自己的战绩，唤起了选民对他的充分信任。他的话果然激起了选民的阵阵掌声和欢呼。

接着，约翰·爱伦演讲，他说："同胞们，陶克将军说得没错，他确实在那次战争中立了功，我当时就是他手下的一名无名小卒，替他出生入死，冲锋陷阵。这还不算，当他在丛林中安睡时，我还携带着武器，站在荒野上，忍受着寒风冷露保护他。"

他的话音一落，立即引起了选民更为热烈的掌声。论功绩，爱伦当然比不过将军，但他巧妙地避开这些话题，只就战后在山上露宿这一点来讲，着意使选民们明白：将军虽然辛苦，毕竟还可以在丛林中安睡，战士还得站岗保卫上级。

这就是爱伦取得选民同情的原因。将军固然可以成为民众意志的代表，当选议员，像爱伦这样出生入死而无功可论的士兵，也可以作为民众的代言人，选民们的这种心理，给爱伦造成了有利条件，最终选民选择了他。

3. 用比喻来进行讽刺

比喻，就是根据两类对象某些相同或相似的属性而推出它们可能有其他相同或相似属性的逻辑方法。这样得出来的结论是或然性的，但它是根据事物的某种相同点，用已知的事物说明未知的事物，所以，能起到启发联想和触类旁通的作用。因此，作为一种技巧，比喻在辩论中得到了广泛的运用。

齐国的晏子出使到了楚国，楚王安排酒宴招待晏子。正当他们喝得酒酣耳热的时候，两个武士押着一个囚犯从堂下走过去，楚王看见，就问他们："那个囚犯犯了什么罪？他是哪里人？"

武士答道："犯了偷盗罪，是齐国人。"

楚王对晏子说："原来齐国人惯于偷盗啊！"

晏子离开坐位回答说："我听说，橘生淮南则为橘，生于淮北则为枳，其叶子的形状虽然相同，但果实味道却不同。今天，我们齐国的百姓在齐国都是安分的良民，而到了楚国却变成了盗贼，可能是楚国的环境适合于培养盗贼吧！"

只是这样一个小小的比喻，就把楚王搞了个灰头土脸，自讨没趣。

用比喻的方式讽刺对方，可使讽刺更加有力，让问题更加尖锐，对手自然措手不及。此辩术妙在寓讽刺于比喻之中，珠联璧合，并且将复杂的问题简单化，深奥的道理浅显化，抽象的事物具体化。最重要的是讽刺对方时，借用一个比喻，不但能确证自己的命题，还能增加对方反驳的难度，因为对手除须反驳你的论题外，还得设法反驳你的比喻。

4. 先发制敌宜取胜

所谓"率先定义"，就是给论题中某些关键字眼作出有利于己方的解释，利用事实展开论点，从而先声夺人，先发制人，占据主动位置。这是论辩中最常用的一种策略，在辩题对己方明显不利的情况下尤其适用。

1986年亚洲大专辩论会上，新加坡国立大学队和香港中文大学队展开辩论，辩题是："外来投资能够确保发展中国家经济高速成长"。

香港中文大学队为正方，新加坡国立大学队为反方。显然，从命题上看，香港中文大学队处于不利地位。因为"确保"一词是个值得推敲的词语，如果把"确保"理解成绝对保证，那么，正方香港中文大学队几乎是无理可辩。

不过，香港中文大学队也有高招，他们采取"先发制人、先声夺人"的策略，开场就提出"确保"并不是指百分之百保证。比如在中国大陆的客车里，广播员常说："为了确保各位旅客的安全，请不要扶靠车门。"这并不是说只要不去扶靠车门，乘客的安全就百分之百得到保证了。

香港中文大学队率先定义"确保"一词的含义，为自己的论点开辟了广阔的活动舞台，而反方新加坡国立大学队又没有令人信服地证明"确保"就是百分之百地保证，因此，香港中文大学队就化不利为有利，牢牢把握了辩论场上的主动权，并最终获胜。

可以设想，如果不是采用了先声夺人、率先定义的方法，而是在承认"确保"就是百分之百地保证的前提下与对方辩论，正方很难有取胜的希望。

"先发制人"重在一个"先"字，贵在一个"制"字。当你了解别人将要说一些对你不利的话或让你办一些不想办的事时，你可抢先开口，或截、或封、或堵、或围、或压、或劝，明确告知对方免于开口，打断对方的话题，用其他话语岔开。这样就能牢牢掌握交际的主动权，达到自己拒绝的目的。

反驳时的针锋相对

反驳就是辩论中其中一方说出自己的理由，否定了对方跟自己不同的观点或意见，"针锋相对"如果对方的言辞非常锋利，那么自己言辞要更锋利；对方言谈中很有气势，自己就更要有气势。以威严对威严，以强势对强势，以快制快，以强制强。运用这种方法便要求辩论者义正词严，理直气壮，面对对方的强势和威严毫不惧怕，神态沉着而坚定，在论辩中产生一种闻之震耳、以正压邪的作用。

在联合国的一次会议上，菲律宾前外长罗慕洛和苏联代表团团长维辛斯基发生了一场激烈的辩论。罗慕洛批评维辛斯基提出的建议是"开玩笑",维辛斯基立即作出了十分无礼之举,他说道:"你不过是个小国家的小人罢了。"维辛斯基刚说完,罗慕洛就站起来,告诉联合国大会的代表说,维辛斯基对他的形容是正确的,但他又接着说:

"此时此地,将真理之石向狂妄巨人的眉心掷去——使他们的行为检点一些,这是矮子的责任。"罗慕洛的话博得了代表们的热烈掌声,而维辛斯基只好干瞪眼,什么话也说不出来。

在这则事例中,维辛斯基身为苏联代表团团长,虽然来自一个超级大国,却出乎意料地在联合国大会上对别国外长进行人身攻击,完全违背了国际友好交往的基本道德和礼仪,表现出低劣的思想和修养,受到与会者的唾弃是可以想像的。反观身为"小国之臣"的罗慕洛,虽然菲律宾小得远不如苏联的一个州,而且罗慕洛穿上鞋子后,身高也只有163厘米,但他面对一个超级大国外交官员严重的失礼毫不畏惧,为了维护自己及国家的尊严和形象,他勇敢而巧妙地运用了一个形象的比喻,当众抨击对方的卑劣行为。虽然他谦逊地自称为"矮子",但却不是一般的"矮子",而是能举起"真理之石"向"狂妄巨人的眉心掷去"的人,真理在他手上;虽然他也把对方比作"巨人",但这却是一个在国际交往中"行为不检点"的"巨人"。

这样,"举起真理之石"的"矮子"与"行为不检点"的"巨人"正好成了鲜明的对照,有力地表现了菲律宾国虽小,却不容侮辱的严正立场,准确而有分寸地批评了身为大国之使的苏联代表团团长有失检点的恶劣行为。

舌战时,对准论敌提出的命题,针锋相对地予以驳斥,击中其要害,对方站不住脚,自然就会败下阵来。

凭借勇气,领先气势,步步紧逼,言辞锋利,是针锋相对法的特点,掌握了此法,在论辩中才能体会到"道高一尺,魔高一丈"的真正含义。

用对方的矛攻向对方的盾

对于对方一些错误的思想、观点，如果我们能够及时抓住对方在概念、判断、推理中的某些悖论，借用原话，指出其不能自圆其说的逻辑矛盾，对方的论点自然就会不攻自破了。这就是以子之矛，攻子之盾之术。

在日常生活中，我们不可能像上逻辑课那样，指出对方的逻辑错误，也没有必要那样做，因为如果都这样就会影响人际关系。但是如果遇到诡辩的时候，反驳对方时，能够将逻辑与机智融为一体，便会使反驳更加有力、更加有趣。

有一天，古希腊的文学家欧伦斯庇格去饭店用餐，店主的牛肉没烤好，可是他很饿了，店主这时建议说："谁要是等不及正餐，就可以随便先吃点现成的东西。"于是，他就吃了不少干面包。

吃饱之后，他坐到烤肉炉边，等到肉烤熟后，店主请他上桌就餐，他随意回答说："烤肉的时候，我闻味儿都闻饱了。"说完之后就躺在炉边打起盹来。最后，当店主来收烤肉钱时，欧伦斯庇格因没吃烤肉，而拒绝付钱。店主则说："掏钱吧！你不是说你闻肉味儿都闻饱了吗？所以你应与吃肉的人付一样多的钱。"

于是，他掏出一枚银币扔到长凳上，对店主说："你听到钱的声音了吗？"

店主说："听到了。"

欧伦斯庇格马上拾起银币，重又放回了钱袋："我的银币的声音正好够付我闻了你的烤肉味儿的钱了。"

店主无可奈何。

在此例中，店主将"吃肉"的概念偷换成"闻肉"，这种混淆是非的诡计被聪明的文学家看穿了，他即"以其人之道，还治其人之身"，以"钱声"付"肉味"的钱，自然顺理成章。

利用史实论点更可信

在论辩中，引证确凿的历史事例，将历史的前事与现在论证的后事联系起来，比较对照其共同点，模拟推理，就能够察古洞今，记取历史教训，增强说服人的威力。

1939年，德国物理学家哈恩发现了中子裂变现象，人们从中预见裂变会产生连锁反应，利用它可以研制出一种威力巨大的武器——原子弹。当时，美国的一些物理学家听说德国想要研制原子弹的消息，心急如焚。他们找到了大科学家爱因斯坦，要求他上书罗斯福总统，爱因斯坦立即写信给罗斯福，请他重视核武器的研制，赶在纳粹德国之前造出原子弹。

但是，要实现这一主张，必须说服罗斯福总统。派谁去说服呢？爱因斯坦等科学家选中了罗斯福的朋友——国际金融家萨克斯。萨克斯好不容易才得到机会跟罗斯福会面，并简洁地转述了爱因斯坦的信件内容。可是，罗斯福的反应非常冷淡："这些东西在外行人耳中听起来真是神乎其神，请转告你的物理学家，我会为他的成功祈祷。不过我觉得，在现阶段，进行这件事似乎还太早……"

萨克斯在离开罗斯福的办公室之前，急中生智，给罗斯福讲了一个故事。他说："在上一世纪初，法国拿破仑总统凭借他强悍的军队，几乎席卷整个欧洲，但就是打不下英国，因为当时英国拥有强大的海军和战舰。就在这时，一位年轻的美国科学家富尔顿来到拿破仑面前，建议他在每艘战舰上加装蒸汽机，这样，在任何恶劣天气的情况下都能横渡英吉利海峡，出奇制胜地登陆作战。但是，拿破仑却对没有帆的船没有信心，于是他对发明家报以一顿冷嘲热讽。"萨克斯说完后，又补充一句，"历史学家评论这段历史憾事时认为，要是拿破仑当时能够采纳富尔顿的建议，那么19世纪的欧洲历史将要改写了。"

听完之后,罗斯福总统被打动了,他随即在爱因斯坦的信上签署:"此事须立即付诸行动!"从而揭开了原子弹制造史的第一页。

巧用情理打动对方

在辩论中想要取得成功,必须做到情与理相结合,综合运用、相互交替转化。如果没有情感的配合,只是说些抽象的道理,枯燥乏味,缺少震撼人心的力量及共鸣,就难以使人折服。但是,也不能只讲一些情意绵绵的话,认为辩论中只要诉诸情感就够了,不需要有理性的参与。论辩的目的在于对真理的探索和追求,最终决定论辩成功与否的关键仍在于理而不是情。情是感性的、生动感人的,但情感很难深刻揭示事情的本质,它的主要作用是打动人。因此,情感有待上升到理性,以逻辑的思维、论理的形式揭示事情的本质。当然,理也需要情来配合帮助。

所以,最好的论辩应该是情中寓理,二者密切配合,交替转化。

18世纪中叶,北美殖民地的人民争取自由独立的呼声越来越高。但是,当时美国一些资产阶级的领导人却主张向英国妥协,致使英国殖民者更加猖狂,甚至调集大批军舰,企图用武力镇压北美人民的反抗。就在这决定美国前途命运的紧要关头,著名的政治家帕特里克·亨利,于1775年3月23日在维吉尼亚州议会上勇敢地站了出来,他坚决反对妥协,号召人民用武力反抗英国殖民者。

亨利是一位具有丰富经验的论辩家,他知道自己所面对的不仅仅是几个声嘶力竭、高喊和平与妥协的人,还有广大的听众,他们之中有不少人也为妥协派的"和平"叫喊所迷惑,在一定程度上同情和支持妥协派的观点,因而要取得论辩的胜利,关键是争取听众与自己的感情共鸣。

听过几位妥协主义者发言之后,亨利没有针锋相对地痛斥妥协投降主义,反而称赞了他们的"才干和爱国之心",他心平气和地提及"国家正处在兴败存亡之际,而各人有各人的见地",自己的发言并不是"对先生们不恭","我们的论辩应该允许各抒己见,只有这样,我们才有希望得到真理,才可能对上帝和祖国尽神圣的职责。"他的这种手法,实际上是先动之以情,缓解对方和听众对自己的反抗情绪。但是亨利深深明白,光靠感情诉求,是不能够使武装反抗的口号和方针成为群众的自觉行动的,它还需要说理的配合,要以充分的论据,说明英国殖民者的目的,驳斥投降派的论调。下面是亨利把强烈的感情和严密的逻辑互相配合、交替使用的一次有名的论辩。

"我只有一盏指路明灯,那就是经验之灯。除了以往的经验之外,我不知道还有什么更好的办法来判断未来。既然要以过去的经验为依据,我倒希望知道,十年来英国政府的所作所为中有哪一点足以证明各位先生用以安慰自己及各位代表的和平希望呢?难道就是最近我们请愿时所露出的阴险微笑吗?不要相信它,各位先生,那是在你们脚下挖的陷阱。不要让人家的亲吻把你们给出卖了。请诸位自问,接受我们请愿时的和善微笑与如此大规模的海陆战争准备是否相称。难道舰艇和军队是对我们的爱护和对战争调停的必要手段吗?……我要向主张和解的先生们请教,这些战争的部署意味着什么?如果说其目的不在于迫使我们屈服,那么有哪位先生能指出其动机何在呢?在我们这块土地上,还有哪些对手值得大不列颠征集如此规模的海陆军队?不!各位先生,没有其他对手了。一切都是针对我们来的。

"有人说我们的力量太单薄了,不能与如此强大的敌人抗衡。但是,我们何时才能强大起来呢?是下周?还是明年?还是等到我们完全被缴械,家家户户都驻扎着英国兵的时候?难道我们就这样高枕无忧,紧抱着虚无缥缈的和平幻想不放,直到敌人把我们的手脚都束缚起来的时候,才能获得有效的防御手段吗?"

在态度严峻、言辞激烈的说理之后,亨利又运用更加丰富的感情,增强自己论辩的感人力量。他越说越激动,最后发出震撼人心、动人心弦的呼喊,把已经煽动起来的听众情绪一下子推向了高潮:"那些先生们也许要大声疾呼和平的重要，高喊要和平，但我们已无和平可言，战争已经开始！起源于北部的狂飙为我们带来了刀剑的铿锵声，我们的同胞已走上战场！我们怎能袖手旁观？大家还在期待什么？结果又将如何？难道生命这般珍贵，和平如此诱人，以至于不惜以戴铐为奴的代价来换取？万能的上帝啊！制止这种妥协吧！我不知道别人将如何行事，但对于我来说，不自由，毋宁死！"

在这里，亨利十分注意情中寓理，他通过分析说理巧妙地表明了自己的观点，他的论辩不仅没有激怒那些与自己观点对立的人们，还赢得了广大群众的信任，使全场响起了"拿起武器"的呼喊声。主张妥协投降的人只好放弃自己的主张，亨利"情中寓理"的论辩最终取得了完全的胜利。

压倒对方的强大气势

气势是说话时相当重要的一个点，若你虽对一个观点有所坚持，但总是畏畏缩缩、不敢与人针锋相对，总感觉矮人一截，你的坚持恐怕就无法再继续下去了。因此，当对方言辞非常犀利，你的言辞就要显得更加犀利；对方有气势，你的气势就要更胜他一筹，只要确定自己的观点是正确的，谈话时则应理直气壮、临危不惧，先以气势压倒对方。

《古文观止》中有一篇《唐不辱使命》的文章。

骄横的秦王想要吞并安陵，便无理地表示欲以五百里土地交换安陵。安陵君不同意，便派唐出使秦国。当秦王听说安陵君不愿交换土地时，顿时脸色大变，怒气冲冲地对唐说："你听说过天子发怒吗？"

唐回答说："我没有听说过。"

秦王说："天子发怒，能让百万人尸骨成山，血流成河！"

唐说："大王听说过百姓发怒吗？"

秦王说："平民百姓发怒，不过是摘下帽子，赤着双脚，拿脑袋撞墙罢了。"

唐说:"那是庸人的发怒,不是勇武者的发怒……如果勇武的人真的发了怒,倒下的虽不过两人、血水淌过的地面也只有五六步,但是普天下都得披麻戴孝。现在勇士发怒了!"说完,他拔出宝剑,挺身而起。秦王一见顿时慌了,忙对唐说:"先生息怒,先生请坐下来谈,何必生这么大的气。现在我明白了,韩国、魏国都灭亡了,独有安陵君这个仅有五十里地的小国还存留下来,就是因为有先生这样的勇士啊!"

在这一过程中,唐针对秦王的贪得无厌,临危不惧、据理力争,甚至以死相搏,终于使秦王心虚胆战而作罢。

凭借勇气,彰显气势,步步逼近,是针锋相对法的基本要点,掌握了此法,在论辩中才能体会到"道高一尺,魔高一丈"的真正含义。

冯玉祥任职陕西督军时,得知有两个外国人私自到终南山打猎,打死了两头珍贵的野牛,冯玉祥把他们召到西安,责问道:"你们到终南山行猎,和谁打过招呼?领到许可证没有?"

对方答:"我们打的是无主野牛,用不着通报任何人。"

冯玉祥听了,带着怒气说:"终南山是陕西的辖地,野牛是中国领土内的东西,怎么会无主呢?你们不经批准私自行猎,就是违法。"

两个外国人狡辩说:"这次到陕西,在贵国发给的护照上,不是准许带枪吗?可见我们打猎已经获得了贵国政府的许可,怎么是私自打猎呢?"

冯将军反驳说:"准许你们携带猎枪,就是准许你们打猎吗?若准许你们携带手枪,难道就表示你们可以在中国境内随意杀人吗?"

其中一个外国人不服气,继续说:"我在中国十五年,所到的地方没有不准打猎的,再说,中国的法律也没有规定外国人不准在境内打猎。"

冯将军冷笑着说:"的确是没有规定外国人不准打猎的条文,但是,难道就有准许外国人打猎的条文吗?你十五年没遇到官府的禁止,那是他们昏庸。现在我身为陕西的地方官,我没有昏庸,我负有国家人民交托的保家卫国之责,就非禁止不可。"

至此，这两个外国人也只能承认错误。

冯玉祥没有像多数官员那样卑躬屈膝，而是用昂扬的气势捍卫了一个中国将军的尊严，也捍卫了自己国家的领土主权。在面对强敌时不应一味地妥协退让，而是应该据理力争，首先在气势上压倒对方，优势自然就落到了你这一边。

第9章 演讲口才与技巧

演讲时要撇开空话、官话

演讲的目的是什么呢，是为了将我们的某个观点用语言的方式呈现在大众面前，从而达到某个目的，或竞选，或成名。而在演讲的过程中，怎样有效地切入正题，让听众产生共鸣，是至关重要的，如果一场演讲，我们讲的都是空乏的话语或者论调是打着官腔的，那么这场演讲就无法深入人心，也就是一次失败的演讲了。在林肯总统演说生涯里的一些具体的实例，能够将这些道理说明。

很少人晓得林肯曾经发明过一种装置并获得专利，这种装置可将搁浅在沙滩或其他阻碍物上的船只吊起。他在自己律师办公室附近的技工店里，制造了这种器械模型。遇着朋友上办公室来瞧模型时，他便不厌其烦地讲解。这种讲解的主要目的，便是说明情况。

林肯在当选总统的两年前，曾准备了一个有关发明的讲演，他的目的是想使人们快乐，至少，那是他原先的目标，可惜没有成功。他想做个通俗演说家，结果在这方面却是挫折连连，有一次在某镇里甚至没有任何人来听。

可是他在别的演说上却出名地成功，其中一些已经成为人类语言中的经典之作。原因何在？主要的是他在这些演说里晓得自己要达到的目标，并晓得如何使自己的演讲具体化。

当他在盖茨堡发表不朽的讲演时，当他做第一次和第二次总统就职讲演时，当亨利·柯雷过世，他就其一生发表演讲时，在所有这些场合里，林肯的主要目的都在增强听众的印象，使人信服。

他对陪审团讲话时，是想赢得有利的决定。在政治讲演里，是想赢得选票。他的目的，在这时便是获得行动。

许多讲演者不注意使自己的演讲具体化，未能把自己的目标与讲演对象的目标相配合，以致手忙脚乱，言语拙误，招致失败。

这里还有一个例子，一个美国国会议员曾在纽约马戏场被观众吼叫、发嘘声，迫不得已而离开舞台，因为他很不明智地选择了做说明性的讲演。他告诉听众，美国正在如何备战。

他的听众可不愿意挨训，他们要的是娱乐以及讲演者本人的真实想法。他们耐心而礼貌地听了他十分钟、十五分钟，希望他的讲演快快结束。可是他不停地讲，喋喋不休，讲个没完。耐心没有了，观众不愿再忍耐了。有人开始嘲讽性地喝彩，其他人接着跟进，一刹那，就有上千人吹起口哨，吼叫起来，但这个讲演者真是愚蠢，麻木到感觉不出观众的心情，仍在闷着头继续往下讲，这下可惹恼了他们，于是一场混战登场。观众的难忍，上升为怒火，他们叫他安静下来。于是，狂烈的抗议声越来越大。最后，观众的号吼和愤怒淹没了他的话语，二十尺以外他就无法让人听到了。所以他只有放弃，承认失败，羞辱难当地退下。

请以他的事例为借鉴，使自己讲演的目的适合听众与场合，使自己的演讲意图和演讲内容具体化。如果他事先斟酌过自己的具体目标是否符合前来参加政治集会的观众的目标，他就不会惨败了。

是否有方法可以具体我们的演讲目的和材料，使我们有最佳的机会，一挥便击中我们的听众呢？

1930年，卡耐基口才训练班在全美各地开始受到欢迎。由于班级人数庞大，他便对学生的演说采取两分钟的限制。如果讲演者的目标只在欢娱或说明，这个限制对讲演便不造成影响。但是，等课程进展到要鼓励听众采取行动的演说时，就不一样了。若是采用老套，即序言、本文和结论的形式，这是自亚里斯多德以来为众多讲演家所遵循的组织型态，便会使激励听众行动的讲演无法施展。显然，这时就需要一些新而不同的东西，以使学员能有个稳当的方法，在设定的两分钟里得到结果，并获得听众的许可。

为了达到这个目标，卡耐基分别在芝加哥、洛杉矶和纽约举行会议，向所有的老师请教。他们当中有许多人是在名牌大学演说系执教的，还有一些人在事业经营上占着举足轻重的地位。另外一些人则来自正在快速扩展的广告促销界，卡耐基希望结合这些背景和智慧，想出演说结构的新方法，即一个合理的，能反映时代需要的，合乎心理学和伦理学的方法，以影响听众，让他们采取行动。

皇天不负苦心人。从这些讨论当中，终于产生了讲演机构的"魔术公式"。他开始在班上采用，而且日后一直采用。这个"魔术公式"是什么？其要点就是，一开始讲演，便把你的实例的细节告诉听众，说明你希望传达给听众的具体意念。接着，以详细清晰的言辞说出你的论点。然后，陈述缘由，也就是向听众强调，他们如按你所说的去做，会有什么好处。简而言之，这个"魔术公式"就是要使讲演具体化。

这个公式非常适合当今快节奏的生活方式。讲演人再不能沉溺于冗长、闲散的序论。听众皆由忙碌的人们组成，他们希望讲演者以直率的语言，一针见血地说出要说的话。他们习惯于消化蒸浓了的新闻报导，使他们不必转弯抹角便能直接获得事实。他们都暴露于麦迪逊街节节进逼的广告环境里，这些广告使用来自招牌、电视、杂志和报纸的一些有力、鲜明的辞语，把自身的信息一古脑儿全部具体倾出。它们字斟句酌，没有半点浪费。利用这个"魔术公式"可以确定必能获得听众注意，并可将焦点对准自己言语中的重点。它能避免啰嗦无趣的开场白，如："我没有时间把这场讲演准备得很好，"或"你们的主席请我谈论这个题目时，我在想，为何他要挑选我。"听众对道歉或辩解不感兴趣，不论其是真是假。

他们要的是能导致行动上具体而实在的讲演。

这个公式对于简短谈话非常理想，因为其中有着某种程度的悬疑。当你在叙述时，听众都为你的故事所吸引，但却要等到两分钟或三分钟的热闹时间接近尾声时，才能晓得你讲演的重点所在。要是希望听众照你的要求去做，这一招更必要了。讲演者若是想要听众为某一原因而慷慨解囊，假如这样开口："各位先生，各位女士，我来这儿要向各位每人收取五元钱。"保准不管用，众人一定争先恐后夺门而逃。可是，如果讲演者描述自己去探访"儿童医院"的情景：一个幼童在偏远的医院里，因缺乏经济援助而无法动手术……他获得听众支持的机会就不知增加多少了。这说明为期望中的行动铺路的，正是故事和实例。

再看看列兰·史多如何利用具体的事件来使听众行动，以支持联合国儿童救援行动的：

"我祈祷自己再不必这样做。一个孩子和死亡之间只差一颗花生，还有比这更凄惨的吗？我希望各位永远不必这样做，也不必在事后永远活在这种悲惨记忆里。如果一月里哪一天，在雅典被炸弹炸得千疮百孔的工人区里，你曾听到他们的声音，见到他们的眼睛……可是，我所留下的一切，只是半磅重的一罐花生而已。成群衣衫褴褛的孩子把我团团围住，疯狂地伸出他们的小手。更有大批的母亲，怀抱婴儿推挤争抢……她们把婴儿举向我，只剩下皮包骨头的小手抽搐地伸张着。我尽力使每个花生都发生大的作用。

"在他们疯狂的挤拥之下，我几乎被他们撞倒。举目只见数百只手：乞求的手、绝望的手，全是瘦小得可怜的手。这里分一颗花生，那里分一颗花生，再在这里一颗，再在那里一颗。数以百计的手伸着、请求着，数以百计的眼睛闪出希望的光芒。我无力地站在那里，手中只剩下蓝色的空罐子……啊呀，我希望这种情形永远不会发生在你身上。"

这套"魔术公式"也可以运用于写商业书信和对员工及属下作指示。母亲可以用它来激发孩子，而孩子们也会发现借它向父母要求事情很灵验。你会发觉它可在每日的生活当中，使你用它把自己的意念传达给别人。

即使在广告界，"魔术公式"也是每天都用到的。伊弗雷迪电池公司最近在广播中和电视上做了一系列广告，就是根据这套公式设计的。在举例的那一环节，主诗人诉说某人于深夜被困在一辆翻覆的汽车内，在把这个意外绘声绘色地详述以后,全都要求把受害者的故事说完,叙述由伊弗雷迪电池发电的手电筒如何发出光亮,为他带来援助。接着主持人言归正传,点出"重点和缘由":购买伊弗雷迪电池,你便可以在类似的紧急事故中活命。这说明,"魔术公式"真是很管用的方法,可以有效地向听众陈述你要他们做或避免做的事情,把自己的意念具体而有效地传达给他们。

举例让演讲更加具体化

在讲演中,对于曾经给我们启示的一个经验,应该占去整个演讲的大部分时间。这些经验,不需费时费力去寻找,因为它们就在你记忆中。我们的行为会经常地受到这些经验的引导。把这些富于经验的事件具体而逼真地勾画起来,便可把它们变成影响别人的基石。能够做到这一点,是由于人们对语言的反应方式与对来源于自身的真实事件的反应方式极为相同。

因而,在讲演里举例,务必将自己经验里的某部分重新再造,务必使其对听众产生与自己原先感觉相同的作用,使它们让听众觉得有趣、有力。

怎样使讲演具体化,卡耐基谈了几点经验。首先是根据单一的个人经验举例子。这种事件式的例子,若是根据曾对你的生活造成戏剧性冲击力的单一事件而建立,便会格外具有效力。事情的发生或许不超过几秒钟,可是在那短短的一刹那间,你已学到了难忘的一课。有一次,卡耐基训练班上有个人说了一个可怕的经验,是关于他想由翻覆的船边游上岸去的事情。可以相信,每个听众都下定了决心,在面对类似的状况时,要依照这位讲演者的忠告留在倾覆的船边,直到救援到来。还有一个例子,讲演者惨痛的经验是有关一个孩子和一台翻覆的电动剪草机。那个事件鲜明地刻在听众的脑海中,有个听众每遇到孩子们在电动剪草机附近徘徊时,就会自然地提高警觉。有个人把所有装着毒药的瓶子都置放于孩子拿不到的地方。而促成这个行动的是一场讲演,其中详述一个母亲发觉自己的孩子昏迷在浴室里,手中抓着一瓶毒药。一件曾经教导你永远不忘的教训的个人经验，是说服性演说必备的第一要件。利用这种事件，就可以打动听众去行动。因为听众会这样推理，如若你会遭遇到，他们便也可能遭遇到，那么最好是听你的劝告，做你要他们做的事。

其次是，一开口便举出事例中的一个细节。所以要把举例作为讲演的第一步，原因之一就是要用这种具体化的演讲立即抓住听众的注意力。有些演说者未能一张口便获得注意，多是由于开讲的字句只是些陈腔滥调，或支离破碎的道歉，那是不为听众感兴趣的。

请记住这一句忠告：就从你的事例中间开始，便能立即吸引听众的注意力。

卡耐基提供的一些开场的句子，很能吸引听众的注意，如"一九四二年，我发现自己躺在医院里的病床上"；"昨天早饭时，内人正在倒咖啡……""去年七月，当我快速驾车下四十二号公路时……""突然我办公室的门打开了，我们的领班查理·范闯了进来"；"我正在湖中央钓鱼，抬头看到一艘马达船正朝我快速开来。"如果再开口讲话，使用的字句便回答了以下各问题：何人？何时？何地？何事？何故？这样你便在使用世上最古老的获取注意力的沟通方式。"从前"是个魔术字眼，它打开了孩童式幻想的水闸，采用这样的人情趣味方式，你能一开口说话便捕捉住听众的思想。

再者，你应当使事例充满切题的细节。细节本身不具有趣味性。到处散置着家具和古董的房间不会好看，一幅图画上满是不相关的细物，也不能让眼睛在它上头徘徊留恋。同样地，大多的无关紧要的细节也会使得交谈和当众演说成为无聊的耐力试验。在讲演中，应当只选用强调你的讲演重点和缘由的细节。倘若要告诉听众，在长途旅行前，应先检查车辆，那么你的事例中的所有细节，都应该是关于你在旅行前事先检查车辆所发生的事情。假使你谈的是如何观赏风景，或抵达目的地后在何处过夜，就只会掩蔽了重点，分散了注意。

可是，将切题的细节隐藏于具体而光彩灿烂的言语中，却是至佳方法。可依其发生情况，重造当时情景，使其历历如画般展现于听众面前。只说你从前曾因疏忽而发生意外，是拙劣的、无趣的，很难叫他们小心驾车。可是，把自己惊心动魄的经验绘成字画，使用各式各样的感觉辞藻，必能把这件事刻画在听众的意识里。

举例说，这里只是一个学生进行举例的方式，它深切地指出，在冬天冰封的路上应该特别小心。

"一九四九年，就在圣诞节前的一天早上，我在印第安那州四十一号公路上往北驶，车中有内人和两个孩子。我们沿着一片平滑如镜的冰路缓行了数小时，稍稍触及驾驶盘，便使我的福特车后部滑出老远。时间一小时一小时爬得像汽车一样慢。

"我们来到一处开阔的转弯处。这儿的冰雪已为太阳所融化，所以我就踩上加速器，想弥补失去的时间。其他的车子也一样，大家似乎都一片匆忙，要第一个到达芝加哥。当危险的紧张消退了，孩子们也开始在后座唱起歌来。

"道路突然变为上坡，并进入一处森林地带。当汽车急驰到路顶时，我发现北边的山坡未经阳光照射，就如同一条光滑的冰河，但太迟了。我瞥见在我们前面的两辆汽车猛烈地倾向一侧，接着我们便打滑冲了出去。我们飞过路面，完全失去控制，然后落在雪地里，一直跟在我们后面的那辆车子，也滑了出来，冲向我们汽车的侧面，撞上车门，落了我们一身碎玻璃。"

这个事例的丰富细节使听众很容易将自己投射于故事中。总之，你的目的是要听众看到你原先所看到的，听到你原先所听到的，感觉你原先所感觉到的。唯一可能达到这种效果的方法，就是采用丰富的具体细节。

另外，还应注意叙述时务必使自己将经验与教训再现于听众，使听众产生有具体收获的感觉。讲演者应当使自己描述的经验再现出来，这是讲演与它的姊妹业"表演"相近的地方。所有的大演说家都会有一种戏剧感，然而，这并非一种稀罕的只能在雄辩家身上找到的特质。孩童们大多有这种丰富的戏剧感，我们所认识的许多人都有天赋的戏剧感，富于面部表情，善于模仿或做手势，它至少是这种无价的戏剧能力的一部分。我们多数人都有某种这样的技巧，只要稍加努力和练习，便能取得很好的效果。

重叙事件时，在其中加入越多的动作和激奋的情感，就越能对听众造成印象。讲演不论细节多么入微，讲演者若不能以再创造的灼热感情来讲述，终是软弱无力。你要描述一场大火吗？把消防队员与火焰搏斗时旁观者所感受到的强烈、焦灼、激奋、紧张的感觉描绘给听众。你要陈述自己在水中做最后挣扎而惊恐万状的情景吗？就让听众感受到自己生命里那些可怕时刻里的绝望。举例的目的之一，便在于使自己的讲演具体化，使听众明了你要他们做的事。

这样的事例除了可使自己的讲演易于为人记忆，还可使你的讲演更有趣，更具说服力，也更易为人了解。生命所教给你的经验，已为听众重新感知，就某种意义而言，他们必然照你的意思做反应。在举例说明问题之后，应向听众说出你期望他们采取的行动。人们只会去做他们所清楚了解的事情。你必须自问，现在听众已经准备依你的事例而行动了，究竟你确实要他们做什么。把重点像拍电报般写下来，倒是个不坏的主意，设法减少字数，使自己的言辞尽可能清楚、明白。不要说："帮助我们本地孤儿院的病童吧。"这样太笼统。

应该这样说："今晚就签名，下星期天会齐，带领二十五名孩童去野餐。"重要的一点是，请求听众做明显的、可以看得见的行动，而不要只让他们作心灵的活动，那太含混。举个例子说："时时想想祖父母吧"，就太笼统而无以行动。要这样说："本周末就去看看祖父母吧！"再如，"要爱国"应改为"下星期二就请投下你神圣的一票"。

不论问题是什么，不论是不是为人所争论不休的，讲演者都有责任使自己对重点和请求行动的措辞容易让听众了解。最佳的方法之一是要明确。演说者给予明确的行动指示，比笼统而概略的言辞更能激发听众的行动。至于要点应以否定或肯定的方式来叙述，则应取决于听众的观点。重点是讲演的全部主题所在，因此应有力而信心十足地陈述出来。你现在就要给听众留下最后的印象了，让听众感觉到你请求的诚意吧。你的请求不应有不确定或无信心的语气，激昂的态度应持续到最后一句话。

最后，你应当向听众提出自己号召他们行动的原因和好处，让听众明了依你的要求去做会有什么报偿。这时，应当用一两句话高潮性地将好处说出，然后坐下。不过，有一点很重要，就是你所强调的好处应由所举的事例带出。如果叙述自己买旧车省钱的经验，然后又劝听众买二手的汽车，就应该在缘由中强调，他们买二手货也可享受到经济的好处，切不可偏离事例，如告诉听众有些旧车的样式比最近的汽车好等。

演讲时尝试转换思路

在演讲中有的时候也许你辛苦地讲了很久，结果仍无法将自己的意思解释清楚。对于某一件事你自己非常明白，可是要使听众也一样明白，就需做深入的解释。那就试试把它与听众确实了解的事情相比较，转换一个讲话思路，说这一件事就像另一件事一样，讲一件陌生的事就像是讲听众所熟悉的事一样，这样听众就容易理解了。

在卡耐基训练班里，有一个人，这样描述公路上多得可怕的车祸："你现在驾车横越全国，从纽约往洛杉矶，假想见到的不是路标，而是棺木直立于土中，其中各装着一名去年公路大屠杀的受害者，当你驱车疾驰，一路上你的车子每隔五秒钟就得经过一个这样阴森恐怖的标示，因为自全国这头至那头，他们是每公里竖立十二个！"

以后每次乘坐车辆，车行不远，这幅景象便会以惊人的真切回忆浮现在每个听众的脑海中。

从今以后，你可以把这项原则应用在你的演说中，如果你要描述大金字塔，首先告诉你的听众，它有四百五十一尺高，然后用他们每天看到的某种建筑物作比较，让听众了解它究竟有多高，告诉他们，大金字塔的底座面积可以覆盖多少条街道。

如果你从事某种技术性的专业工作，例如律师、医生、工程师，或其他高度专业化的行业，当你向本行以外的人谈话时，要加倍小心地用普通的词句来解释清楚，同时也有必要说一些细节。

为什么要加倍小心？是由于专业责任的关系。卡耐基说，他已经听过几百场因为上面这项原因而失败的演说，而且失败得很惨。演说者显然完全不明白，一般听众对他们的特殊行业普遍缺乏相应知识的了解，结果如何呢？演讲者滔滔不绝地说个不停，高谈阔论，用他们经验中常用的词句。这些词句对他们自然有相当的意义，但对于外行的听众来说，却是一头雾水，不知所云，就像大雨之后，爱荷华和堪萨斯新耕的泥土流入密西西比河，造成河水浑浊不清一样。

像这样的演讲者应该怎么办呢？他应该读一读前任印第安那州参议员毕佛里吉的下述建议："最好的方法，是从听众中挑选出一个看来聪明的人作为对象，然后努力使那人对你的演讲发生兴趣。但只有以通俗易懂的词句叙述，就是把你的演讲目标集中于有父作伴的某个小男孩或小女孩身上。然后，你在心里对自己说，或者，如果你喜欢的话，你也可以大声对你的听众说出来，用通俗易懂的语言，详细加以说明，使得那个小孩子能够了解并记住你所谈论的问题、所作的解释，而且在会后，还能够把你所说过的话告诉别人。"

不论做何种解说，总以由简到繁为佳。比如，你想对一群家庭主妇解释为什么冰箱必须除霜。如果这样开始便错了："冷冻的原理乃是根据蒸发器自冰箱内部吸收热气而来。当热被吸出来之时，伴随的湿气附着在蒸发器上，结起厚厚的一层，造成蒸发器绝热的现象，因而需要频频发动马达，以补偿逐渐增厚的霜层所形成的绝热。"现在看看，假如讲演者从主妇们熟悉的地方入手，就会令人易懂得多："各位知道肉类在冰箱里的哪个部位，各位也晓得霜如何聚结在冰冻器上。霜一天天地越结越厚，最后冰冻器就不得不除霜，以保持冰箱运转良好。各位应可明白，冰冻器四周的霜就像你躺在床上时覆盖着你的毯子，或像墙与墙之间隔热的石棉。现在，霜结得越厚，冰冻器就越难自冰箱其余部分吸出热气，而保持着冰箱的冰冷。冰箱马达因而需要开动得更频繁、更长久，以保持箱内的冷度。但是在冰箱里装个自动除霜器，霜便永无机会结厚，而马达转动的次数和时间也能减少。"

关于这个问题，亚里士多德曾有忠言："思维如智者，说如常人。"如果必须使用专业术语，等到已向听众解释过后再用，这样便能使人懂得讲演的主旨，而你一用再用的关键词尤须如此。

如果你想要清楚地表达自己的意思，应该生动地描绘你所说的要点，把你的想法具体化。著名的美国全国收银公司总裁特森，就是采用的这种方法。他在《系统杂志》发表的一篇文章中，简要说明了他向他的工人及销售人员演讲时所用的方法："我认为，一个人不能期望单凭言语，让人了解他的想法，或是得到和掌握住别人对他的注意力。另外还需要一些戏剧性的补充。最好是补充图片，以图片表现出对和错的两面。

"图表比语言文字更具说服力，而图片又比图表更具说明力。对某一主题最理想的表现方法，就是将每部分配以图片，而文字与语言只是用来与它们配合。我很早就发现，在和人们打交道时，一张图片胜过我所能说的任何话。

"我经常聘请画家跟我到各个店里走走，悄悄地把店里不妥当的作法素描下来，然后再根据这些素描画成图画。我把所有的人员召集来，向他们显示他们究竟做错了什么。"

当然，并不是每一种讲题或场合都适合展示图画，但只要能够，我们就该使用它们，因为它们能吸引别人的注意力，激起听众的兴趣，而且通常能使我们的意思表达得更加清楚。

若是采用图表，务必令其够大，可以使人看得清楚。而且千万别把这样一件好事做过了头。一长串的图表常常也是令人感觉无聊的。利用展示物时，请依以下建议，保证必能获得听众的注意：展示物应不使听众见到，直至要用时再出示。使用的展示物应该够大，使最后一排都看得见，当然听众若看不见展示物，便不能发挥展示物的作用了。在讲话的当儿，绝不让展示物在听众间传阅，干嘛要自找对手竞争？展示一样东西时，要把它举到听众见得着的地方。记住，一件能打动听众的展示物，强胜十样不能打动人的东西，若是技术上可行，示范一下。讲话时莫瞪着展示品，你是要与听众沟通，不是要和展示物沟通。展示物使用完毕，应尽可能收起，不让听众再看见。如果展示物适于做"神秘处理"，则将它放在一张桌子上，你讲演时就把它置于身边，并把它盖上。当讲话时，多提它几次，这样会引发好奇心，不过先别说它是什么。然后，当你揭开覆盖物之时，你早已引发了好奇、悬疑和真正的兴趣。

用视觉材料来增进演说明晰的策略，已越来越显重要了。这对使讲演具体化很有好处。

培养谈判实力，还可以通过对一些具体的操作性事务的训练来完成。有一位射箭运动员参加一次射箭比赛，一路过关斩将，到最后只剩下一位对手了。而这位对手的最后一射并不理想，使他只需射到5环以上就可荣获冠军。这是关键性的一箭，射中5环以上，他便取得最后的胜利。如果不能，他便只有屈居亚军了，而这种可能是极小极小的，对于他这么一个从千军万马中厮杀出来的神箭手来说，怎么可能连5环都达不到呢。似乎已经胜券在握了。

当时，所有的观众都睁大了双眼，死死地注视着他，所有的照像机、摄影机都对准了他，气氛自然紧张起来，简直可以听到人们紧张的呼吸声。射手的心慌乱起来，他为这种气氛所威慑，他的心理负担超出了他本身所具有的承受力。箭射出了。然而事情出人意料，竟然连标靶都没沾到。他痛苦地闭上了眼睛。5环，这在平时的话，他随手一射都能够达到的啊……

这便向我们提出一个重要的问题：如何增强定力，以确保技能的正常发挥？

在重大的谈判当中，谈判者尤其是一些初涉谈判领域的人，往往会被凝重的气氛和压力逼得心慌意乱，六神无主。本可以发挥的内容忘得一干二净，主导权轻而易举地落到了对方手中。谈判结果对这种人来说只能是失败。

事实上，不存在任何一种能治好胆怯症的灵丹妙药，我们能做的，就是不断自我训练，使自己具有对付各种变化的能力。而为了达到这一目的，我们又不得不旧话重提，那就是必须尽量做好谈判前的准备工作，必须具有健康稳定的心理，必须对谈判有可能涉及的一系列问题做假想的练习。

所谓假想练习，就是针对谈判过程中有可能出现的一些问题作实况模拟，找出应付解决这些问题的具体办法。

自嘲在演讲中的作用

在讲演中,自嘲往往具有很奇妙的作用,它是机智应变的重要方式之一。自嘲,顾名思义就是自我嘲弄的意思。然而,表面上虽然是嘲弄自己,但是潜台词却另有深意。因此,自嘲在交谈中具有极其特殊的表达功能和使用价值。如果别人有事求你,你很想拒绝,但是明言拒绝,又会让人难堪,这个时候如能运用自嘲,委婉拒绝,既表达了自己的拒绝意图,又会使对方乐于接受。

有一次,林肯在某个报纸编辑大会上发言,指出自己不是一个编辑,所以他出席这次会议,是很不相称的。为了说明他最好不出席这次会议的理由,他给大家讲了一个小故事:

"有一次,我在森林中遇到了一个骑马的妇女,我停下来让路,可是她也停了下来,目不转睛地盯着我的面孔看。她说:'我现在才相信你是我见到过的最丑的人。'我说:'你大概讲对了,但是我又有什么办法呢?'她说:'当然你生就这副丑相是没有办法改变的,但你还是可以呆在家里不要出来嘛!'"大家为林肯幽默的自嘲而哑然失笑。

在交谈中,当对方有意无意地触犯了你,把你置于尴尬境地时,借助自嘲摆脱窘境,是一种恰当的选择。

20世纪50年代初,美国总统杜鲁门会见十分傲慢的麦克阿瑟将军。会见中,麦克阿瑟拿出烟斗,装上烟丝,把烟斗叼在嘴里,取出火柴。当他准备划燃火柴时,才停下来,对杜鲁门说:"我抽烟,你不会介意吧?"

显然,这不是真心征求意见,在他已经做好抽烟准备的情况下,如果对方说他介意,那就会显得粗鲁和霸道。

这种缺少礼貌的傲慢言行使杜鲁门有些难堪。然而,他看了麦克阿瑟一眼,自嘲道:"抽吧,将军,别人喷到我脸上的烟雾,要比喷在任何一个美国人脸上的烟雾都多。"

由此可见,当令人难堪的事实已经发生,运用自嘲能使你的自尊心通过自我排解的方式受到保护,并且,还能体现出你的大度胸怀。

人们在有些时候因某些事不尽如人意而烦恼和苦闷,说出去必会惹人笑话,运用自嘲,既可宽慰自己,又能避免别人笑话,可谓一举两得。

清代乾隆年间,九十八岁的广东考生谢启祚仍参加了乡试。主考官点名时,劝他回家抱孙子算了。无奈谢意志坚决,非考不可。老天不负有心人,他终于中举。老先生悲喜交加,特作了一首《老女出嫁》诗以自嘲:"行年九十八,出嫁不胜羞;照镜花生面,持镜雪满头。"

在与人交涉事情,尤其是谈判时,由于对方要价太高,期望太大,而使谈判面临搁浅时,运用自嘲,有时可收到以退为进的效果。

某蔬菜公司一位科长到外地调运蔬菜,卖方想趁机捞一把,因而报价很高,双方僵持不下。眼看市场供应就要脱销,心急火燎的科长却摆出一副无可奈何的样子自嘲地说:"其实,你们把我高看了,我不过是个小科长,还是个副的,手里能有多大权力?再说,天气这么热我花大价钱办一笔赔本的买卖,这个责任我担得起吗?"

他的这番自嘲,不但使指望过高的卖主们大为泄气,而且对他的"苦衷"还产生了同情。最后终于妥协,降低了价格。

在经历了人生的坎坷和艰难之后,常会有人对自己的命运发出深切的感叹。运用自嘲感叹人生,常能收到深切动人的语言效果。

与孙中山、陈少白等同被清政府视为"四大寇"之一的杨鹤龄,民国成立后隐居澳门,自号"四冠堂老主人"。他曾在送给七妹的相片上题字自嘲:"半百留影,鳏寡孤独之相。七妹惠存,四兄持赠。"寥寥数语,凄切沉沉。在一些场合,运用自嘲可以增添情趣,融洽气氛。

一位丈夫要出国深造,妻子半开玩笑地对他说:"你到那个花花世界,说不定会看上别的女人呢!"丈夫笑了,调皮地说:"你瞧瞧我这副尊容,瓦刀脸,罗圈腿,大眼泡,招风耳,站在路上怕是人家都不看呢。"说得妻子扑哧一笑。丈夫的自嘲,隐含让妻子放心的意思。这比一本正经地发誓,更富有诗意和情趣。

自嘲运用得好，可以使交谈平添许多风采。如果用不好，会使对方反感，造成交谈障碍。自嘲要审时度势，相机而用，不宜到处乱用。比如，对话答辩、座谈讨论、调查访问等，就不宜使用自嘲。此外，自嘲要避免采取玩世不恭的态度。积极的自嘲，包含着自嘲者强烈的自尊、自爱。自嘲不过是当事者采取的一种貌似消极、实为积极的促使交谈向好的方向转化的手段而已。

妻子、朋友、亲戚有时会开玩笑似地揭你的"短"，弄得你有点下不来台。你想默认会觉得窝囊，想还口又觉得口吃。这时，怎样从困境中摆脱出来？不妨运用幽默的语言、滑稽的表情和笑料冲淡这尴尬的处境，活跃气氛。这也是靠语言机智应变的技巧之一。

显然，设法改变处境比保持沉默要主动，但有一点应当明确，那些"揭短"的人通常是你的配偶、亲友，你不能采用气愤的话予以还击，而幽默的解嘲是最好的办法。

在对付"揭短"时，尤其要注意：

第一，尽量不认为他人别有用心。如果我们神经过敏，对别人的每一句话都琢磨一番潜台词、话外音，那就会自寻烦恼。因为在许多场合，对方往往是脱口而出或即兴联想的玩笑话，根本没想到会伤害你。

第二，不可反唇相讥。有人听不得半句"重话"，动辄连珠炮似的反讥，常因此挑起唇枪舌剑，使良好的关系破裂。一般说来，开玩笑的人若是得到严肃的回报，脸上常挂不住。所以，我们不能为笑话失去一个朋友，甚至给人留下心胸狭窄的印象。

第三，遇到人"揭短"，如果羞怯万状，既不能正常地保持沉默，又不能机智地改变处境，以至失态，那就显得有些"小器"了。而保持泰然自若的风度，暂时把"揭短"抛置一边，寻找别的话题，或点起一支烟，端起一杯茶，转移别人的视线等，才是上策。

当然，最佳方案是急中生智和具有幽默感。一位作家刚发表一篇小说，获得了赞誉之声。另一位作家却不以为然，跑去问他："这本书还不赖，是谁替你写的？"他答道："哦，谢谢你的称赞，不过，是谁替你把它读完了？"幽默的回敬，对"揭短"者也是一种应付之道。

卡耐基总结认为，在谈话中有意说错话也是语言应变的技巧之一。人们说话交谈，总是尽量避免出现差错。可是，在某些情况下，有意地念错字、用错词语，却有神奇的功效，能丰富语言的表现力，使人的谈吐生辉。

故意把话说错，有时是为了蓄势布阵，待对方批评指正时，再借题发挥，给予回击。

过去有个药铺老板每到大年三十晚上，就点上香向菩萨祷告："大慈大悲的菩萨，愿您保佑男女老少都多病多灾，我好发一笔大财！"这话被一个下人听到了。不久，老板的母亲得了痨病，躺在闲上哼哼叽叽的，下人对老板说："这下老太太病得不轻，这全是托菩萨的洪福！"老板听了大怒。下人说："老板息怒，您不是求菩萨保佑男女老少都得病吗？这下菩萨显灵了。"老板哑口无言。

一个小伙子向一老人问路："喂，离城里还有多远？""500 拐杖。""距离应该论里呀，怎能论拐杖呢？"老人答："论理你得喊我大爷！"

一位教师给学生讲"灾梨祸枣"一词，首先用望文生义的方式曲解示错："看来梨枣都有毒，吃了会生灾招祸。"稍有生活常识的学生都会感到此说不合情理，但一时也说不清楚它的确切含义。到了学生急欲求知的时刻，教师再揭开迷底："这个成语说的是滥刻无用之书，使用来做雕板的梨树枣树都跟着遭殃。"如此一来，学生豁然开朗。

演讲中的暗示作用

在演讲中，不是每句话都要直说的，有时候以暗示代直言，同样可以收到机智应变的效果。暗示是心理影响的一种特殊方式，是指暗示者出于一个特定的目的，采用一定的方法，含蓄地、巧妙地向对方发出某种信号，以此来影响对方的心理，使其不自觉地接受特定的某个意见、信念，或改变其行动。这种暗示可以是一个故事，也可以是一个笑话。

一次，某乡党委为了加强机关干部管理，在工作考勤等方面作了一系列规定，决定由曾在乡属企业担任过多年负责人，不久前到机关任传达工作的一位老同志负责考勤登记。这位老同志认为这工作容易得罪人，不愿意干。说自己过去就是因为办事太认真，得罪了不少人，正在吸取"教训"。听了他的话，乡党委书记委婉地讲了一个故事：某电影导演，为拍一部片子四处寻找合适的演员。一天，发现了一个合适人选，便通知他准备试镜头。这个人十分高兴，理了发，换了新衣，对着镜子左照右照，总感到自己两粒"犬牙"式的牙齿不好看，于是到医院把牙齿拔掉了。然后，他兴致勃勃地去报到，导演见到他，失望地说："对不起，你身上最珍贵的东西，被你自己当缺陷给毁了，影片已经不需要你了。"

故事讲完后，这位老同志懂得了"坚持原则，办事认真"正是自己最珍贵的特点。他愉快地接受了任务。这里，乡党委书记使用的是故事暗示的语言技巧。

一次，几位老同志反映机关晚上不安静，楼上的小青年不注意，老同志在楼下睡不好。这属于两代人的生活习惯问题，如果把这个问题在会上讲，就会使老同志和青年人之间产生隔阂。

党委书记和小青年闲谈时，讲了一则笑话进行暗示：有个老头晚上很难入睡，恰好楼上住了一个经常上晚班的小伙子。小伙子每天下班回家，双脚一甩，鞋子"噔噔"两下，重重地落在地板上，每次都将好不容易才入睡的老头惊醒。老头提了意见，当晚小青年下班回来，习惯性地甩出了一只鞋，刚甩出第一只鞋之后，他意识到不应当，便轻轻地脱下了第二只鞋。第二天一早，老头埋怨小伙说："你一次将两只鞋甩下，我还可以重新入睡，你留下一只没有甩，害得我等你甩第二只鞋等了一夜。"

笑话说完，小伙子们悟出了笑话是有所指的，明白了自己的不检点。这里，党委书记用的是笑话暗示法。模糊语言也是语言技巧的一种，恰当地使用模糊语言，能使自己有一定的灵活性，力避被动，争取主动。比如，朋友邀你去做客，你自己无法确定具体时间，就可以说"大约在中秋节前后，我一定去一趟"。这样很灵活，可以在中秋节前，也可以在后。

如国际交往中，一方领导人当面向另一方领导人发出访问邀请，如果这一邀请事先未商定，被邀的一方对于是否应邀尚无把握，而出于礼貌又不便当场拒绝，则通常是说："我高兴地接受您的邀请，将在方便的时候访问贵国。"这样，如果日后无意往访，可用各种"不方便"为托词。再如，对突发事件，在尚未弄清来龙去脉，又不得不立即作出反应时，也需要这种伸缩性很大的模糊语言。如："我们注意到了××事态的发展。""我们注意到了贵国领导人的讲话。""注意到了"只表示"知道了"，但并未点明自己的观点，使自己拥有主动权。对本来已经清楚的事实或想法，出于某种策略的考虑，故意使用含义广泛的模糊语言，可以使你的话具有某种弹性，能收到良好的效果。

如有的单位领导为了纠正某种不良倾向，又不至于使矛盾激化，便使用模糊语言："最近一个时期，我们单位的纪律状况总的来看是好的，绝大多数同志比较自觉，但也有极个别同志表现较差……"这里，使用了一系列的模糊语言："最近"、"绝大多数"、"极个别"等。

项羽自称霸王后，想谋害刘邦。范增出主意说："等刘邦上朝，大王就问他：'寡人封你到南郑去，你愿不愿意去？'如果他说愿意，就说明他意图养精蓄锐，有谋反之心，可以绑出去杀掉；如果他说不愿意，你以违抗王命杀掉他。"刘邦上殿后，项羽一拍案桌，高声问道："寡人封你到南郑去，你愿不愿意去？"刘邦答道："臣食君禄，命悬于君。臣如陛下坐骑，鞭之则行，收辔则止，臣唯命是听。"项羽一听，无可奈何，只好说："刘邦，你要听我的，南郑你就不要去了。"刘邦的回答，就是使用了模糊语言，从而绕开了陷阱。设置悬念又称"吊胃口"。它是利用听者的好奇心理，先说出一个发人深思或出人意料的现象、结论，设一"关卡"又秘而不宣，让听者自我猜测思考后才加以分析，和盘托出真情或道理的说话技巧。

有一次，桂林的一位导游带了一个旅游团到北京，在参观北海时，他指着九龙壁对游客说："我知道大家的眼力非常好，可是你们能看出哪条龙身上有块琉璃是假的吗？时间只给两分钟。"游客惊奇地"喔"了一声，高兴地跑到九龙壁前仔细辨认。他们东瞧西看，走近跑远，有的说这块，有的说那块，有的干脆说没有。在众说不一的争论声中，大家不约而同地围到了这位导游身边，请他揭开谜底。在大家的注视下，导游指着一条白龙的腹下说："就是这块。"游客们定睛细看，齐声喊道："原来是块木砖。"接着便纷纷提问："这是怎么回事？""它是哪一年换的？""皇帝为什么没有发现？"这时，这位抓住了游客心理的导游，才提高嗓门把九龙壁的年代、建筑艺术和"木砖"的逸事详细讲了一遍。客人们听着想着，随着故事情节发展，时而眉飞色舞，时而赞叹连声……导游在这里用的就是"吊胃口""甩包袱"的说话技巧，既活跃了游客的游览情绪，又使讲解的内容生动活泼，还融洽了双方的感情，可谓一举数得。

　　古人说："文人看山喜不平。"说话也一样，如果在交谈的叙事议论中，恰到好处地结下一个个"扣子"，即悬念，会使听者在回旋推进的言论中产生"山重水复疑无路，柳暗花明又一村"的感觉，因而兴味无穷。开场白是讲演者向听众最先发送的信息，它如戏曲演出前的开场锣鼓，直接影响到听众的心态。在开场白中运用相应的语言技巧，会收到引人入胜的良好效果。一八八三年，恩格斯在伦敦安葬马克思时，在马克思墓前说："三月十四日下午两点三刻，当代伟大的思想家停止思想了……永远地睡着了。"恩格斯不说"逝世"而说"停止思想"，说"睡着了"，他用委婉的语言技巧，表达了对伟大革命导师去世的巨大悲痛，渲染了悼念的气氛。一九四九年春天，北京解放时，北大学生会请郭沫若作关于北伐战争的报告，郭老是这样开场的："今天是我面对青春的海洋，摆革命的龙门阵。"

　　"面对青春的海洋"，比喻恰当形象，听来亲切悦耳，"摆龙门阵"，是妙语双关，而用"革命"两字，点明了题旨。这样的艺术化表达，一下子抓住了听众。

　　新中国建立之初，一次，上海某单位请时任上海市市长陈毅作报告，讲台上铺了洁白的台布，花瓶里插上了鲜花，还备了些茶点瓜果。陈毅见此情景，略一迟疑，顺手将花瓶移到了台下，并搬走了糕点，然后风趣地说："我这个人作报告容易激动，激动起来就会手舞足蹈，这花瓶就碍手碍脚了，说不定碰碎了，我这个供给市长还赔不起呢！"顿时整个会场一片活跃。

一位外国首脑出访我国，在首都机场，他面对迎候他的人们即兴演讲："……我是个桥梁专家。一踏上这古老而美丽的国土时，我想，此行的唯一使命是：在两国之间架起一座坚不可摧的友谊桥梁。"他微笑着，并挥手在空中划了一个拱形桥状。他那相得益彰的话语和动作，具有很强的鼓舞人心的力量。

一代幽默大师林语堂一次参加某校的毕业典礼，之前很多人都发表了长篇大论，轮到他讲话，已经十一点半了。他站起来说："演说要像迷你裙，越短越好。"话一出口，席间鸦雀无声，片刻，爆发出哄堂大笑。

演讲中消除恐惧很重要

对于听众来讲，每个人都有不同的目的，有些人也许正在审视你，有些人关注于你想要讲些什么。而对于你来说，一定要坚持一个坚定不移的信念，就是做好你的演讲，并且在刚开始发言的时候就要尽快点明演讲的中心思想。

也许你第一次参加公司的一项很重要的策划，也许领导让你对某个项目全权负责，也许你被公司总部邀请去做演讲。这所有的一切都是你通往成功之路的关键所在，为了等待这一天，也许你已经积累、付出了太多太多。但如果真的到了这一天，也就是说，明天你就要站在老总的面前汇报你的业绩，或是在众多领导面前做演讲的时候，你准备好了吗？

你也许会在家里预演一遍你所要陈述的东西，设想着你站在一个宽大的会议室里，面对着你不熟悉的领导团队，虽然这是你一直期待的，但你还是会感到紧张，并且焦虑不安。你会一直想：如果我被什么东西绊倒了怎么办？如果我说得太快怎么办？如果有人觉得无聊怎么办？如果在他们问我问题的时候，我忽然大脑空白怎么办？怀着这样的情绪度过一个晚上，你肯定是要失眠的。如果你经历过以上的感受，并确认你一定会遭到那样的打击，请不要害怕。

以下一些方式可以帮助你建立自信,并让你的听众也感受到你的自信。

1. 自我陈述

把主角转换为你的听众

如果你能把目标从"我想怎么讲"变为"那些听众们需要听到什么,了解到什么"的话,你就会变得更有吸引力,更容易被人接受。

而且,你如果把精力集中到你的听众身上,你自己就会得到很大的放松,自然你的陈述就会变得流畅而且流利。

那么为了达到最好的效果,你事先要做如下准备:哪些人会成为你的听众?对于他们来讲什么是最重要的?根据他们的眼光,基本会从什么方面挑剔你?对于这份报告,他们最想从中了解到什么?

如果你找到了上述问题的答案,接下来你就一定要为可能遇到的问题做圆满的解答方案。如果你的陈述是那种讲座式的,也就是说在某种程度上你要充当老师的角色,那么在事先你要向你的听众们发放调查问卷,了解他们的知识水平和相关情况。你的问卷应该只有一页,上面有 5~10 个问题,上面还要落上你的 E-mail 和传真。如果你的听众中有很和气的人,你还应该事先给他打个电话,了解情况。

2. 目的何在

对于你的听众来讲,他们每个人都有自己不同的目的,有些人可能在审视你,有些人想了解你要讲什么……而对于你来讲,也要坚持一个坚定不移的目的,就是作好你的报告,而且,在刚开始发言的时候要尽快点明主题,免得人们听得不耐烦。

3. 介绍内容结构

在演讲的开始、中间或结尾的时候,把你要阐述的内容结构介绍给你的听众,这样可以起到很好的概括作用。这样做的目的在于再次介绍你演讲的主题,让人们对你的演讲内容有概括的了解。

在介绍结构的时候,你也可以加入一些有力数据和引语,以此来吸引听众的兴趣。而且在你即将结束演讲的时候,你还是要总结一下你的演讲内容,让你的听众重新回忆并记住你的发言。

4. 消除紧张

很多人在演讲或作报告之前都会感到紧张焦虑。这种畏惧的情绪在人们被安排了这项任务的时候就产生了，并会一直持续到完成任务的那一刻。而紧张和焦虑一定会阻碍我们的发挥，所以如何去除这种情绪对我们尤为重要。

第 10 章 谈判口才与技巧

谈判的主要特征

谈判不同于日常说话,是有一定的规律可以遵循的,谈判时是一场没有硝烟的战争,这场战争不是要争到你死我活,而是要在谈判中找到共同获利的地方,然后让它变成大家接受的协议。它具有以下特征:

1. 目的的功利性

策动谈判的动力是需要,谈判双方皆为满足自己的需要而走向谈判桌。无论是哪一个层次的谈判——个人间的、组织间的或国家间的,世界上每时每刻都有着成千上万的谈判者在为着不同的功利需要进行着言语交锋。

2. 话语的随机性

谈判必须根据不同的谈判对象、不同的谈判内容、不同的谈判阶段、不同的谈判时机,随时调整话语的表述方式,采用不同的句型、不同的语气、不同的修辞,随机应变地运用自己的口才技巧,与对方在谈判桌上周旋。

3. 策略的智巧性

谈判与论辩一样,既是口才的角逐,也是智力的较量。或言不由衷,微言大义;或旁敲侧击,循循暗示;或言必有中,一语道破;或快速激问;或絮语软磨……出色的谈判大师总是善于鼓动如簧巧舌,调动手中筹码,而取得意外的成功。

4. 战术的时效性

谈判不同于朋友之间的闲聊，也不同于情人间的绵绵絮语，谈判注重效率，具有时效性特征，这也是它独具的特征之一。谈判之初，参谈双方都有自己预定的谈判决策方案，其中包括各谈判阶段所安排的内容、进度和目标，以及谈判的截止日期等。这种时效性也可用作迫使对方让步的武器。

商业谈判技巧

在商业谈判中想要获得最佳的效果，只是采取强硬态度不是最好的方式，而使对方主动提出更好的条件，才是谈判成功的关键。从中带点强势的气势，斟酌情况，必要时可以提高嗓门，逼视对手，甚至跺脚，表现一点"震撼"式的情绪化行为。这一招或许可以让对手为之气馁，也可显示你的决心。

但是要给自己留些余地，提出比预期达成目标稍高一点的要求，就等于给自己留些妥协的余地。目标定得稍高，收获就比较多。装得小气一些，让步要慢，并且口气要带点勉强、为难。由小让步获得的协定对你有利，因为这可以显示你的热忱。而且要有自信，但不要以"大权在握"的口吻进行谈判。你可以说："如果是由我做主的话……"告诉对方你无权作最后决定，或是你能作的决定有限，便可争取较多的时间思考，并充分了解对方的底牌。这样做的最大好处是：你为对方提供一项不失面子的让步方式，使他能接受你的处境，而自己也不至于像一个失败的谈判者。

千万不要轻易亮出底牌。对手对于你的动机、许可权以及最后的期限知道得越少越好，你则要尽可能了解对方的资料，才能知己知彼，掌握胜算。即使对方认为他提供的是独门生意，你也不妨告诉对方，你可以在买新产品与二手货之间选择，还可让对方知道你可以在买与不买、要与不要之间作选择，以创造一种竞争的姿态。

要懂得伺机喊"暂停"。如果谈判陷入僵局,不妨喊"暂停",告诉对方你要和合伙人、老板或专家磋商。"暂停"还可以让对方有机会怀疑或重新考虑,而且让你有机会重获肯定的谈判地位,或者以一点小小的让步,重回谈判桌。

同时也要当心快速成交。谈判若进行得太快,就没有时间了解全貌,以致来不及详细思考而亮出自己的底牌。除非你的准备工作做得非常好,而对方又毫无准备,否则,最好让自己有充分的时间思考。在谈判过程中,突然改变方法、论点或步骤,以让对方折服、陷入混乱或迫使对方让步。这种策略只要稍微改变一下说话的声调或加强语气即可。但切勿戏剧性地勃然大怒;不怒而威,就可以让对方措手不及而软化立场。

大胆地威迫对手,看对方怎样反应。这一招带点冒险性,但可能会非常管用,可以使对方接受修改的合同,或是重开谈判。

巧妙的运用"预算战略"。比如说:"我真的喜欢你的产品,而且也真的有此需要,可惜我没有能力负担。"这项间接求助的策略可以满足对方的自负,因而让步。要懂得苍蝇也是肉的道理,纵使对方只是小小的让步,也值得珍视。在整个过程中,对方让步就是你争取而来的胜利,说不定对方的举手之劳,就能为你省下不少金钱和时间。

一定要有耐心,不要期望对方立刻接受你的新构想。坚持、忍耐,对方或许最后会接受你的意见。还要注意给对方留余地,总要留点余地,顾及对方的面子。所谓成功的谈判,应该是双方愉快地离开谈判桌。谈判的基本规则是没有任何一方是失败者,双方都该是胜利者。此外,在谈生意时还应该注意以下几项社交礼仪:

1. 不要与客人隔着办公桌握手。为了表示尊敬,应该走到对方的面前与他握手。

2. 若你想表示自己很热情,应避免第一次见面就请对方到高级餐厅进膳,这样会让对方感觉很不自然,以为你急于讨好他。

3. 说话不宜过于大声及高声,保持声调略微低沉,语气坚定,态度平静,很容易获得对方的好感,认为你是一个稳重而自信的人。

4. 刚认识的客户，不可过于自我标榜，如此会令对方觉得你很浮浅。

5. 与客户用膳的时候，最好是闲话家常，就算真有生意上的问题要讨论，也应留待最后一道甜点时再谈。

6. 穿着打扮是很重要的，应选择能够展现你的品位与个性，并以整洁、大方、得体的衣服为主。

谈判讲究和言悦色

谈判不是决一胜负的比赛。如果纯粹以一决胜负的态度展开谈判，谈判者势必就要竭力厮杀并压倒对方，以达到自己单方面期望的目的，即使善于言辞，也会有一败涂地的风险。因为推动人们谈判的动力是"某种需要"，双方的需要和对需要的满足是不同的，但这又是谈判的共同基础，因此对于共同利益的追求成为了取得一致的巨大动力。因此，真正成功的谈判，每一方都是胜者，是达到互惠互利的共赢。

一般说来，谈判可分为合作性谈判和竞争性谈判两大类型。不管是哪种类型的谈判都必须和言悦色"烧热炉灶"，以创造融洽气氛，有利于双方沟通，建立相互信任的人际关系。常用的方法有：

1. 礼貌用语，以"和"为贵

有个美国人到曼哈顿出差，想在报摊上买份报纸，发现未带零钱，只好递过10元整钞对报贩说："找钱吧！"谁知报贩很不高兴地回答道："先生，我可不是在上下班时来替人找零钱的。"这时，等在马路对面的朋友想换种说话方式去碰碰运气。他过来对报贩说："先生，对不起，不知你是否愿意帮助我解决这个困难，我是外地来的，想买份这儿的报纸，但只有一张10元的钞票，该怎么办？"结果，报贩毫不犹豫地把一份报纸递给了他，并且友好地说："拿去吧，等有了零钱再给我。"后者的成功在于礼貌待人，和言暖心，满足了对方"获得尊重的需要"，终于取得了对方的合作。

在谈判中，即使受了对方不礼貌的过激言辞的刺激，也应保持头脑冷静，尽量以柔和礼貌的语言表述自己的意见，不仅语调温和，而且遣词造句都应适合谈判场面的需要。尽量避免使用一些极端用语，诸如："行不行？不行就算了。""就这样定了，否则拉倒！"这些话会激怒对方，而把谈判引向破裂。

2. 改变人称，勿加评判

在谈判过程中，即使你的意见是正确的，也不要动辄对对手的行为和动机妄加评判，因为如果谈判失误，将会造成对立而难以合作。如发现对方对某项统计资料的计算方式不合理时，就贸然评论说："你对增长率的计算方式全都错了。"对方听了，显然一下子难以接受。如果将这句话改变人称并换一种表述方式，其效果就大相径庭了："我的统计结果和你的有所不同，我是这样计算的……"对方听后就不会产生反感了。

这种方法的诀窍是：将"你"换成"我"，将评判的口吻改成自我感受的口吻。在一般的场合又应注意尽量避免使用以"我"为中心的提示语，诸如"我认为……""依我看……""我的看法是……""我早就这么认为……"等，上述每一句开头的"我"都可改为礼貌用语"您"。

3. 多用肯定，婉言否决

首先，在谈判中不同意对方的观点时，不要直接用"不"这个具有强烈对抗色彩的字眼。

即使对方态度粗暴，也应和颜悦色地用肯定的句型来表述否定的意思。比如，当对方情绪激动、措词逆耳时，也不要指责说："你这样发火是没有道理的。"而应换之以肯定句说："我完全理解你的感情。"这样说既婉转地暗示"我并不赞成你这么做"，又使对方听了十分悦耳，对你的好感油然而生。

其次，当谈判陷入僵局时，也不要使用否定对方的任何字眼，而要不失风度地说："在目前情况下，我们最多也只能做到这一步了。"

最后，有时为了不冒犯对方，可适当运用"转折"技巧，即先予肯定、宽慰，再转折，委婉地否定并阐明自己的难处。如"是呀，但是……""我理解你的处境，但是……""我完全懂得你的意思，也完全赞成你的意见，但是……"这种貌似承诺，实则什么也没接受的语言表达方式，体现了"将心比心"这一古老的心理战术。它表示了对于对方的同情和理解,而赢得的却是"但是"以后所包含的内容。

谈判要注意察言观色

在对方发言的时候要仔细聆听,注意对方是怎样的语言表达方式、怎样的重复语句以及语气、声调等,都是能够发现对方思想、愿望和需求的线索。

一个人的谈话,在很多情况下都具有多层含义。要确切了解对方的意思,只有善于倾听,才能从对方的话里捕捉到对你有用的信息。

在谈判中,密切观察对方态度的变化,也相当重要。身体动作、手势、眨眼、脸部表情和咳嗽等,都能表示多种含义。有时谈判者有意识地用这些代替有声语言,特别是在不允许或不宜用语言表达的时候。如咳嗽,有时表示紧张不安,有时用来掩饰谎话,有时表示怀疑和惊讶。但是,在某一时刻,一个举止又不仅仅表示一个意思。这就要求谈判者善于联系对方的态度和言谈举止加以辨别。

在谈判中,可以通过巧妙提问、说话听声等方法,悉心聆听,摸清对方的需要,不失时机地制定己方的谈判策略。

1. 巧妙提问

谈判中常运用提问作为了解对方需求、掌握对方心理的手段。在对方滔滔不绝的议论中,利用提问随时控制谈话的方向,并鼓励对方说出自己的意见。谈判提问的技巧体现在"问什么"、"何时问"与"怎样问"上。

a. 问什么

要问能引起他人注意的问题,促使谈判顺利进行;要问能获取所需信息的问题,以此摸清对手底细;要问能引起对方思考的问题,控制对方思考的方向;要问能引导对方作出结论的问题,达到己方的目的;要问有已知答案的问题,用以证明对方的诚实与可信度。

b. 何时问

在谈判开始时，为表示礼貌与尊重，应取得对方的同意再发问，尤其是对陌生对手更应如此。对方没有答复完上一个问题，不要急于提出下一个问题。重要的问题要预先设想对方可能的答案，并针对不同答案设计好对策后再提问。充分总结每次谈判经验，预测对方在下一轮谈判中可能提出的问题，作好充分准备后再提问。

c. 怎样问

不提有敌意的、带威胁性的问题；不提指责对方诚意的问题；不提自我炫耀、显示己方优越性的问题。由广泛的问题着手，再移向特定的问题，将有助于缩短相互沟通的时间，提高谈判效率。要有耐心继续追问对方回答得不完整的问题，并尽量根据上一个问题的答案构造下一个问题。要敢于提出对方故意回避的问题，提出这类敏感的问题时，应说明发问理由。只要有可能，应将问题设计成足以获得肯定或否定答案的形态。一系列这种类型的问题，可促使对手养成提供正面肯定或否定答复的习惯。

2. 说话听声

俗话说：锣鼓听音，说话听声。谈判中也应如此。

悉心聆听对方吐露的每个字，注意他的措辞、选择的表述方式、语气，乃至声调，是发现对方需要的一个重要途径。

对方所说的每一句话，都可以有至少两个方面的意思。乍一听，某些提法似乎表面上自相矛盾，然而在一定条件下和一定范围内，就会发现它具有深层含义。

在谈判中，对手常以语言作为伪装，借以表达自己的"真诚"，以混淆视听。对这种言不由衷的把戏一定要警惕。

在谈判中，常听到对方说"顺便提一下……"说者企图给人一种印象：他要说的事是刚巧想起来的。但是，十有八九，这件"顺便"提的事恰恰非常重要，他漫不经心地提出，只是故作姿态而已。因此，在这种情况下，往往应从反面理解对方一些"动听"的言辞，诸如用"老实说""说真的""坦率地说……""真诚地说……"这样一些词语来提起话头，正说明他既不

"坦率",也不"老实",更不"真诚"。

另外,根据对方怎么说,而不是说什么,去发现其态度的变化。如气氛融洽时,熟识的对手之间往往是直呼其名,突然变为以姓氏或职衔相称,就是气氛趋于紧张的信号,有时,甚至意味着僵局的开始。

谈判中的出奇制胜

出色的谈判大师总是巧于言辞的,在谈判中运用自己的口才和智慧与对手展开智慧的较量。谈判中的几种方法可以使谈判者扭转局面,出奇制胜。

1. 虚拟假设

所谓虚拟假设,首先,是分析利害,迫使对方选择让步。

1977年8月,几个克罗地亚人劫持了美国环球公司一架班机,最后,迫降在法国戴高乐机场。法国警方与劫持者进行了三天谈判,双方陷入僵局后,警方运用虚拟假设向对方发出了"最后通牒":"如果你们现在放下武器跟美国警察回去,你们最多不过判处2~4年的监禁;但是,如果我们不得不逮捕你们,按照法国的法律,你们将被判处死刑。你们愿走哪条路呢?"恐怖分子只好选择了投降。

虚拟假设的另一作用是诱使对方进入圈套,以便自己如愿以偿。

美国谈判大师荷伯·科恩一次飞往墨西哥城主持一个谈判研讨会。抵达目的地时,旅馆告之"客满"。此时,荷伯施展了他的看家本领,找到了旅馆经理问:"如果墨西哥总统来了怎么办?你们是否要给他一个房间?"

经理回答:"是的,先生。"

荷伯接着说:"好吧,他没有来,所以,我住他那间。"结果他顺顺畅畅地住进了总统套房,不过附加条件是,总统来了必须立即让出,而这个概率是很小的。

2. 转换话题

在什么场合下需要转换话题呢?

想避开于己方不利的话题,想避开争论的焦点,想拖延对某个问题的决定,想把问题引向对己方有利的方面,想转换阐述问题的角度以说服对方。

在会谈时,应把建议的重点放在对己方有利的问题上,不要直接回答对己方不利的问题,这时,可绕着弯子解释或提出新问题。如在一次军事谈判中,双方对撤军时限争执不下,一方提出:"我们是否再深入讨论一下撤军的期限问题呢?"如果另一方千方百计延缓撤军时间的话,则可"顾左右而言他",或者说:"我们双方在撤军的条件上已基本取得一致了,能否再谈谈撤军的路线呢?"如果转换话题仍不能打破僵局,则可建议暂时休会,让大家松弛一下。这样,可取得使双方冷静思考的积极效果。

3. 用语灵活

所谓"看人说话,量体裁衣",机智地运用语言是谈判口才灵活性的表现。

对不同的对象应使用不同的话语。对方用语朴实无华,己方说话也无须过多修饰;对方话语爽直、干脆,己方就不要迂回曲折,含义晦涩。总之,为适应对方的学识、气度、修养而随时调整己方的说话语气和用词,是最具效益的思想沟通方法。

同样的意思可以用不同的语气或词汇来表达,直陈的语气可以表示强硬的立场、对立的态度。例如,"你的看法完全错误。"显得生硬而武断。同样的意思若用委婉的语气或词汇来表达则可显示灵活的立场、合作的态度。"你的看法值得商榷。"后一种表述方式既使对方易于接受,又给己方留有余地,是用语弹性的又一体现。

此外,用语灵活还体现在模糊语言的选用上。在外交谈判中,有时直陈其言、正面表态往往会让自己陷于被动的局面,这时模糊语言可产生奇效。例如:

甲:阁下的声明是否表示贵国政府对××协定的成效有所怀疑?

乙:我不准备这样说,当然你可以按自己的理解去解释。

乙虽对协定的成效有所怀疑，但没有正面回答，而是含糊其词，不让对方抓住把柄，避免对己方不利。

谈判中让自己进退自如

　　谈判的过程是一种脑力、心力和技能竞争。受到我们的思想情绪、谈判内容、周围环境等诸多因素的制约，谈判的过程总是复杂多变的，节外生枝、始料未及的情况也是常有的事。因此，特别是在谈判开始的时候，说话一定要注意分寸，给自己留有余地。也就是说，你在与别人的交谈中，要尽量避免把话说死，说出的话要具有一定的弹性，不能把话说满，以便给自己留下可以进退自如的活路。否则，容易使自己处于被动的地位。

　　运用模糊语言是谈判中经常使用的留有余地的重要手段。模糊语言灵活性高，适应性也强。谈判中对某些复杂的论点或意料之外的事情，不可能一下子作出准确的判断，这时就可以运用模糊语言来避其锋芒，以争取时间做必要的研究和制定对策。比如，对某些很难一下子做出回答的要求和问题，可以说："我们将尽快给你们答复。""我们再考虑一下。""最近几天给你们回音。"这里的"尽快""一下""最近几天"都具灵活性，留有余地，可使自己避免盲目作出反应而陷入被动局面。

　　在商品经济日益发展的今天，一个企业在产品销售、原料购置过程中，相互竞争的情况已是司空见惯。因此，对一个企业来说就必然面临选择哪一个确定对象的问题。在这整个过程中，谈判就又有了"探测器"的功用，此时说话留有余地就更显得重要，它可使企业进退自如，获取更大的利益。

　　S市某服装公司新设计的冬装款式新颖别致，一上市就十分抢手。因此准备购进一大批原料大批生产。消息不胫而走，很快就有本市和外地的几家毛纺厂的推销员来厂洽谈生意。该公司也有意先派出采购科的一般人员与之接触。在洽谈过程中，一方面先了解各厂的情况，暂时不定案，而以"贵方的意思我定转告公司上级，只要品质可靠、价格合理，我想是会被考虑的"之类的话来作答。另一方面通过洽谈，在摸清情况、反复权衡的基础上确定了其中的一家，原料质高价廉，仅此一项就让公司获利不小。

在商业谈判中，为使自己进退自如，还常采用卖方叫价提得高些，买方出价有意低些的方法。一次，德国某公司来中国推销焊接设备，一套设备对方先报价四十万美元。声明这是考虑到初次交易为赢得信誉而出的优惠价。但经我方再三讨价还价，最后以二十七万美元的价格成交。生意谈成的时候，对方经理又做了一个夸张的仰头喝药的动作，开玩笑地说："二十七万美元卖给贵方，我可是大蚀老本了，回去怕要服毒自杀了。"事实上，该公司的这种设备曾多次以二十几万美元的价格出售过，首次报价四十万美元以及他的声明和玩笑，都不过是虚张声势，给自己留下足够余地的一种手段。

谈判是一个复杂的过程。如果把谈判称作一种艺术，那么它是一种综合性的艺术。语言的艺术手段只是谈判整体艺术中的一个重要组成部分，一项谈判要获得成功，还须有赖于谈判者本人渊博的知识、灵活清醒的头脑、惊人的洞察能力、处事果决等素质。

谈判过程要刚柔相济

我们之所以要学习说话的方式，是因为我们需要在不同的论点中找寻和谐，但是不能因为各自的论点不一样就伤害到我们的人际关系。因此，在与人沟通时，就必须注意分寸的拿捏。论辩中既不想太过强硬，又不想违背自己的本来的原则主张，可以尝试绵里藏针法，这或许是一个不错的方法。软中有硬，硬是通过软的方式表现出来的，婉言中预示警诫，柔弱中带着强硬。

郑穆公元年，秦穆公任命孟明视为大将，集合三百辆战车，于12月出发，准备带兵偷袭郑国。

这消息被郑国的一个贩牛商人弦高知道了。当时他赶着一群牛准备到市集兜售，正在往洛阳的途中，回国报告已经来不及，于是他急中生智，一边派人抄近路连夜回国报信，让国君做好迎战准备；一边把自己装扮得衣冠楚楚，并挑选了12头肥牛和4张牛皮，乘着马车，带着随从，在秦军必经之路等候着。

这天，秦国队伍行经时，突然有人拦住去路，大声喊道："郑国使臣弦高受国君派遣，特来求见将军。"

孟明视听了，不禁一怔，心想：莫非我们派兵偷袭的消息被郑国人知道了？他满腹狐疑地接见了弦高，并迫不及待地问："先生到这里来有何见教？"

弦高说："我们国君听说将军带兵要来敝国，特派我来犒劳大军，先送上这12头肥牛和4张牛皮作为慰劳品，表示我们的一点心意。"

孟明视故作镇静，收下慰劳品，假惺惺地说："听说郑国国君新丧，我们国君怕晋国乘机来侵犯你们，特意叫我带兵来保护。"

弦高说："我们郑国是个小国，夹在秦、晋两个大国中间，为了安全，我国的将士们枕戈待旦，日夜小心地守卫着每一寸国土，要是有谁胆敢来侵犯，我们一定会给予迎头痛击。这一点请将军放心。"

孟明视又不甘心地说："这么说来，郑国就用不着我们秦军的帮助了吗？"

弦高说："我们已经做好了一切准备，如果贵国军队真的入境，我们将负责供应你们粮食和柴草，派兵保护你们的安全。"

孟明视听了弦高的话，心想郑国早已有所戒备，只得放弃进攻郑国的打算。事后，郑穆公召见了智言周旋而救国的弦高，并封他为军尉。

此外，在外交上，委婉含蓄的语言往往更意蕴深刻。1984年9月，苏联外长葛罗米柯访问白宫时，曾开玩笑似的对美国第一夫人南茜说："请贵夫人每天晚上都对里根总统说句悄悄话——和平。"言外之意是里根总统头脑不够冷静，往往做出有损于世界和平的事。对此，南茜回敬说："我一定那样做，同样地，希望你的身边也能常常吹出这样的'枕边风'。"葛罗米柯听后，心领神会地讪讪一笑。

由于代表着不同国家、不同的政治利益，政治家之间的语言游戏，无论形式如何，都是针锋相对的斗争。葛罗米柯和里根夫人的妙语，都在含蓄之中藏着三寸钢针，一个刺得好，一个扎得妙。听似玩笑，实则真言。凭借委婉含蓄，政治家把尖锐的批评包藏起来，抛向对方，不显山不露水地进行了一番较量。

人各有立场，如果都冲动地、直截了当地阐明自己的立场，恐怕世界纷争不断。所以既要维持表面的和谐关系，在捍卫自己的理念上又不能有丝毫让步时，绵里藏针便是最好的方法了。

看准时机，以利相诱

所谓利害关系，是人生在世必须经历的重要问题。趋利避害，是人的一种本能。但是，世界上的事情复杂多变，利与害的分辨对许多人来说并不是很清晰，不是一下子就能辨别出来的。因此，无论是辩论也好，谈判也罢，都要能够紧紧抓住关键点，将事物发展中的各种矛盾具体地剖析，揭示事物发展的趋势走向，和对人的影响，晓之以理，动之以情，诱之以利，定能使对方心悦诚服，乖乖地让你牵着鼻子走。

子贡名叫端木赐，是春秋时期卫国人，是孔子众多弟子中，最能言善辩的一位。据《史记·仲尼弟子列传》记载，齐国的田常想要夺取王位，又畏惧高、国、鲍、晏四个家族的势力，于是想出兵攻打鲁国，以显示其力量。孔子听说了，便对弟子们说："鲁国是祖宗之地、父母之国，如此危急，你们怎么不去解围呢？"子路要去，孔子制止了。子张、子石想去，孔子也没同意。子贡请求去解鲁国之围，孔子立刻就答应了。

子贡到了齐国，就对田常说："鲁国守墙薄弱，地域又狭又小，国君愚蠢无仁德，大臣无用，士兵和百姓都厌恶征战，这样的国家不可与之交战。你不如去攻打吴国。吴国的城墙又高又厚，地域又宽又广，新制造的铠甲坚韧，兵卒士气高昂，又有精明的大臣坚守城池，这样的国家你才可以攻打。"

田常生气地说："你以'认为攻打困难的，正是别人认为容易的；认为攻打容易的，正是别人认为困难的'这样的道理教诲我，究竟安的是什么心呢？"

子贡说："我听说，忧惧在内部就要进攻强国，忧惧在外部就要进攻弱国，现在你的忧惧在内部。我听说你三次自封为王都没有成功，是因为大臣中有人反对。如今你想攻占鲁国来扩大齐国的领地，但是，战胜了鲁国就会使国君骄纵，带兵的大臣地位更尊贵，而你却一点功劳也没有，国君就与你渐渐疏远了。这样，你对上骄纵了国君的心欲，对下助长了群臣的势力，要想夺取王位就太困难了。国君骄纵就恣意横行，大臣骄纵就互相争斗，这样你上与国君不合，下与众臣交争，如此下去，你在齐国连立足之地都没有了。所以说不如伐吴，伐吴不胜，士卒战死于外，大臣空虚于内，上没有强臣为敌，下没有百姓阻挠，能把国君孤立起来，进而控制齐国大权的就只有你一个人了。"

田常说："好。但我已出兵伐鲁，再改道伐吴，大臣们怀疑我怎么办？"子贡说："你可以先按兵不动，我前往吴国，让他们救鲁，你就可以借机迎战吴国了。"子贡于是去见吴王。

见到吴王，子贡说："我听说，称王于天下的人不绝于世，称霸于诸侯的人没有强敌，就像用千钧之力去移动很轻的东西一样。拥有万乘战车的齐国去进攻只有千乘战车的鲁国，进而与吴国争强，我为大王的危机而担忧，大王不如去帮助鲁国。而且，救鲁能显威扬名，伐齐能得到实利。救鲁名义上是保护鲁国，实际上是削弱强大的齐国，明智的人是不会犹豫不决的。"

吴王说："好！我可以去救鲁。但我曾与越国交战，越王战败后，栖身会稽，刻苦图强，养精蓄锐，时刻想找我报仇。等我把越国征服了，我再去伐齐。"子贡说："越国的力量和鲁国不相上下，吴国的力量和齐国也差不多，大王放弃齐国而去攻打越国，等你征服了越国时，齐国早已把鲁国灭了。况且大王需要的是存亡继绝的威名，攻伐弱小的越国，而畏惧强大的齐国，不是英勇的行为。勇敢的人不回避困难，仁德的人不背弃盟约，明智的人不丧失良机，称王天下的人不绝于世，因为他们树立了正义。如今，保存越国向诸侯显示了您的仁德，救鲁伐齐，威慑晋国，诸侯就会一个跟着一个地来降服,霸王之业就成功了。如果大王认为越国是后顾之忧,我愿去见越王,让他跟随您出征,这名义上是随诸侯出征,实际上是使越国实力空乏。"吴王听了,非常高兴,便让子贡到越国去了。

越王到郊外迎接子贡,并亲自陪伴他到馆舍。问道:"我们这里是偏远的蛮夷之国,是什么重要的事劳烦大夫屈驾光临?"子贡说:"我曾说服吴王救鲁伐齐,他虽然愿意,却害怕越国乘机报复,说:'等我灭掉越国再去救鲁伐齐',这样看来,越国的灭亡是在劫难逃。况且,没有报复别人的想法,而遭到人家怀疑的人是愚拙的;有报复别人的想法却让人察觉,是注定要失败的;事情还没做就让人家知道了,是很危险的。这三者都是举事的祸端。"

越王顿首再拜,说:"我曾不自量力地与吴国交战,困于会稽,痛入骨髓,日夜忧虑,如能与吴王同归于尽,我也心甘情愿。"越王问子贡该怎么办。子贡说:"吴王为人狂暴,群臣苦不堪言,国家因战争频繁而疲累,士卒无法忍受,百姓怨恨国君,大臣内讧,伍子胥因劝谏吴王被杀害,宰相专权,为了个人的私利而怂恿国君持续犯错,这是亡国的做法。现在大王可以出兵帮助吴王实现救鲁伐齐的心愿,用贵重宝器讨得他的欢心,用谦卑的言辞尊崇他的礼仪,他一定会伐齐。吴国若战败了,是大王您的福气;吴国若战胜了,一定会再去攻打晋国。我愿意去见晋国国君,让他从北面进攻吴国,吴国的力量一定会被削弱。他的精锐士卒都在齐国,主要兵力又被晋国围困,大王您可以利用吴国疲惫的机会向吴国进攻,就一定能灭掉吴国。"越王听了十分高兴,频频颔首。

子贡北去晋国,对晋国国君说:"我听说,虑事不早下决心,就不能应付急剧的变化,用兵不先辨明情况就不能战胜敌人。现在齐国与吴国就要开战了,吴国若战败了,越国一定会乘机乱吴;吴国若战胜了,一定会乘机再来进攻晋国。"晋国国君听了,十分惊慌,问道:"那该怎么办呢?"子贡说:"准备好兵器,休养好士卒,等待迎敌。"晋国国君同意了。

子贡回到鲁国,坐等其变。吴王果然与齐战于艾陵,大败齐军。但吴军不归去,又兴兵北上,进逼晋国,与晋人战于黄池。吴、晋强力相争,吴兵大败。越王知道了，过江击吴，在离吴国都城七里远的地方驻扎下来。吴王闻讯，离晋南归，与越国战于五湖。三战不胜，城门失守，越王围困吴国王宫，杀死吴王夫差，三年后，越国称霸群雄。

子贡这些劝谏说服的方法就是采用晓以利害的矛盾分析法。只有针对问题具体分析，区别不同的对象，看清对方的需求，分析对方的矛盾和问题所在，才能把话说到对方的心坎上，让人接受，令人信服。

谈判时要注意的细节

很多人在谈判的时候，都是把注意力集中在大家都关注的大的问题上，很少关注一些不起眼的小细节，然而往往谈判的成败关键就在于这些微小的点上，它们就犹如巨大机器上的小螺丝钉，虽然渺小，但确实是推动机器运转的重要部分。那么，有哪些细节上的点是要我们在谈判中注意起来的呢？

1. 随机应变，对答如流

在与对方交谈的时候，要注意力集中，灵活地掌握谈话进程中的各种变化，在危机关头能够淡定自若地随机应变，将话讲得圆滑，讲得天衣无缝，在面对对方咄咄逼人的问题时，也能够机智地对答如流，使自己在谈话中能够轻松抽身而不是被对方的话语逼迫得哑口无言。

清朝乾隆年间，宁波天童寺有个当家和尚名圆智，能言善辩，远近闻名。

有一次，乾隆皇帝微服南下，来到宁波后，便独往天童寺来。圆智闻知此事，马上下到山脚，笑迎乾隆皇帝，并合十躬身轻声道："小僧天童寺住持圆智接驾来迟，万岁恕罪。"

乾隆听说此人就是有名的善言和尚圆智，想先给他一个"下马威"，便把面孔一板，厉声问道："你既知朕躬身到此，为何不率众僧，大开山门，跪接圣驾？你这轻轻一揖，莫非有意亵渎圣躬？该当何罪？"

圆智不慌不忙地说："小僧岂敢亵渎圣躬，只因这次圣上南巡，乃是微服私访。小僧要劳师动众，惟恐引起游人瞩目，有碍圣上安康，故独自一人在此恭候。"

乾隆听他说得合情合理，只好说："恕你无罪，前面带路便是。"一路上，乾隆又道："大和尚，今日朕躬身上山，你能不能拿我作个比方？"

圆智闻言，暗自思忖："这可不好比。要是比得不好，全部都得遭殃。"但他忽然脑子一转，笑着说："万岁爷上山，可有一比：好比佛爷带你登天，一步还比一步高。"乾隆一听，心里不大是滋味：圆智自比佛爷，占了自己的上风，但又无可指责，只好暂时作罢。

两人来到天王殿，只见弥勒佛喜眉笑眼地迎面而坐，乾隆的点子来了，便指着弥勒佛问圆智："请问大和尚，他为何而笑？"

圆智答道："启禀圣上：他是在笑贫僧命运乖蹇，身入空门，终日青灯木鱼，碌碌无为。"

乾隆一听，心中暗喜：这下子给我抓住把柄了，又问道："他也在对我笑，照你所言，他也在笑我碌碌无为了？"

圆智面对乾隆咄咄逼人的发问，不慌不忙地应答道："哪里哪里，佛爷对不同的人的笑有不同的意义。他对万岁爷迎面而笑，是笑您为万民操心，以国事为重，不像凡夫俗子，气量狭窄，笑里藏刀！"这一番话所指，乾隆心中自然明白，但却又无懈可击，不好发作。

乾隆离寺时，圆智送他下山。走到半山腰，乾隆想起上山之比，想再难为一下圆智，便说："我上山时，你说我一步还比一步高，现在我正在下山，你又该怎么说呢？"说完，得意地看着圆智，谁知圆智稍思片刻，即从容答道："如今好比如来佛带万岁下山，后头更比前头高啊！"

"啊！"乾隆一听，目瞪口呆。

在这里，圆智面对乾隆皇帝的"下马威"，过关斩将，应对自如，除了他才思敏捷之外，也与他善于根据需要变换角度而随机应变有直接的关系。

"横看成岭侧成峰，远近高低各不同。"在辩论中也一样，对同一个问题，选取的角度不同，得出的结果也不一样。从一个角度说不圆的事理，或许从另一个角度能把它说得令人信服、满意。这完全在于辩论者的灵活自如了。

2. 有些问题可将皮球反踢

有一些问题，我们的确不是很好回答，不管如何答，答案都会让对方抓到把柄，在这个时候，我们不妨有一种反问的方式，将对方的问题问回给对方。

美国一家电视台派人采访中国知青出身的著名作家梁晓声，待采访进行到最后收尾时，记者让摄影机停止拍摄，并对梁晓声说："下一个问题，希望您做到毫不迟疑地用最简短的字，例如'是'或'否'来回答。"梁晓声点头认可。

当摄影机再度开拍时，记者立刻将麦克风拿到梁晓声的嘴边，问："没有"文化大革命"，可能也不会产生你们这一代的青年作家，那么"文化大革命"在你看来，究竟是好还是坏？"

梁晓声略为一怔，没有料到对方竟会问这样的问题，但他立即镇静下来，随即反问道："没有第二次世界大战，你们就没有以描写第二次世界大战而著名的作家，那么你认为第二次世界大战是好还是坏呢？"美国记者当下不由得一怔，摄影机也立即停止拍摄。

1982年秋天，在美国洛杉矶召开的中美作家会议上，美国诗人艾伦·金斯伯格请中国作家蒋子龙解个"怪"谜："把一只5斤重的鸡放进一个只能装1斤水的瓶子里，您用什么办法把它拿出来？""您怎么放进去，我就怎么拿出来。"蒋子龙微笑道。

再如，1972年5月，美国和苏联举行高峰会谈。27日凌晨一时，美国国家安全事务特别助理季辛吉在莫斯科的一家旅馆里，向随行的美国记者团介绍美苏关于签署限制战略武器的四个协定会谈情况。季辛吉微笑着透露说："苏联生产导弹的速度，大约是每年250枚。各位先生，如果在这里我被当成间谍抓起来，我们知道都得怪谁。"这时，无孔不入的美国记者马上敏捷地接过话头，想探问美国的军事秘密："我们的情况呢？我们美国有多少潜艇导弹正在配置分导式多弹头？"

季辛吉耸耸肩膀说："我不确切知道正在配置的分导式多弹头有多少。至于潜艇，我的苦处是，数目我是知道的，但我不知道它们是否是保密的。"

记者说:"不是保密的。"

于是季辛吉反问道:"不是保密的吗?那么请你告诉我是多少呢?"

那位记者顿时傻了,只得嘿嘿一笑了之。

在这里,季辛吉想避开记者的追问,佯装不知道潜艇数字是否保密,他似乎是在迎上前去暗示记者:如果不属于保密之列,将公诸新闻界。急于抢新闻、争时效的记者不知是计,连忙告知:"不是保密的。"他们以为这样一来,季辛吉便会和盘托出。岂料季辛吉放的是"烟幕弹",烟幕一过,他便留给记者一个难题:既然你们说是不保密的,那就是公开的了,既然人所共知,那么就让消息灵通的记者自己来回答这个众所周知的数字吧!当记者为这个突然来临的"难题"傻笑时,季辛吉轻而易举地脱身了。

有些人专门把掌握所谓的"秘密"作为自己的乐趣。特别是一些记者,常常在记者招待会上,通过向官方人员提出问题,来证实自己的猜测和社会上的流言蜚语,有时甚至提出一些众所周知的问题,通过你的口来证明点什么,这时你可采用皮球反踢、回锋逆转的方法,将踢来的球毫不费劲地顺势踢回,不过回答时要准确无误,无懈可击。当球回转到对方脚前,对方已很难再发起攻势了。

3. 进攻时要出其不意

当我们要准备大规模的向对方的论点进攻的时候,要出其不意而不是当前后做好铺垫后再进行进攻,那样会让对方有机会准备反击,将我们的进攻击破,因此我们要做的就是趁其不备的时候,用有力的论证一举将对方的观点击退,让对方防不胜防。

一次,有两个人上法庭打官司。其中一人说另一人欠他许多黄金,另一人硬是不承认,坚持说:"我是第一次见到他,从来没有向他借过金子。"

"你要他还的黄金,当时是在什么地方给他的?"法官问原告。

"在离城不远的一棵树下。"原告说。

"你再去一趟,把那棵树上的叶子带两片回来,我要把树叶当见证人来审问,树叶将会告诉我实情。"法官提出这样一个奇怪的建议。

原告便动身去摘树叶,至于那个大喊冤枉的被告则留在法庭上。法官没有和他谈话而转过头审理别的案子，这位被告在一旁无所事事，于是津津有味地看起法官审案来。正当一个案子审到高潮时，法官突然回过头来轻声问他："依你看，他现在走到那棵树了没有？"

"依我看，还有一段路呢。"

"既然你没跟他去过那儿，你怎么会知道还有一段路呢？"法官立刻抓住他的话柄质问起来。

被告这才知道自己露了馅，不得不承认自己的确诈骗对方。

在这里，法官用的是由远至近之术，他不问被告是否知道那棵大树，而是故意让原告去找树叶，接着又去审理别的案子，并把被告放在一边，待他松懈之后，再用看似轻描淡写的一问，使对方在没有准备的情况下说出了实情，法官再抓住其回答与原先供词相矛盾的漏洞，乘胜追问，使得其不得不承认罪行。

由远至近、由此及彼，是论辩术中常用的技巧，就有如剥洋葱一样，层层剥开后攻其核心，对方就不会再有反驳的余地。

由远至近的论辩方法是一个推理过程，使用此技巧时要注意：

一是不要过早地暴露目标，以防对手有心理准备；

二是一开始的话题要隐蔽得有分寸，不能"隐"得太深，且更不能与主题离得太远，要注意与主题的联系；

三是要注意论辩推理过程的逻辑性。

4. 攻心之法为上选

兵法上言，"心战为上，兵战为下"，意思是"攻心"才是真正的上策。论辩犹如用兵，也要注重心理战术，论辩中的"攻心为上"就是揣度对方心理，注意论辩对策的合理性和合意性，使对方心理发生变化，就能成功瓦解对方的斗志。

二次大战时，丘吉尔于1941年圣诞节前去了美国，希望说服美国人和英国人联盟，立即对德宣战，以扭转英国所面临的危机。可是当时不少美国人对英国人不抱好感，反对介入对德战争，这无疑给丘吉尔的说服工作增加了许多困难。但丘吉尔不愧是著名的论辩家，他在进行说服工作时十分注意攻心技巧的运用，用情感来打动美国人的心，化解了他们对立的情绪，把英国人当作"自己人"，从而转变了态度，支持政府援助英国，参加对德作战。

丘吉尔说："我远离祖国，远离家园，在这里欢度这一年一度的佳节，但我并不觉得寂寞孤独。或许是因为我母亲的血缘关系，或许是因为我在这里得到的许多友谊，让我根本不觉得自己是个外来者。我们的人民和你们讲着同样的语言，有着同样的宗教信仰，追求着同样的理想。我感受到的是一种和谐的、亲密无间的气氛。

"此时此刻，在一片战争的混乱中，今晚，在每一颗宽容无私的心灵中都得到了灵魂的平安。因此，至少我们可以在今晚，把那些困扰我们的各种担心和危险搁置一边，并在这个充满风暴的世界里，为我们的孩子准备一个幸福的夜晚。那么，此时此刻，在今天这个夜晚，世界上讲英语的每个家庭都应该是一个有阳光普照、幸福和平的小岛。"

丘吉尔从两国人民间共同的语言、共同的宗教信仰、共同的理想及长期的友谊切入，将这些共同点作为彼此相信、相互了解的基础，并把它提出来，用讲英语的家庭都应过一个和平安详的圣诞节这样的话语，打动了无数美国人的心，使他们改变反战立场转而与英国结盟。

林肯也擅长巧妙地运用攻心为上之术，他曾经说过："不论人们如何仇视我，只要他们肯给我一个说话的机会，我就可以说服他们。"他之所以如此自信，就在于将别人和自己之间的心理距离拉近，使之由仇视变为好感。下面是他在竞选总统的演说中争取民众、化仇恨为好感的一个例子：

"南伊里诺斯州的同乡们，肯塔基州的同乡们，密罗里州的同乡们，听说在场的人群中，有些人想和我为难，我实在不明白为什么要这样做，因为我也是一个和你们一样爽直的平民。为什么我不能和你们一样有着发表意见的权利呢？亲爱的朋友，我并不是来干涉你们的人，我也是你们中间的一分子，我生于肯塔基州，长于伊里诺斯州，和你们一样是从艰苦的环境中挣扎出来的。我了解南伊里诺斯州和肯塔基州的人，我也了解密罗里州的人，因为我是你们中间的一分子。而你们也应该更清楚地认识我。如果你们真的认识我了，你们就会了解我，知道我不会做对你们不利的事。同乡们，请不要做蠢事,让我们以友好的态度交往。我立志做一个世界上最谦和的人,绝不会损害任何人,也绝不会干涉任何人。我现在对你们诚恳要求的,只是请求你们允许我说几句话。你们是勇敢而豪爽的,我想这一点要求,不会遭到拒绝。现在让我们诚恳地讨论这个严重的问题吧……"

攻心为上技巧的运用,在林肯竞选总统成功中具有重要作用。他以朴实而富有情感的话语击败了用语华美、口若悬河的对手道格拉斯,赢得了亿万选民的心,原来竭力反对他的那些州的选民,在听了他的竞选论辩后,也为其真情所感动,转而投票给他。

谈判中如何应对不合理要求

在谈判中往往会遇到一种情况,那就是面对突如其来的某个提问和不合理的要求,顿时有种束手无策、无以对答的感觉。这时,如果随机应变,运用逆反思维等方法进行巧妙解说,不但能有效地拒绝对方的无理要求,还可以使结论奇迹般地发生变化。

谈判是满足双方需要的利己合作过程。在这个过程中,由于每个人的需要不同,因而会呈现不同的行为表现。有的人喜欢在谈判中以战取胜,而有的人强烈希望被喜欢,获得别人的赞赏。前一种人太好战,在谈判中很难与人合作,后一种人由于希望被人喜欢而不敢面对现实的冲突,是不善于拒绝的人。在商务谈判中,要采取对立的立场,或者拒绝对方,并不是一件容易的事情。如果你掌握在适当的时候表示拒绝,你的谈判条件将会立刻增加。

20世纪80年代中期,美国有100多家中小银行倒闭,其中许多家倒闭的原因就是因为没有拒绝一些"不良贷款"。

关于谈判之道,一位专家曾这样说:"一个老谋深算的人应该对任何人都不说威胁之词,不发辱骂之言,因为二者都不能削弱敌手的力量。威胁会使他们更加谨慎,使谈判更艰难;辱骂会增加他们的怨恨,并使他们耿耿于怀地说话伤害你。"

当谈判出现阻碍，需要表明自己立场的时候，不要指责对方，而要说："在目前的情况下，我们最多只能做到这一步了。"如果这时你可以就某点作出妥协，你还可以说："我认为，如果我们能妥善解决那个问题，那么，这个问题就不会有多大的麻烦。"既维护了自己的立场，又暗示了变通的可能。在这里用的词都是"我""我们"，而不宜使用"你""你们"。

上海一家商场由于进了大量的空调，在夏天最热的阶段过去之后仍有不少存货。如果这批空调不处理掉，将使资金积压，流动资金变成死钱，影响商场效益。这家商场做出决定，每台空调售价不得低于3200元，多卖多得，少卖由推销员贴补，并且商场每个人必须推销10台。其中一个叫刘海的推销员挨家挨户推销，后来遇到一个名叫黄石的买主。刘海向黄石介绍了空调的优点，比如，该产品是最新产品，噪音低，能够安放在客厅，并且不用换电表……

黄石静静听了刘海的介绍后，对空调进行了试机和看样，然后针对刘海所介绍的优点说："这种空调是有不少优点。但是，由于它是新产品，质量是否可靠，性能是否可靠都很难说，虽然噪音低，但比日本东芝的噪音大多了。我家有老人，噪音大会影响休息。虽然不用换电表，但我们住的是旧房，线路负荷已够大的了，若再用这么大功率的空调，将会有更多的麻烦。天气已开始降温，说不定不会再有高温了。如果买了不用，半年的保修期很快就过去了，等于没有保修。"经过这一番吹毛求疵的挑剔，刘海只得降低售价。黄石吹毛求疵的语言应变技巧和策略运用得十分成功。

无数事实证明，这种挑剔性的语言应变技巧不仅是行得通的，而且是富有成效的，因为它可以动摇对方的自信心。需要注意的是，包括机智应变语言技巧在内的任何谈判语言技巧的运用，都是有一定限度的，因此，不能过于苛刻，漫无边际，不能与通行的做法和惯例相距太远，否则，会被人认为没有诚意而受到损失。

第11章
商务口才与技巧

如何获得客户的信任

客户对商品、商店、销售的信任感对他们的购买行为有很大影响,而这种信任感又常常取决于销售人员的语言。销售人员不能老是看着商品自说自话,不能总把自己和顾客限于买卖关系之中,而应着眼于人际关系的多重性,以不同的身份来和客户说话。

首先,要以服务员的身份说话。

售货员和顾客不单是买卖关系,更是服务与被服务的关系。售货员不单要向顾客提供商品,更要提供服务,不能让顾客"花钱买气受"。当售货员以服务员的身份说话时,应该注意敬语和委婉语的使用。售货员的一声"您好!""谢谢!""再见!"常常能获得顾客的好感,沟通对方的感情,促成买卖。对顾客的生理缺陷和忌讳都应用委婉语,不要直说。如不要说:"您太胖了,不能穿这件衣服。"另外,要善于接纳顾客的意见。顾客购物时,总是要追求两个目的:既要价廉,又求物美,当两者不能统一时,他就可能提出看法。这时售货员不要以辩论的口气去反驳,和顾客形成对立,而应当先接纳顾客的意见,然后再舍一端,取另一端,加以说明。

比如,顾客说:"哎呀,怎么这样薄,恐怕不结实。"这时不要说:"谁说的？怎么不结实？您难道连这点眼力都没有？"而不妨接纳顾客的意见，然后舍去"物美"不谈，只在"价廉"上做文章："是呀，薄是薄了点，但便宜呀；再说现在穿衣服，只要穿一两年，就要换新样式，用不着太结实。"这样说，表示尊重顾客的意见，肯定其判断力，消除顾客的对立心理，进而说明自己的意见，显得可信可服。

同样，如果顾客对"价廉"提出质问，售货员就应舍弃"价廉"而只谈"物美"。如顾客问："怎么这么贵？"如果答"嫌贵就别买"或"这还贵呀，那种更贵呢"，这样就会引起顾客的反感，打消买此物品的念头。要是说："贵是贵了点，但您看这质量、这样式，一等品。花钱还不就是买个地道货，您说是不是？"这样就使顾客感到此物确实值得买。

其次，要以权威的身份说话。

在买卖过程中，顾客对售货员怀有双重心理：一方面有戒备心，怕售货员是王老二卖瓜，自卖自夸，甚至怕被欺骗；另一方面又有信任感，认为售货员懂商品，又懂行情。售货员应针对顾客的信任心理，以权威的身份说话。比如顾客经过一番挑选后，常会问："请问，我是买红的好呢？还是买绿的好？"这时售货员就应根据自己的判断确定一种："红的好。红的配您的肤色最适宜，再说很多人都买这种。"这就坚定了顾客的信心，促成了买卖。

最后，以朋友的身份说话。

以朋友的身份说话就要避免"公事公办"的面孔。在这里，回答问题要尽量避免否定式，多用肯定式。如顾客问："有青岛啤酒吗？""没有。"回答得硬邦邦，一下就拉大了与顾客的心理距离。如改用肯定式，"对不起，现在只有北京啤酒"就好多了。

除此之外，还可互换角色，使两者关系更接近些。如顾客想买而又犹豫时，售货员可说："假如我是您，我就买。因为……"售货员的这种互换方法，容易被接受。

敲开陌生客户的心扉

很多销售人员在拜访新客户的时候成功率都会比预期的低,甚至会低于正常水平。最主要的原因就是没有注意沟通的方式,例如询问,有技巧的询问在拜访新客户时显得至关重要。因为询问可以让你在短短几分钟时间,快速了解一个新客户的实际需求,他们过去购买产品的经验,以及他们现在需要找什么新牌子或产品等,这些重要信息都有助于一个销售人员制定、修改自己的谈判策略,提高拜访新客户的成功率。

遗憾的是,这个问题目前没有得到人们足够的重视,不仅业务新人普遍出现这个问题,一些工作很多年的"老"业务员甚至一些企业的销售经理也是如此。他们出现的问题,常见有两种:一种是还没有掌握一个陌生客户的实际需求之前,就开始莽撞地谈业务,谈判策略自然缺乏针对性,效率可想而知!另一种是在试图了解陌生客户的一些信息时,询问方式不对,导致无法获得需要的重要信息,因此,也就无法制定和调整谈判策略,失败的概率当然也很高。

以上不管是哪一种原因,都关系到一个相同的问题,就是业务员如何拜访陌生客户,特别是拜访时要如何向对方巧妙询问以了解对方。业务员只有真正掌握了这方面的知识,并在实际工作中熟练应用,才能切实提高自己的业务水平和能力!

业务员必须明确在拜访陌生客户时,需要了解对方什么信息,这样才能为如何设计询问方式提供方向。当你在面对一个陌生客户时,无外乎需要了解以下内容:

1. 受访者个人情况

适当地了解对方的一些个人情况,有助于你选择正确的方式来跟对方建立人际关系。如对方是业务主管或是公司老板,你跟他的谈判方式和重点就自然不一样了。

2. 受访者公司概况

了解客户公司的一些基本情况（如成立时间、历史、股东、经营理念、网络、经营品牌以及经销业绩等），有助于你评估客户的资源是否适合你公司的代理要求，以及双方是否具有长远的战略合作的可能。

3. 代理什么品牌

如果客户过去有代理类似产品，了解他们过去的代理经验，有助于理解客户再接新品时究竟想要什么，不想要什么。

4. 接新品的动机和思路

询问对方接新品的动机和想法，有助于你进一步评估双方合作的可能性，以及制定非常具有针对性的谈判策略。

业务员在向客户了解上述内容的同时，还要懂得把握发问的主动权和询问的时机。一些业务员在接陌生客户电话或者拜访陌生客户时，经常被对方"反客为主"：客户对自己公司的一切情况包括合作条件等，都了解清楚了，业务员还不知道对方公司的主要业务是什么，以及有关合作的真实想法和实际需求等。

因此，为了避免这种情况发生，业务员要善于把握发问的主动权，在完全掌握对方的信息之前，如果对方欲了解详细的合作细节，业务员则要避免谈及细节，可"粗线条"的敷衍几句，然后在回答的时候话锋一转继续向对方发问。

因为只有在对方不了解你的情况下，你向他了解的信息才是比较真实的。一旦对方先行掌握了你的情况，你向他发问时，他的回答往往具有一定程度的选择性和欺骗性。所以业务员在进行实践时，不但要先了解清楚陌生客户的相关信息，还要注意获取信息的时机，否则容易被虚假信息误导，失去实践价值。如业务员在刚接触对方时，可以利用简单的寒暄时间获取对方的信息。

（1）拜访陌生客户时先问好，主动询问对方贵姓和职务，同时主动交换名片。

业务员："您好，请问您是张总吗？"

客户："你好，不好意思，你找的张总正在忙，所以我来先和你谈一下！我是公司的销售经理，我姓刘。"

业务员："您好，刘经理，很高兴认识您！这是我的名片，以后要多向您请教！"

刘经理："不客气，我们先到那边坐一下，先互相了解一下再说……"

（2）接陌生客户电话时先问好，主动询问对方的姓名、公司名称和职务，所在地区，联系电话，现在主要代理什么品牌等。

业务员："您好，请问您贵姓？您是在哪个地区？"

客户："你好，我姓刘，我在北京。"

业务员："刘先生您好，请问您是北京哪个公司？主要做什么业务？怎么称呼您？"

客户："我们是北京××化妆品销售有限公司，我是公司的销售经理，我们主要做几个化妆品厂家在你们那里的总代理。"

业务员："你好，刘经理，很高兴接到您的电话，也很高兴认识您！我去过北京，不知贵公司主要代理什么牌子？"

刘经理："不客气，我们主要代理两个牌子，一个是广州的××，一个是上海的××。"

业务员："哦，那你们现在北京操作的怎么样？主要在什么渠道进行销售？"

刘经理："还不错，主要做专卖店渠道，商场专柜也做，商场主要是做个形象宣传。"

业务员："哦，你们一般在什么类型的专卖店铺货？有上促销吗？在商场有做几个专柜？"

刘经理："就是有一定档次的品牌化妆品专业店，前期3个月要上促销，但是厂家要有物料支持。我们在5个商场有做专柜。"

业务员："太好了，操作方式和我们公司很接近……"

当然，询问是有技巧的，任何时候不太可能与上面说的案例一模一样。

所以在向陌生客户发问时，还要注意发问的方式。目前在营销界运用比较普遍的询问形式主要有两种：开放式和封闭式发问。

第一，开放式询问示范。

开放式的询问方法又分为"直接询问"和"间接询问"，一般适合在跟客户刚开始接触，话题不多时使用这种方式，可以引出很多对业务员有利的话题和信息，也不至于冷场。

例如：想了解客户代理了什么品牌。

直接询问：贵公司现在代理什么品牌？

间接询问：不知道你们的业务倾向于什么渠道，你们目前代理的牌子是什么？

例如：想了解对方对自己公司产品的看法。

直接询问：您怎么看我们公司的产品？

间接询问：我们公司的产品的主要特点就是比较有"卖点"，很多客户都有这种看法，您怎么看？

通过这种提问方式，可以非常有效地获取对方的真实想法，业务员可以根据对方的回答把握住对方的兴趣点和关注点，在展开谈判时就比较有针对性了。

第二，封闭式询问示范。

当你无法对客户的意图做出准确判断时，这时你需要用到这种方式来获取对方的最终想法。比如是或否的提问方式，比如二选一的提问方式。切记在刚开始时不要采用这种发问方式，因为这种发问的回答很简单，容易导致没有话题而冷场。

关于"是否"的询问：

例1："您近期是否有接新品的打算？"

例2："您是否认为厂家的货款可以月结很重要？"

"二择一"的询问：

有如一个经典的小故事"您需要一个鸡蛋还是两个鸡蛋？"一样，这种发问方式是类似的。

例1:"你们找新品是注重厂家的人员支持还是货款的结算方式?"

例2:"既然这样,那么,我们是明天晚上见,还是后天晚上见面再谈一次?"

以上为两种询问方式的举例,业务员在刚开场要避免冷场时,要以使用"开放式"的发问方式为主,当对对方的某个意图难以判断时,即可使用"封闭式"的发问方式。值得注意的是,在业务实践中,这些方式是需要灵活贯通的,不能教条式的使用!

业务员可以根据自己的需要作灵活的准备。只有掌握了陌生客户的这些信息,业务员的谈判才能"有的放矢",才能针对客户的兴趣点和关注点进行"精确打击"。这样,陌生的客户也将不再陌生。

你必须掌握的开场白

销售人员与准客户交谈之前,需要好的开场白。开场白的好坏,可以决定这一次拜访的成败,换言之,好的开场白,就是销售人员成功的一半。以下就是销售高手常用的几种极具创造性的开场白。

1. 金钱

几乎所有的人都对钱感兴趣,省钱和赚钱的方法很容易引起客户的兴趣。例如:

"何经理,我是来告诉您贵公司节省一半电费的方法的。"

"刘厂长,我们的机器比您目前的机器速度快、耗电少、更精确,能降低您的生产成本。"

"李先生,您愿意每年在生产上节约5万元吗?"

2. 真诚的赞美

每个人都喜欢听到好听话,客户也不例外。因此,赞美就成为接近顾客的好方法。

赞美准顾客必须要找出别人可能忽略的特点，而让准顾客知道你的话是真诚的。赞美的话若不真诚，就成为拍马屁，这样效果当然不会好。

赞美比拍马屁难，它要先经过思索，不但要有诚意，而且要选定既定的目标与诚意。

"王总，您这办公室真漂亮。"这句话听起来像拍马屁。"王总，您这办公室的布置陈设真别致。"这句话就是赞美了。

下面是两个赞美客户的开场白实例：

"刘经理，我听您的朋友小张说，跟您做生意最痛快不过了。他夸赞您是一位热心爽快的人。"

"恭喜您啊，李总，我刚在报纸上看到您的消息，祝贺您的公司已经成功上市。"

3. 利用好奇心

现代心理学表明，好奇是人类行为的基本动机之一。美国杰克逊州立大学刘安彦教授说："探索与好奇，似乎是一般人的天性，对于神秘奥妙的事物，往往是大家所熟悉关心的注目对象。"那些顾客不熟悉、不了解、不知道的或与众不同的东西，往往会引起人们的注意，推销员可以利用人人皆有的好奇心来引起顾客的注意。

一位推销员对顾客说："老李，您知道世界上最懒的东西是什么吗？"顾客感到迷惑，但也很好奇。这位推销员继续说："就是您藏起来不用的钱。它们本来可以购买我们的空调，让您度过一个凉爽的夏天。"

某地毯推销员对顾客说："每天只花一角六分钱就可以使您的卧室铺上地毯。"顾客对此感到惊奇，推销员接着讲道："您卧室12平方米，我厂地毯价格每平方米为24.8元，这样需297.6元。我厂地毯可铺用5年，每年365天，这样平均每天的花费只有一角六分钱。"

推销员制造神秘气氛，引起对方的好奇，然后，在解答疑问时，很巧妙地把产品介绍给顾客。

4. 提及有影响的第三人

告诉顾客，是第三者要你来找他的。这是一种迂回战术，因为每个人都

有"不看僧面看佛面"的心理,所以,大多数人对亲友介绍来的推销员都很客气。例如:

"何先生,您的好友张先生要我来找您,他认为您可能对我们的服务感兴趣,因为,这些产品为他的公司带来很多好处与方便。"

打着别人的旗号来推介自己的方法,虽然很管用,但要注意,一定要确有其人其事,绝不可以自己杜撰,要不然,顾客一旦查对起来,就要露出马脚了。

为了取信顾客,若能出示引荐人的名片或介绍信,效果更佳。

5. 举著名的公司或人为例

人们的购买行为常常受到其他人的影响,推销员若能把握顾客这层心理,好好地利用,一定会收到很好的效果。

"何经理,××公司的张总采纳了我们的建议后,公司的营业状况大有起色。"

举著名的公司或人为例,可以壮自己的声势,特别是,如果您举的例子,正好是顾客所景仰或性质相同的企业时,效果就会更显著。

6. 提出问题

推销员直接向顾客提出问题,利用所提的问题来引起顾客的注意和兴趣。例如:

"何经理,您认为影响贵公司产品质量的主要因素是什么?"产品质量自然是领导最关心的问题之一,推销员这么一问,无疑将引导对方逐步深入交谈。

在运用这一技巧时应注意,推销员所提问题,应是对方最关心的问题,提问必须明确具体,不可言语不清楚、模棱两可,否则,很难引起顾客的注意。

7. 向顾客提供信息

推销员向顾客提供一些对顾客有帮助的信息,如市场行情、新技术、新产品知识等,会引起顾客的注意。这就要求推销员能站到顾客的立场上,为顾客着想,尽量阅读报刊,掌握市场动态,充实自己的知识,把自己训练成这一行业的专家。顾客或许对推销员应付了事,可是对专家则是非常尊重的。

如你对顾客说:"我在某某刊物上看到一项新的技术发明,觉得对贵厂很有用。"

推销员为顾客提供了信息,关心了顾客的利益,也获得了顾客的尊敬与好感。

8. 表演展示

推销员利用各种戏剧性的动作来展示产品的特点,是最能引起顾客的注意的。

一位消防用品推销员见到顾客后,并不急于开口说话,而是从提包里拿出一件防火衣,将其装入一个大纸袋,旋即用火点燃纸袋,等纸袋烧完后,里面的衣服仍然完好无损。这一戏剧性的表演,使顾客产生了极大的兴趣。卖高级领带的售货员只是用语言说"这是金钟牌高级领带",这没什么效果,但是,如果把领带揉成一团,再轻易地拉平,说"这是金钟牌高级领带",就能给人留下深刻的印象。

9. 利用产品

推销员利用所推销的产品来引起顾客的注意和兴趣。这种方法的最大特点就是让产品作自我介绍,用产品的魅力来吸引顾客。

河南省一乡镇企业厂长把该厂生产的设计新颖、做工考究的皮鞋放到郑州华联商厦经理办公桌上时,经理不禁眼睛一亮,问:"哪产的?多少钱一双?"广州表壳厂的推销员到上海手表三厂去推销,他们准备了一个产品箱,里面放上制作精美、琳琅满目的新产品,进门后不说太多的话,把箱子打开,一下子就吸引住了顾客。

10. 向顾客求教

推销员利用向顾客请教问题的方法来引起顾客注意。

有些人好为人师,总喜欢指导、教育别人,或显示自己。推销员有意找一些不懂的问题,或不懂装懂地向顾客请教。一般顾客是不会拒绝虚心讨教的推销员的。例如:

"王总,在计算机方面您可是专家。这是我公司研制的新型电脑,请您指导,看看在设计方面还存在什么问题?"受到这番抬举,对方就会接过电脑资料信手翻翻，一旦被电脑先进的技术性能所吸引，推销便大功告成。

11. 强调与众不同

推销员要力图创造新的推销方法与推销风格，用新奇的方法来引起顾客的注意。日本一位人寿保险推销员，在名片上印着"76600"的数字，顾客感到奇怪，就问："这个数字什么意思？"推销员反问道："您一生中会吃多少顿饭？"几乎没有一个顾客能答得出来，推销员接着说："76600顿吗？假定退休年龄是55岁，按照日本人的平均寿命计算，您还剩下19年的饭，即20805顿……"这位推销员用一个新奇的名片吸引了顾客的注意力。

12. 利用赠品

每个人都有贪小便宜的心理，赠品就是利用人类的这种心理进行推销。很少有人会拒绝免费的东西，用赠品作敲门砖，既新鲜又实用。

当代世界最富权威的推销专家戈德曼博士强调，在面对面的推销中，说好第一句话是十分重要的。顾客听第一句话要比听以后的话认真得多。听完第一句话，许多顾客就自觉不自觉地决定是尽快打发推销员走还是继续谈下去。因此，推销员要尽快抓住顾客的注意力，才能保证推销访问的顺利进行。

如何吸引顾客的购买兴趣

销售人员开发一个新的客户是一件很艰难的事情，在对待每一个客户的时候，都要抱着非常诚恳的态度，用我们的各种销售方式，慢慢引导客户对我们所销售的产品产生购买的兴趣，最终能够购买产品，使我们的销售完成。

1. 意向引导成交法

如果顾客有心买，只是认为商品的价格超出了自己预定的水平。这时，你只要向他们进行"意向引导"，一般都能使洽谈顺利地进行下去。

"意向引导"在买卖交易中的作用很大，它能使顾客转移脑中所考虑的对象，产生一种想象。这样，就使顾客在买东西的过程中，变得特别积极，在他们心中也产生一种希望交易尽早成交的愿望。

"意向引导"是一种催化剂，一种语言"催化剂"。化学当中的催化剂能使化学反应速度迅速增快，同样，在顾客交易中，卖家使用催化剂也能使顾客受到很大影响。

"意向引导"的所有行动都是你安排的，但在顾客看来，一切都是按照自己设想的发展，一直到交易成功之后，他都以为自己占了便宜。

推销员在开始进行推销时，一开始就要做好充分的准备，向顾客做有意识的肯定的暗示，使他们从一开始就走进你的"圈套"。例如：

"您的客厅如果使用我们公司的装饰材料，一定会满屋生辉，可以说，必定是这附近最漂亮的房子之一！"

"我们公司目前正在进行一项新的投资计划，如果您现在进行一笔小小的投资，过几年之后，您的那笔资金足够供您的孩子上大学。到那时，您再也不必为您孩子的学杂费发愁了。现在上大学都需要那么高的费用，再过几年，更是不可想象。您说，那时会怎么样呢？"

"现在，市场不景气，经济衰退，如果您在这时候买下我们公司的产品，保证您在经济好转之后，能赚到一大笔钱！"

当然，你对他们进行了如上的种种暗示之后，必须给他们一定的时间去考虑，不可急于求成。要让你的种种暗示渗透于他们心中，使他们的潜意识接受你的暗示。

只要推销员一开始就运用这种方式，给顾客各种各样的"意向"，就会使他们对于购买你的产品产生一种积极的态度。当买卖深入到实质性阶段时，他们有可能对你的暗示加以考虑，但不会十分仔细，一旦你再对他的购买意愿进行试探时，他们会再度考虑你的暗示，坚信自己的购买意图。

顾客进行讨价还价，会使你们之间洽谈的时间加长，在填写订购单时，又会花一些时间，这些烦琐的小事使得顾客不知不觉地认为你的种种"意向"是他自己所发现的，而不知这是你对他们运用的推销技巧。这时，推销员必须耐心、热情地和他们进行商谈，直到买卖成交。

2. 步步为营成交法

这种方法的技巧就是牢牢掌握顾客所说过的话,来促使洽谈成功。

比如,有一顾客这么说:"我希望拥有一个风景优美的住处,有山有水。而这里好像不具备这种条件。"

那么,你可马上接着他的话说:"假如我推荐另外一处山清水秀的地方,并且以相同的价格提供给您,您买不买?"

这是一种将计就计的方式,这种谈话模式对推销有很大好处。就上面一段话,顾客是否真的想拥有一个山清水秀的住处姑且不管,你抓住他所说的话而大做文章,给他提供一个符合他条件的地方,这时,他事先说过的话就不好反悔了,否则就会感到十分难堪。

3. 用途示范成交法

亲自将商品的用途进行演示,会使顾客获得一种安稳的感觉,增强他们对商品的信任感。

一位顾客想买车,推销员对他说:"这种型号的车,采用了德国进口的发动机、高级弹簧和合金材料,并且大部分零件也是大众公司提供的。起动快,耗油量少,并且最为得意之处就是开起来特别舒服。"然后,你让顾客坐进车内,让他自己去试开一下,接着说:"价格很便宜。可以说,同一类型的轿车中没有这么便宜的。怎么样?"

这时,顾客一方面被你说得早已心动,另一方面又亲自体验了这辆车的特点,也就不会再犹豫而与你签下订购单。

化解与顾客的矛盾

销售人员整天与不同的人打交道,产生矛盾也是无法避免的。如果销售人员不注意化解矛盾的方法和技巧,那么就会加深与客户的矛盾,销售人员的形象和企业的信誉就会受到影响,显然这不利于销售工作。所以只有讲究交谈交际的艺术,才能化解矛盾,变不利因素为有利因素。

作为推销人员,应注意分析产生矛盾的原因,对待顾客的意见应做具体的分析,区别对待。顾客的抱怨中有的主要是卖方的责任,如质量不过关,销售人员态度不好,售后服务不周等;也有的主要是买方本身的原因,如商品的使用不当,对商品带有某种偏见,甚至是别有用心的借口等。不管是哪种原因,作为推销人员应有容纳不同意见的胸怀,不要与顾客辩论,更不能与顾客争吵。推销不宜争辩,许多情况下,推销人员和顾客发生矛盾是因为推销员不等顾客把意见说完,就加以辩护,这等于给顾客心里火上浇油,争执就难以避免。

所以,要化解矛盾,首先要选择好答复处理顾客意见的时机。比如说,对顾客提出的一些疑问和正确的批评意见,推销人员便可以当即给予必要的和尽可能让顾客满意的答复,这样便立即化解了矛盾,尽快扫除了成交中的障碍,确保推销的顺利进行。其次对那些不能给顾客满意的回答,回答会惹顾客生气,或马上答复会对你阐述的推销观点产生不利影响,销售人员最好不要马上答复辩解,等顾客气消后或帮助顾客解决问题后,再来阐明原因和道理为宜。

处理顾客的意见,化解矛盾,最不宜针尖对麦芒地与顾客进行辩论,甚至争论不休,这样往往会把自己与顾客的关系推向对立的纯买卖关系或敌对关系,不仅会使生意卡壳,还会伤害对方的自尊心,引起对方的抱怨和愤慨,企业就无法实现长远效益。当然,推销中不宜辩论,并不排除销售员在必要时所应进行的解答、解释和说明,关键在于应把立足点放在达成互利的成交协议上,要善于平等、友好地沟通进而相互理解、信任,与顾客一起分析其原因和争取相应的解决措施。如不是自身或商品的问题,听完顾客的意见后,推销员也不要马上辩解,如确系自身或商品的问题,那么就应先向顾客道歉致谢,并表示愿意赔偿顾客的经济损失和尽快改进的诚意。如果是由于顾客的责任而发生的误会,也千万不要正面责备顾客,如说:"先生,您有没有搞错,我们怎会生产这种产品?"这样会引起顾客的对抗心理,而是要采用顾客容易接受的诚恳态度婉转地进行解释。

与不同顾客打交道

在这个世界上，人很多，不同的人有不同的性格，不同的人有不同的处事方式和生活朋友圈，我们在和别人打交道的时候，会遇到形形色色的人，有的人能言善道，有的人斤斤计较，有的人不善交际，有的人心思深远心机深厚。我们在销售工作中，也同样会遇到不同类型的客户，有很容易打交道的，也有很难缠不讲理的，我们要学会与不同的客户打交道，让不同类型的客户都能够接受我们的产品。

1. 对沉默寡言的人

有些人话比较少，只是问一句说一句，这不要紧，即使对方反应迟钝也没什么关系，对这种人最好该说多少就说多少。那些不太随和的人说话也是有一句说一句，所以反而更容易成为忠实的顾客。

2. 对喜欢炫耀的人

有些人好大喜功，老是喜欢把"我如何如何"挂在嘴上，这样的人最爱听恭维、称赞的话，要是对普通的人称赞五次就足够了，对这种人则应至少称赞十次以上。

3. 对令人讨厌的人

有些人的确令人难以忍受，他好像只会说带有敌意的话，似乎他生活的唯一目标、唯一乐趣就是挖苦他人、贬低他人、否定他人。对于商务人员来说，这种人无疑是最令人头疼的对手。这种人虽然令人伤脑筋，但不应忘记他也有和别人一样想要某种东西的愿望。这种人往往是由于难以证明自己，所以希望得到肯定的愿望尤其强烈，对这种人还是可以对症下药的，关键是自己在这种人面前不能自卑，必须在肯定自己尊严的基础上给他以适当的肯定。

4. 对优柔寡断的人

这种人遇事没有主见，往往消极被动，难以做出决定。面对这种人就要牢牢掌握主动权，充满自信地运用推销口才，不断向他做出积极性的建议，多多运用肯定性用语，当然不能忘记强调你是从他的立场来考虑的。这样直到促使他做出决定，或在不知不觉中替他做出决定。

5. 对知识渊博的人

知识渊博的人是最容易面对的顾客，也是最易使商务人员受益的顾客。面对这种顾客应该不要放弃机会而多注意聆听对方说话，这样可以吸收对自己有用的知识及资料。客气小心聆听的同时，还应给以自然真诚的赞许。这种人往往宽宏、明智，要说服他们只要抓住要点，不需要太多的话，也不需要用太多的心思，仅此能够达成交易，当然是再理想不过了。

6. 对爱讨价还价的人

有些人对讨价还价好像有特殊的癖好，即便是一碗面、一斤菜也非得要讨价还价一番不可。这种人往往为他的讨价还价而自鸣得意，所以对这种抱有金钱哲学的人有必要满足一下他的自尊心，在口头上可以做一点适当的小小的妥协。比如可以这样对他说："我可是从来没有以这么低的价钱卖过的啊。"或者"没有办法啊，碰上你，只好最便宜卖了"。这样使他觉得比较便宜，又证明了他砍价的本事，他是乐于接受的。

7. 对慢郎中式的人

有些人就是急不得，如果他没有充分了解每一件事，你就不能指望他做出前进的决定。对于这种人，必须来个"因材施教"，对他千万不能急躁、焦虑或向他施加压力，应该努力配合他的步调，脚踏实地去证明、引导，慢慢就会水到渠成。这种做法对推销人员素质的培养也是有益的。

8. 对性急的人

要精神饱满，清楚、准确又有效地回答对方的问题，回答如果太拖泥带水，这种人可能就会失去耐心，听不完就走。所以对这种类型的人，说话应注意简洁，抓住要点，避免扯闲话。

9. 对善变的人

这种人容易见异思迁，容易决定也容易改变。如果他已买了其他公司的产品，你仍有机会说服他换新的，不过，即使他这次买了你公司的产品，也不能指望他下次还来做你的忠实顾客。

10. 对疑心重的人

这种人容易猜疑，容易对他人的说法产生逆反心理。说服这种人成交的关键在于让他了解你的诚意或让他感到你对他所提的疑问的重视，比如："您的问题真是切中要害，我也有过这种想法，不过要很好地解决这个问题，我们还得多多交换意见。"

11. 不爱开口的人

和不爱开口的人交涉事情，实在是非常吃力的，因为对方太过沉默，你就没办法了解他的想法，更无从得知他对你是否有好感。

对于这种人，你最好采取直截了当的方式，让他明确表示"是"或"不是"，"行"或"不行"，尽量避免迂回式的谈话。你不妨直接地问："对于A和B两种方法，你认为哪种较好？是不是A方法好些呢？"

12. 草率决断的人

这种类型的人，乍看好像反应很快：他常常在交涉进行到最高潮时，忽然做出决断，给人"迅雷不及掩耳"的感觉。由于这种人多半是性子太急了，因此，有的时候为了表现自己的"果断"，做决定显得随便而草率。

由于他的"反应"太快，每每会对事物产生错觉和误解。其特征是：没有耐心听完别人的谈话，往往"断章取义"，自以为是地做出决断。如此，虽然交涉进行得较快，但草率做出的决定，多半会留下后遗症，招致意料不到的枝节发生。

13. 冥顽不化的人

顽强固执的人是最难应付的，因为无论你说什么，他都听不进去，只知坚持一己的意见，死硬到底。跟这种顽固分子交手，是最累人且又浪费时间的，结果往往是徒劳无功，因此，在你和他交涉的时候，千万要记住"适可而止"，否则，谈得越多、越久，心里越不痛快。

14. 行动迟缓的人

对于行动比较缓慢的人，最需要的是耐心。你绝对不能着急，因为他的步调总是无法跟上你的进度，换句话说，他是很难达到你的预定计划的。所以,你最好按捺住性子,拿出耐心,尽可能配合他的情况去做。

此外,应该注意的是:有些人言行并不一致,他可能话语明快、果断,只是行动不相符合罢了。

学会说服不同年龄的客户

客户的年纪不同思维方式也就不一样,因为经历不同,对事物的认知程度也就不一样,我们想要将产品介绍给不同年龄的客户,并希望他们接受,那么就要对不同年龄的客户都有一定的了解,这样在与他们接触的时候,才有话可说,才有机会让他们能够更快地信任我们并且愿意去了解我们所介绍的产品。

1. 年轻顾客

这类顾客是紧跟时代步伐的一类顾客。他们有新时代的性格,是随着新时代的潮流奔向前的顾客。这类顾客就有一种时代性,他们大都爱凑个热闹,赶个时髦,只要是现代流行的商品,他们就要买,抓住这一点,推销员就有必胜的把握。

这类顾客比较开通,比较开放,正是易于接受新生事物的种类。他们好奇心强,且兴趣广泛。这些对于推销员来说也是极有利的,因为可抓住他的好奇心,动员其投资,也可以使他们佩服你,抓住时机,与他交个朋友。

这类顾客比较容易亲近,谈的话题也比较广泛,与他们交谈比较容易交朋友。

由于这类顾客的抗拒心理很少,只是因为没有阅历而有些恐慌,只要对他们热心一些,尽量表现自己的专业知识,让他多了解一些这方面的问题,他们就会放松下来,与你交谈了。

对付这类顾客,要在进行推销说明时,激发他们的购买欲望,使他们知道这商品很走俏,正符合时代潮流。

对付这类顾客,你可在交谈中,谈一些生活情况、情感问题,特别是未来的挣钱问题,这时你就可以刺激他的投资思想,使之觉得和你这次交易是一次投资机会,一般这些顾客是会被说动的。

对待这些顾客,要亲切,对自己的商品有信心,与他们打成一片。只是在经济能力上,要尽量为他们想办法解决,不要增加他们心理上的负担。

2. 中年顾客

中年顾客一般都已有了家庭,有了孩子,也有了固定的职业,他们要尽量地为自己的家庭而拼搏,为自己的孩子而挣钱,为了整个家庭的幸福而投资。

他们都有一定的阅历,比青年人沉着、冷静,比青年人经验丰富、有主见,但缺乏青年人的生机、青年人的梦想、青年人的活跃。

中年顾客各方面的能力都比较强,正是一个人能力达到顶峰的时候,欺骗和蒙蔽这类顾客是很困难的,不过只要你真诚地对待他们,交朋友则是佳机。他们喜欢交朋友,特别是知己朋友。

对付这样的顾客不要夸夸其谈,不要显示自己的专业能力,而要认真、亲切地与他们交谈,对于他们的家庭说一些羡慕的话,对于他们的事业、工作能力说一些佩服的话,只要你说得实实在在,这些顾客一般都乐于听你的话,也愿意与你亲近。

这类顾客由于有主见,能力又强,不怕推销员欺骗他们,又很实在,所以只要推销的商品质量好,推销员态度真诚,交易的达成是毫无疑问的。

这类顾客对于你的言辞不会太在意,他们要求实实在在,对他们不需要运用什么计谋,不过这些顾客都爱面子,所以推销员可抓住他们这一点进行推销,可以引诱他们说出某些话,然后让他们收不回去,想收回去就得买你的商品,这样,交易就成功了。

3. 老年顾客

老年人大都是比较孤独的人,他们的乐趣也就来自回忆过去和自己的子孙们,于是特别爱与青年人交谈,并且交谈时间特长,俗话说:"老婆子嘴,唠叨个没完。"

老年人爱倚老卖老，大都偏激、固执、爱面子，即使他们错了也不认错，会错上加错。特别的偏激，死抓住一条理由来判断事物的各个方面，并且很固执，自己说什么就是什么，死不改口。

老年人脑子已经转动不灵，有时会犯糊涂，他们也知道这一点，所以他们对人的看法总是信疑各半。

老年人喜欢别人称赞自己儿孙满堂，喜欢别人称赞自己的子孙有出息，喜欢别人称赞和交谈自己得意的事。推销员要多称赞老年顾客的当年勇，多提一些他们子孙的成就，尽量说些他们引以自豪的话题，这样可使顾客兴奋起来，积极起来，对于你的推销有一个好的气氛。

对老年顾客进行推销时，要表现出一种老实的样子，不多嘴，多听他们说话，这样老年顾客会对你产生好感，会对你发出慈爱心，这样他们的一切疑虑就会打消。

对付老年顾客有两点禁忌：一是不要夸夸其谈，老年人觉得这些人轻浮、不可靠，也就不会信任你，交易也就会以失败而告终。二是不要当面拒绝他，或当面说他错，即使你是正确的也这样，因为他人老心不老，总觉得自己还像当年一样了不起，所以不要拒绝和指出他的错，这样会激怒他，使他和你争吵，这样他与你的交易就泡汤了。

营销口才中的"十忌"

销售人员在与客户谈话时，说话要有技巧，沟通需要有艺术性；良好的口才可以助你一臂之力让你事业成功，良性的沟通可以改变你的一生。我们与客户交流时，要注意管好自己的嘴，用好自己的嘴，要知道什么话应该说，什么话不应该讲，什么地方该讲什么话，什么场合不该说什么话。

不知道所忌，就会造成失败；不知道所宜，就会造成停滞，我们在谈话中，要懂得"十忌"。

1. 忌争辩

营销员在与顾客沟通时，应牢记我们是来推销产品的，不是来参加辩论会的，要知道与顾客争辩解决不了任何问题，只会招致顾客的反感。

营销员首先要理解客户对产品有不同的认识和见解，容许人家讲话，发表不同的意见；如果您刻意地去和顾客发生激烈的争论，即使您占了上风，赢得了胜利，把顾客驳得哑口无言、体无完肤、面红耳赤、无地自容，您快活了、高兴了，但您得到的是什么呢？是失去了顾客、丢掉了生意。

时刻不要忘记您的职业、您的身份是做什么的。切忌争辩。

2. 忌质问

营销员与顾客沟通时，要理解并尊重顾客的思想与观点，要知道人各有志不能强求，切不可采取质问的方式与顾客谈话。如营销员所言：

您为什么不买我们的产品？

您为什么对我们的产品有成见？

您凭什么讲我们公司是骗人的？

诸如此类等，用质问或者审讯的口气与顾客谈话，是营销员不懂礼貌的表现，是不尊重人的反映，是最伤害顾客的感情和自尊心的。

记住！如果您要想赢得顾客的青睐与赞赏，切忌质问。

3. 忌命令

营销员在与顾客交谈时，微笑再展露一点，态度要和蔼一点，说话要轻声一点，语气要柔和一点，要采取征询、协商或者请教的口气与顾客交流，切不可采取命令和批示的口吻与人交谈。

人贵有自知自明，要清楚明白您在顾客心里的地位，您需要永远记住一条，那就是：您不是顾客的领导和上级，您无权对顾客指手画脚，下命令或下指示，您只是一个营销员。

4. 忌炫耀

与顾客沟通谈到自己时，要实事求是地介绍自己，稍加赞美即可，万万不可忘乎所以、得意忘形地自吹自擂、自我炫耀自己的出身、学识、财富、地位以及业绩和收入等。这样就会人为地造成双方的隔阂和距离。要知道人与人之间,脑袋与脑袋是最近的;而口袋与口袋却是最远的,如果您一而再、再而三地炫耀自己的收入,对方就会感到,你向我推销是来挣我钱的,而不是来给我送保障的。

记住您的财富,是属于您个人的;您的地位,是属于您单位的,是暂时的;而您的服务态度和服务质量,却是属于您的顾客的,是永恒的。您在顾客面前永远是他的一个服务员。

5. 忌直白

营销员要掌握与人沟通的艺术,顾客成千上万、千差万别,有各个阶层、各个方面的群体,他们的知识和见解都不尽相同。我们在与其沟通时,如果发现他在认识上有不妥的地方,也不要直截了当地指出,说他这也不是那也不对。一般的人最忌讳在众人面前丢脸、难堪,俗语道:"打人不打脸,揭人不揭短",要避免直白。

康德曾经说过:"对男人来讲,最大的侮辱莫过于说他愚蠢;对女人来说,最大的侮辱莫过于说她丑陋。"我们一定要看交谈的对象,做到言之有物,因人施语,要把握谈话的技巧、沟通的艺术,要委婉忠告。

6. 忌批评

我们在与顾客沟通时,如果发现他身上有些缺点,我们也不要当面批评和教育他,更不要大声地指责他。要知道批评与指责解决不了任何问题,只会招致对方的怨恨与反感。与人交谈要多用感谢词、赞美语;要多言赞美,少说批评,要掌握赞美的尺度和批评的分寸,要巧妙批评,旁敲侧击。

7. 忌专业

在推销产品时,一定不要用专业术语,因为很多产品有特殊性,比如一个保险合同中,都有死亡或者是残疾的专业术语,中国的老百姓大多忌讳谈到死亡或者残疾等,如果您不加顾忌地与顾客这样去讲,肯定招致对方的不快。

8. 忌独自讲话

与顾客谈话,就是与客户沟通思想的过程,这种沟通是双向的。不但我们自己要说,同时也要鼓励对方讲话,通过他的说话,我们可以了解顾客个人基本情况，如工作、收入、投资、投保、配偶、子女、家庭收入等，双向沟通是了解对方的有效工具，切忌营销员一个人在唱独角戏。如果自己有强烈的表现欲，一开口就滔滔不绝、喋喋不休、唾沫横飞、口若悬河，只顾自己酣畅淋漓，一吐为快，全然不顾对方的反应，结果只能让对方反感、厌恶。

切记不要独占任何一次讲话。

9. 忌冷淡

与顾客谈话，态度一定要热情，语言一定要真诚，言谈举止都要流露出真情实感，要热情奔放、情真意切、话贵情真。

俗语道，"感人心者，莫先乎情"，这种"情"是营销员的真情实感，只有您用自己的真情，才能换来对方的情感共鸣。

在谈话中，冷淡必然带来冷场，冷场必定带来业务泡汤，要忌讳冷淡。

10. 忌生硬

营销员在与顾客说话时，声音要洪亮、语言要优美，要抑扬顿挫、节奏鲜明，语音有厚有薄；语速有快有慢；语调有高有低；语气有重有轻。要有声有色，有张有弛，声情并茂，生动活泼。

我们要切忌说话没有高低、快慢之分，没有节奏与停顿，生硬呆板，没有朝气与活力。

第12章 领导口才与技巧

用出色的口才提高身价

语言传达的不仅仅是一种信息，还是一种力量。作为一个现代的优秀领导者，要善于运用语言这门艺术，不仅对领导活动的顺利开展和领导目标的顺利达成产生重要影响，而且对领导者本身树立良好的个人形象也是至关重要的。能言善语也是一种领导资本。

语言是为满足表达和交际的需要而产生的，具有社会性、工具性和符号性，其初始形成就是说话。古今中外的领导者，对语言的功用历来都十分重视。"一言可以兴邦，一言可以丧邦""一言之辩，重于九鼎之宝""三寸之舌，强于百万之师"等古语，把国之兴亡与舌辩的力量紧密联系起来，借"九鼎之宝""百万之师"强喻说话的力量，充分揭示了语言巨大的社会作用。

马雅可夫斯基说："语言是人的力量的统帅。"在当今这样的信息时代、文明社会，领导者无论是开会讲话、上传下达，还是交际应酬、传递情感，都需要用语言交流。衡量一个领导者是否有力量，这种力量能否表现出来，在很大程度上要看他的说话能力。领导者精湛的口语表达能力，在实际工作中具有不可估量的魅力。

第二次世界大战时期美国人把"舌头"、原子弹和金钱称为获胜的三大战略武器，进入21世纪又把"舌头"、金钱和电脑视为经济发展和社会进步的三大战略武器。这个比喻虽有牵强之嫌，但也不无道理，起码代表了两个时代的主要特点，而在这两个比喻中，"舌头"（即语言）能独冠于三大战略武器之首，可见其价值非同小可。因此我们每一个领导者都应清醒地认识到语言表达能力的重要性，进而更好地掌握这个随身携带、行之有效、战无不胜、攻无不克的神奇武器。

能言善语，是一个人的素养、能力和智慧的全面而综合的反映。《论语·里仁》中讲：君子"讷于言而敏于行"。到了今天，这种旧的道德规范就不能不受到质疑和重新审视。领导者"敏于行"当然无可厚非，只要这种"行"有利于国家和大众，有利于别人和自己的进步，可是领导者"讷于言"，却与现代社会领导发挥职能的需要明显地不相适应。良好的口才，不仅是宣传鼓动的需要，还是传授知识、增进人际关系的需要。能言善语，充分表达自己的意愿、准确传递指挥信息，显然更有利于领导工作的开展。曾参加中央电视台《实话实说》节目创建的著名社会学家郑也夫谈到，《实话实说》要找到合适的"侃爷"真的不容易。多数人讲话刻板、干巴、模式化、冗长、没有风趣，甚至在学历高的人群中这种现象更突出。"我几乎可以断定，口语表达能力不足是普遍性的社会问题。"事实的确如此，这个问题在领导群体中也不同程度地存在。

美国著名教育专家卡耐基非常强调口才的重要性，他说："假如你的口才好……可以使人家喜欢你，可以结交好的朋友，可以开辟前程，使你获得满意的结果。譬如你是一个律师，你的口才便吸引了一切诉讼的当事人；你是一个店主，你的口才能帮助你吸引顾客。"有许多人，因为他们善于辞令，因此而擢升了职位……有许多人因此而获得荣誉，获得了厚利。你不要以为这是小节，你的一生，有一大半的影响，是由于说话艺术。

有许多著名的政治家，都是天才的演说家，他们利用语言这把利器，圆满地完成了各项政治使命。周恩来、陈毅在风云变幻的国际政治生涯中善于辞令、机智、雄辩，大大提高了新中国的国际地位和声望。二战时期，丘吉尔、戴高乐每一次铿锵有力的演说，都成为射向法西斯的利箭，极大地鼓舞了人们战胜法西斯的斗志。所有这些，都说明领导者具有口语表达艺术，能够创造巨大的精神财富和物质财富。

所以，领导者不能仅仅满足于一般的语言沟通，而要善于说话，真正能言善语，这是领导者不可或缺的领导才能。

用语言打造领导魅力

在领导的工作运行过程中，大部分内容都是以语言为媒介的，可以说，讲话的水平体现在领导者行使权力的整个过程中。领导能力的直接体现是讲话水平的高低，也体现着领导魅力的强弱。因此，作为领导必须从以下几个方面构筑自己语言的感召力。

1. 注重权威性

领导讲话的权威性，是领导者所处的地位和所起的作用决定的。领导的讲话不管是否经过深思熟虑，都可能对下属和社会产生大的影响。有时一句不经意的话，往往会带来不小的麻烦，造成无法预料的后果。所以，领导讲话必须非常注意原则性和政策性。

原则性是指领导不论在什么环境中，讲话都要有一定的限度，不能脱离这个限度随心所欲地去阐述、说明、表现个人的思想观点。不能无原则地评价某些事情、某些人，不能无原则地按照自己的意思一味地表现自己。坚持原则，是保证各项领导活动成功的先决条件。如果脱离原则，自行其是，就没了章法，任何事情非乱套不可。语言是思想的体现，是行动的先导。讲话不讲原则，必然导致行动的无原则性。通常我们说某领导讲话不讲原则，说话很随便，随意表态，经常发表一些与集体意见不一致的观点，说一些不该说的话等，都是不讲原则的表现。讲话不讲原则，会降低领导者的威信，影响集体战斗力的发挥，阻碍正常工作的开展。

2. 注重通俗性

领导讲话的通俗性，是指讲出的话不仅要生动、有理，而且要明示、易懂，使人乐于接受。要善于使用大众语言。大众语言来自于人民大众，是人民群众发明创造的。它包括谚语、歇后语、惯用语等。在讲话中巧妙地运用，能够增强讲话的感染力。

毛泽东是驾驭语言的大师，讲话时善于运用这些精美的群众语言，深入浅出地宣讲革命道理。所以，人民群众非常喜欢听他的讲话，爱读他的文章。"任何人都要有人支持，一个好汉三个帮，一个篱笆三个桩""红花虽好，也要绿叶扶持""看菜吃饭，量体裁衣""对牛弹琴""瞎子摸鱼"，等等，让人听后感到生动有趣，富有浓郁的生活气息。

常言道：好东西不要多用。

如同生活中的调味品，用得恰到好处，则味道鲜美，如果过量，则会破坏一锅好菜。作为语言中调味品的俗语、谚语、歇后语也是如此，如果用得恰到好处，能起到一语千钧的作用；如果用得过多过滥，就显得过于肤浅和滑稽，很不严肃，甚至引起听众的厌烦。

群众语言也有雅俗之分，在具体使用时雅一点好，还是俗一点好，这要根据不同的场合、不同的听众而定。如果面向基层群众，就应当说得大众化一点；如果面对的是一些知识分子，即要尽量说得文雅庄重点。

3. 注重概括性

概括是人们进行抽象思维的一种表达能力。它是认识真理的重要途径和手段，也是语言表达更精确的一种技巧和艺术。

领导在讲话时，为了使人们能够很快了解自己的说话意图，领会要领，必须使用高度概括、凝练的语言，提纲挈领地把问题的本质特征表达出来，以达到"片言以居要，一目能传神"的效果。不少领袖人物都具有这种能力，他们善于高屋建瓴地把握形势，抓住问题的症结，且能用准确精当的语言加以概括表达。如毛泽东的"星星之火，可以燎原""军民鱼水情""枪杆子里面出政权"；邓小平的"实践是检验真理的唯一标准"，等等。所以，一个领导者的讲话，应该具备概括性，要时刻把握住概括的要领。

概括具有三个主要作用：

一是"筛选"作用。就是丢掉事物中的无关部分，选取具有本质属性的内容。

二是"归纳"作用。即是将事物的共同点归结在一起，减少"水分"和避免繁复。

三是扩大作用。即从认识个别事物扩大到认识一般事物，有利于逐步接近真理和掌握真理。

我国改革开放的总设计师邓小平，在巡视南方时，用短短几句话就讲清了中国改革开放的总纲。他说："改革开放迈不开步子，不敢闯，说来说去就是怕资本主义的东西多了，走了资本主义的道路。要害是'姓资'还是'姓社'的问题。判断的标准，应该主要看是否有利于发展社会主义社会的生产力，是否有利于增强社会主义国家的综合国力，是否有利于提高人民的生活水平。"高度概括的"三个有利于"，一下子拉开了中国改革开放的序幕。

4. 注重目的性

一切领导活动都是有着明确的目的的，讲话也不例外。所谓目的，是指领导者为达到某些需要而形成的一定实践活动的目标、希望和要求。它是领导者对领导活动结果的自觉意识和在观念上的设计。

根据国外专家的研究，领导讲话的目的概括地说，有以下八种：

（1）明了。即让听众了解所传递的信息，或明白他不知晓的事理。

（2）接受。即让听众在弄懂主题思想观点、立场、看法的基础上，真正信服接受，并付诸相应的行动。

（3）解惑。即让听众学习并掌握有关的理论、知识、经验和技能，解决生活、工作和社会实践活动中的各种疑难。

（4）沟通。出于社交的需要，沟通人与人之间的思想感情，以便互相了解，互相支持，协调配合，行动一致。

（5）感动。引发听众心灵上的共鸣，受到感动或激励、鼓舞，与口才表达主体心曲相通，同悲同喜，同忧同乐。

（6）说服。因势利导，说清道理，晓以利害，改变对方的某种观念或要求，阻止对方采取某种行动。

（7）拒绝。即让对方知道他的思想观点、立场、看法不敢接受，这是一种逆向交流，特别需要讲究方式、方法和技巧。

（8）反驳。即指出对方的观点、要求不合理、不合法甚至是错误的、荒谬的，进而表明自己的观点和要求，先破后立，破中求立。

在一般情况下，讲话的目的比较单一，但有时也可能兼有几种目的。不管是哪一种情况，只要达到或基本达到了上述目的的一个或几个，就能称得上是真正的会说话，有口才。

5. 注重逻辑性

领导讲话，逻辑一定要严密，有条理，通过逻辑分析的方式，把自己讲话的目的明明白白地表露出来。

讲话首先要严格遵循形式逻辑的基本规律。形式逻辑是研究思维形式及其规律的科学。思维形式是指人们思考问题时所用的概念、判断、推理。思维规律是我们在运用概念、判断、推理进行思维活动时必须遵守的规律。即"同一律""矛盾律""排中律""充足理由律"。这些规律要求人们思考问题和表达思想时，要保持同一性，不能自相矛盾，不能模棱两可，要有充足的理由等。遵守这四条基本规律，是讲话具有严密逻辑性的总体表现和要求，必须贯穿于讲话的全过程，体现在讲话的每一个环节中。

6. 注重准确性

准确性是领导运用语言，与其他个人或组织进行交流的基本要求。任何一个领导者所说出的话，如果失去了准确性，不但没有任何水平可言，而且还会失去所有与之联系的个人或组织的信任。

领导者在活动过程中，能够准确地运用语言，是十分必要的。领导者语言的准确运用，首先是指领导者语言运用的条件限定；其次是指准确地使用语言。所谓条件的限定，具体来说，就是语言的运用是由各种特定的客观环境，以及领导讲话的特定内容来决定的。任何一个领导者，不仅在社会活动中有特定的地位，同时，他又是一个现实的社会人，因此，他就需要运用语言来表达、反映自己的思想和意愿（其中包括决策等领导行为的表露）。但是，由于领导者在社会活动中的特定地位，所以领导者的语言表达，就不能是随心所欲的。正确地使用语言，就是语言运用的最大技巧，就是每个人驾驭语言的基本方式方法。在语言的运用过程中，如果恰到好处地使用一些有生命力的古代语言文字和国外的一些优秀语言，就可以更加丰富自己的语言。同时，还要尽量使用最少的词句，准确地陈述出所要叙述的内容。恩格斯曾说过："言简意赅的句子，一经了解，就能牢牢记住，变成口号；而这是冗长的陈述绝对做不到的。"

7. 注重生动性

生动是对领导讲话的基本要求之一。领导者无论在什么场合下，都需要使用易被接受、鲜明生动的语言，而忌讳那种干涩难懂、空洞乏味的说教。

领导运用语言的生动性，一个最基本的要求就是要使用自己的语言。有些领导往往愿意使用一些现代的"时髦词"，或者是流行的套话。把这些东西生拼硬凑在一起，乍听起来挺"新鲜"，事实上细细回味起来，有的是"生吞活剥""消化不良"；有的是似曾相识，改头换面；有的似是而非，很不准确。这些语言不仅不能给自己的语言增色，反而使之逊色。

8. 注重鼓动性

一个杰出的领导，首先应该是一个鼓动家。他要以语言去撞击人们的心灵，激励人们的情绪，坚定人们向前的意志。要做到这一点，就要求领导首先必须具有恢弘的气魄、宽阔的胸襟和无畏的胆略。其次，要有高超的语言运用技巧，使用在短时间就能使人们情绪高涨的口号、格言、警句，要具有极强的鼓动力。因为这些经过加工、浓缩、简洁、凝练的语言，都蕴含着某种真理，容易为人民大众所接受。最后，领导的语言鼓动程度以及戏剧性效果也与领导者在讲话中表明努力的目标，以及展示实现这一宏伟目标后的灿烂前景有关。人们总是为了某种希望而活着，即使有些人暂时处于相对平静的生活中，他也期待能有人给他指点更明媚灿烂的前景。因此，杰出的领导者往往就是利用了某种普遍的社会心理，在报告、演讲、讲话中传达给人们某种可能达到的目标和希望，最大限度地调动听众的情绪。

利用当众演讲展现领导智慧

领导也许不是什么演讲大师,但是一个善于演说的领导,才能成为一位杰出的政治家,这是不争的事实。通过演讲阐述自己的政治观点、施政纲领,是现代智能型人才的基本素质,也是一个领导者必须具备的能力。一个思维敏捷、能言善辩的领导,首先必须具有敏锐的观察力,对事物有深刻的认识,只有这样,说出话来才能一针见血,准确地反映事物的本质;其次必须有严密的思考能力,懂得怎样去分析,判断和推理,说出话来才能够滴水不漏,有条有理;最后,还必须有流畅的表达能力。

间接来说,只有知识渊博,话才能说得生动通顺、表达明确,也正是因为演讲具有综合能力的这个特征。所以我们说,善于演讲是知识渊博的标志,是事业成功的关键。

纵观古今中外的政治家,历来都把演讲当作发表政见、阐明观点、批驳政敌、争取盟友的一个有力武器,尤其是现代社会正处于激烈变革的年代,这种社会作用就会显得更突出。谋臣启奏,策士应付,诸侯施令,辩士游说,无不以演讲作为手段。英国作家麦卡雷说:"舌头是一把利剑,演讲比打仗更有威力。"拿破仑出身寒微,在群雄角逐的年代,27岁时,他就获得当时法国3000万人民的崇拜,他不无骄傲地说:"一支笔、一条舌,能抵三千毛瑟枪。"

我国已故的周恩来总理就是一位出色的演讲大师。他的雄辩在当时蜚声海内外,无人不知,他的应变机敏与非凡的气魄还有那柔中有刚的犀利言辞,不但令国人敬佩骄傲,就连挑衅者见了也会情不自禁地赞叹。

曾经有这样一件事,有一位美国人带有挑衅意味地向周恩来提出了这样一个观点:"一个国家向外扩张,是由于该国的人口过多。"

周恩来并不赞成这个观点,他直接反驳道:"我们不同意你这种看法。英国人口在第一次世界大战前只有4500万，这并不算太多，但是英国在一个时期内曾经是'日不落'的殖民帝国。美国的面积和中国比较，中国也只是略大了一点点，但是中国的人口远远超过美国人口的五倍还要多，可是美国的海外驻军却达150万。中国的人口虽多，却没有一兵一卒驻在外国领土上，至于在外国建立军事基地更没有，由此就可看得出来，一个国家是否向外扩张，与它的人口多少是没有关系的，却与这个国家的社会制度息息相关。"

在这里，周总理以英美人口不多却向外扩张，与中国人口众多却没有向外扩张相对照，真可谓是数据准确，论据翔实，顺理成章，最终让这个美国人无言以对。

美国第四十任总统里根，以自己的睿智风采成为美利坚历史上最耀眼的政治明星之一。1984年，已年届73岁的里根，在竞选总统时与对手蒙代尔进行电视辩论。

辩论中，蒙代尔以自己年轻力壮为优势，攻击里根年龄大，不适宜担此重任。里根并没有为自己进行辩解，他回答说："蒙代尔说我年龄大且精力不充沛，我想我是不会把对手的年轻、不成熟这类问题作为一个有利的条件在竞争中加以利用的。"他的这一绝妙的回答立即博得全场的热烈掌声。最后，果然里根获胜当选总统。

面对年轻气盛的蒙代尔的如此攻击，里根并未以牙还牙，如果那样就会有失作为长辈的沉稳持重、老谋深算的优势；如果对此不理不睬的话，就会让人觉得自己是逆来顺受、装聋作哑，如果这样的话就会让自己与蒙代尔相比，显得老气横秋，没有什么作为了。

里根为了获得更多的支持，尽量显示作为年长者的足智多谋、宽宏大度，委婉地抨击和映衬对方作为年轻人的浅薄和狭隘；他拿自己的长处和对方的短处相比，用了那种以柔克刚的策略；采取将计就计、以守为攻，在不动声色之中，以己之长，显彼之短，并且在讲话当中并没有忌讳自己比对手年龄大一点，却以那种"居高临下"用长者面对后辈的挑衅的不屑一驳的口气说：对手的年轻、不成熟这类问题我是不会作为一种弱点放在竞选中加以利用的。这句话说得非常幽默，虽说他明里说的是"不会利用"，但是从他口里说出来这句话却毫不客气、一针见血地说出了对方的"不成熟"。

他这点不管是在论点上,还是在人品上,都成了一种很有利的反击工具,他以自己的辩才在观众面前树立了比对方更能胜任总统职务的美好形象。结果,里根在大选中获得连任,538个区域代表人中有525人投赞成票给里根。

在我国政治民主化进程中,领导干部将会有越来越多的机会出现在大众面前,一定要利用演讲这个舞台,塑造有魅力的领导者形象。

语言交流须知的三个要领

在语言的交流中,领导的身份决定了他语言的特定性。如果肆无忌惮地夸夸其谈,就会给人一种不稳重的感觉;而患得患失的沉默寡言,又会给人一种平庸无能的感觉;可是要是过于矜持,又有人会说是矫揉造作。因此,在社会交往中,人们对领导的语言艺术有着较高的期待和要求,领导如果不会交谈,就很难在官场上立足了。而要使谈话顺当,有所收获,就必须掌握"诚""专""敏"三个基本要素。

1. 要深入诚恳

古语说,与人善言,暖若锦帛;与人恶言,深于矛戟。坦诚率直,谦虚谨慎,尊重他人,是领导必须具备的良好心理品质。苍白的语言只能换来苍白,冷漠的情感只能获得冷漠。只有知心,才能达到推心置腹、情感相容的世界。妄自尊大、盛气凌人、刚愎自用的作风,虚情假意、恭维逢迎、油腔滑调的习气,是领导交际中的毒剂,它必然导致双方产生鸿沟。要谦逊有度,避免过于显露自己的才学。要做到平等待人,对某一话题,尽管有许多话要谈,但不应滔滔不绝,使他人无发言的机会。即使别人的意见与你相悖,也要让人讲完,然后再阐明你的见解。谈话中要少用"是""不""对""不对""可能""会好的"这类浅显字眼。只有心心相印,才能息息相通。对别人敷衍搪塞,答复问题是做官样文章,空洞无物或咄咄别人,像连珠炮似地连连发问，都会引起他人反感。

领导待人以诚，就会洗耳恭听他人之言，而不会抢人话头，扰乱别人的思维；不会避实就虚，隐瞒自己的真情实感；不会强人所难，硬要人家听你的索然寡味的说教；不会故意闪烁其词，摆迷魂阵，真伪难辨，使人捉摸不定，难以理解你的意图；也不会在别人给你提意见，或者表达不同见解时就火冒三丈，大发雷霆，粗鲁地顶回去；更不会口出伤人之语、损人之词。即使一时失口，也定会坦率表达歉意，以达到相互谅解。

2. 要神情专注

领导讲话不能心不在焉，听人说话，也要全神贯注，不要漫不经心。一位外交家曾感叹地说："一个好的听众确实如同撒哈拉沙漠中的清泉一样，稀有珍贵和受人欢迎啊！"要耐心倾听别人谈话，不要在旁人说话时，对其评头论足，轻下断语。要让自己的思想紧紧"跟踪"发言者，就能分析出话中之意，体察出言外之音，明白谈话何时进入高潮，何时接近尾声。这样你发言时就能有的放矢，而不会不着边际，偏离话题。

领导在与人谈话时，还要专注于对方的表情。听话不能单用耳朵，如你的眼睛紧盯着发言者的唇舌，就能在"声波"中捕捉到所需之物。要同时注意对方的姿势、表情，将更能体会对方言谈的意思。对方说话时的情绪状态，是高兴，还是愤慨、焦急、忧虑，有时比说话本身更为重要。心不在焉是不好的，若左顾右盼，或手上摆弄小东西，或显示出不耐烦之态度，都会影响交谈。有位外国学者说过："人们通常认为听别人讲话是件容易的事情，其实不然。真正听别人讲话，意味着使自己受到别人的恐怖、热情或绝望的感染——或者也要受到自己内心与之相同的感情的感染。"

3. 要思路敏捷

领导与人谈话，是调动自己的知识和智力的过程。要做到"知人、察需、善问、会导"。敏锐的一个重要方面是要有应变能力。一般人认为，宽厚者，语多奖；刻薄者，词多贬抑；豪放者，语多激扬而不粗俗；潇洒者，言多风雅而不随便；谦逊者，含蓄而不猥琐；博学者，旁征博引而不芜杂；脚踏实地者，声调沉稳；只图虚名者，最好浮词。

领导在与人交往中，还要注意观察对方，要摸准交谈者的性格特征。若对方性格坦率、耿直，你的谈吐就要简洁，"迂回作战往往适得其反，会引起隔阂。若对方自尊心强，爱面子，你提出问题，特别是不同意见时，就应该缓和婉转点。如遇到的是个比较固执，喜欢抬杠、啰唆、重复、没完没了的人，甚至出言不逊时，也不要急，而要冷静、耐心，或者见机行事，适时提出中肯之词，或让他把话讲完，然后再恳切地表述自己的见解，这样就使对方对你有信任感。在谈话时，或直陈己见，或委婉作答，都要分析对象，看准时机，一语中的，才能使交谈畅通无阻。当谈话出现僵局时，机智得体地运用幽默的话语，会有解救"危难"之效。要选用简明的词句，避免用对方所不了解的字眼。用较从容的语调陈述为好，不必过于曲折，以免使人不知所云或抓不住重点。假若一个人头脑僵化，反应迟钝，必不能紧扣话题。如当别人谈论学习所得时，你却横插一杠子，不合时宜地插入旅行见闻等，会使人"丈二和尚摸不着头脑"。

转换在交谈中至关重要。改变话题要顺其自然，掌握"火候"，过早则不免唐突，过迟则使人乏味。当他人对某话题兴味索然时，就应适时戛然而止，另择他径；当别人对某一问题谈兴正浓时，马上转换内容，显然是不高明的，谈话开头要巧妙地打开话匣子，结束谈话也要顺其自然。圆满的谈话，总是进行到恰到好处时结束。

领导讲话七忌

有些领导讲话的时候会给人平庸的感觉，并不是他水平太低，而是浑然不知自己讲话中的缺陷。我们脸上有了伤口，可以通过药物或者化妆品来治疗和掩盖。同样，在谈吐方面的缺憾也是可以改变的，只要治疗之前，首先认清楚自己的缺陷在哪里。如果不清楚自己说话的缺陷，也可以用一面镜子对照自己说话的姿态观察一下：是手势过多，还是翘起嘴唇，或者是表情难看，又或者是过于冷漠、紧张、僵硬。以下几点是我们说话中常有的缺陷，我们可以对照检查，并加以改正。

1. 说话用鼻音

用鼻音说话是一种常见且影响极坏的缺点，当你使用鼻腔说话时，就会发出鼻音；如果你用大拇指和食指捏住鼻子，你所发出的声音就是一种鼻音；如果你说话时嘴巴张得不够，声音也会从鼻腔而出。在电影里，鼻音是一种表演技巧，如果演员扮演的是一种喜欢抱怨、脾气不好的角色，他们往往爱用鼻音说话。如果你使用鼻音说话，鼻音对于女人的伤害比对男人更大，你不可能见到一位不断发出鼻音，却显得迷人的女子。如果你期望自己在他人面前具有极大的说服力，或者令人心荡神移，那么你最好不要使用鼻音，而应使用胸腔发音。正确的方法是，平时说话时，上下齿之间最好保持半寸的距离。

2. 声音过尖

一个人受到惊吓或大发脾气时，往往会提高嗓门，发出刺耳的尖叫。一般女性犯此错误居多，要多加注意。因为尖叫的声音比沉重的鼻音更加难听。你可以用镜子检查自己有无这一缺点：脖子是否感到紧张？血管和肌肉是否像绳子一样凸出？下颚附近的肌肉是否看起来明显紧张？如果出现上述情形，你可能会发出刺耳的尖声。这时你就要当机立断，尽快让自己松弛下来，同时压低自己的嗓门。

3. 说话忽快忽慢

一般来讲，说话的速度很难掌握，即使一些职业演说家或政治家，有时也不容易把握好自己说话的速度。说话太快，别人就听不懂你在说些什么，而且听得喘不过气来。说话太慢，人们就会根本不听你说，因为他们缺乏一种耐心。据专家研究，适当的说话速度为每分钟120～160个字，当我们朗读时，其速度要比说话快。而且说话的速度不宜固定，你的思想、情绪和说话的内容会影响你表达的快慢。说话中把握适度的停顿和速度变化，会给你的讲话增添丰富的效果。

为了测估自己说话的速度，你可以按照正常说话的速度念上一段演讲词，然后用秒表测出自己朗读的时间。如果你说话的速度达不到上面那个标准，就可以试着调整说话速度，看是否会收到良好的效果。

4. 口头禅过多

日常生活中，人们听到一些领导讲话带有口头禅，如"那个""你知道不""是不是""对不对""嗯"等。如果领导者在讲话中反复地不断使用这些词语，一定会损失自己说话的形象。口头禅的种类繁多，即使是一些伟大的政治家在电视访谈中也会出现这种毛病。

当谈话中"啊""呃"等声音过多，也是一种口头禅的表现，著名演说家奥利佛·霍姆斯说："切勿在谈话中散布那些可怕的'呃'音。"如果你有录音机，不妨将自己打电话时的声音录下来，听听自己是否有这一毛病。

一旦弄清了自己的毛病，那么在与人讲话的过程中就要时时提醒自己注意这一点。

下面介绍几种克服口头禅的方法供参考：

默讲。出现口头禅的原因之一，是对所讲的内容不熟悉，讲了上句，忘了下句，此时就要用口头禅获得一点思考的时间，以便想起下句话。事前默讲几遍，对内容、措辞十分熟悉，正式讲话时就能减少或不出现口头禅了。

朗读。克服口头禅的朗读法，就是将自己的口语，从不清楚变为清楚、流利的语言。如果语言流畅贯通，就不会出现口头禅。出声朗读老舍、叶圣陶等语言大师的作品，有助于用规范的语言来改善自己不规范的语言。

耳听。广播员、演员的语言，一般都较为规范，没有口头禅。平时听广播、看电影时，可边听边轻声跟着说。久而久之，你会惊喜地发现：自己的口语精练了，口头禅少了，连普通话水平也提高了。

练习。听听自己的讲话录音，会对自己讲话中的口头禅深恶痛绝。这样，往往能使自己讲话时十分警惕，口头禅也会随之变少。

慢语。在一段时间内，尽量讲慢些，养成从容不迫地思维和说话的习惯，一句句想，一句句说，对克服口头禅有很好的效果。

5. 讲粗话

有些领导特别是资历比较深的领导，在日常工作中习惯于讲粗话，仿佛只有这样才能显示出自己的威望。其实，讲粗话是说话的恶习。俗话说，习惯成自然。随便什么事情，只要成了习惯，就会自然地发生。讲粗话也是如此，领导者一旦养成了讲粗话的习惯，往往是出口不雅，自己还意识不到。要克服这种不文明的习惯也并不是一件易事，比较有效的办法是，找出自己出现频率最高的粗话，集中力量首先改掉它。首先是改变讲话频率，每句话末停顿一下；其次讲话前提醒自己，改变原有的条件反射。出现频率最高的粗话改掉了，其他粗话的克服也就不难了。

请别人督促也很重要。当然，这里的"别人"最好是了解自己的人，这样督促起来可以直截了当。由于有时讲了粗话自己还不知道，请别人督促就能起到提醒、检查的作用。督促还有另一层心理意义，那就是造成一种不利于原有条件反射自然发生的外界环境，以促进旧习惯的终止。

6. 结巴

"结巴"是口吃的通称。"结巴"对于极个别人来说是一种习惯性的语言缺陷，是一种病态反应，他们也被称为口吃患者。口吃就是说话时字音重复或词句中断的现象。讲话结巴，是领导语言交流的大忌。要想治愈说话"结巴"的毛病，除药物治疗外，更重要的是去除心理障碍。日本前首相田中角荣少年时代就是口吃患者，为了克服这个缺陷，他常常朗诵课文，为了发音准确，就对着镜子纠正嘴形，后来他成了一个著名的政治家、演说家。有口吃的人不妨试一试这个办法，坚持朗读文章，只要坚持不懈并保持良好心态，相信一定会产生好的效果。

7. 毛手毛脚

毛手毛脚，意即说话时动作过于频繁。领导者可以检查一下自己，是否在说话时不断出现以下动作：坐立不安、蹙眉、扬眉、歪嘴、拉耳朵、搔头皮、转动铅笔、拉领带、弄指头、摇腿等。这都是一些影响你说话效果的不良因素。当你说话时，动作过于频繁，听者就会被你的这些动作所吸引，根本不可能认真听你讲话。

领导演讲前要做的准备

凡事预则立，不预则废。要想完美地施展自己的口才、做好一次讲话，事先必须有所准备。就好像建筑施工需要好的图纸才能够顺利进行一样，在演讲之前，也需要对演讲的听众做一定的了解，为演讲的有关内容、方式等勾勒出一幅很好的图纸，或藏在脑中，或用笔工整地写在稿纸上。将一切准备稳妥后，演讲起来，就能舌绽春雷、口吐莲花、顺畅流利、优雅动人。

一是要明确演讲的主题。演讲首先要明确为什么说、有明确的目的，说话要说到点子上。演讲要有一个明确的中心，主题集中，观点鲜明，方能给听众留下清晰而深刻的印象。

因此，必须注意从思考过的众多观点中选择出最能体现讲话宗旨的观点作为中心话题，而后围绕这一中心展开阐述，所有的论点和材料都必须为这个中心议题服务，绝不能急于表现自己而不分主次、面面俱到。否则，听众就不会有清楚的认识。

在表达自己的观点和思想时，要恪守一条古老的格言：三思而后行。要对自己的主要思想、观点和议论，仔细思考和推敲，力求对事物有足够的认识。把自己的观点整理明白再向别人叙说，千万不能信口开河。

许多人演讲时常常忽视这一点，以为只要说起来滔滔不绝如黄河之水就是有口才。其实，健谈并不等于有口才。健谈是"能说"，并不一定是"会说"。如果一开口就喋喋不休、没完没了，反倒令人生厌。"浓绿万枝红一点，动人春色不须多"。真正有演讲口才的人，并一定是说的多的人，而是能说到点子上的人，即能够触及问题实质、提出解决办法的人。

另外，要寻找最佳角度明确观点，独到的见解、巧妙的解说常常能出奇制胜，赢得赞叹与喝彩。

二是分析听众的结构。一般来讲，不管你所面对的观众是谁，在你开口之前，他们都会对你做出及时的评判。他们会观看、倾听，然后作出分析。他们看到你的过程中，前十五秒钟是相当重要的。因此，任何一种公共演说，应该像演员对待自己所扮演的角色一样。它是一种公共表演行为，具有一种内在表演因素，不管你是在作一次短时的讲话，还是在宴会后作重要演说，事实的确如此。当你演说的时候，你置身于一种被人评判的角度，你受到的赞许和批评与你所言说的内容一样多。因此，当你在场外的时候，应该做好充分的准备。你需要确切地了解你所面对的观众，他们是高度的同一，还是由形形色色的人员所组成？他们是否对你态度不一、期望不一？他们是否对你有所了解？他们期望什么？他们为什么坐着听你讲话？一个令你高兴的好消息是，绝大多数听众是宽厚仁慈的。

大多数听众至少在演讲开始时表现得友好而仁慈。但如果你表现不当，甚至对他们缺乏尊重，他们可不会轻易对你表现得那么客气。在此情况下，如果你无法应付，不要试图尝试，不要大发脾气，应尽力使得大多数听众站在你的一边，控制住演讲局面。

三是反复修改演讲稿。演讲稿的修改是写作过程中重要的、必不可少的一环。

可以说，演讲稿不是写出来的，而是修改出来的。

1. 修改的内容

（1）从主题（思想、观点、意向）着手。首先要看看你确定的主题是否健康、正确，其次看看文字是否把你的主题表达出来了，是否充分，是否新颖，有无片面性。有时即使主题正确无误，在修改时也会出现一些预想之外的闪光思想和语言，比原来的要深刻和精彩，因此，修改就是弥补和扩展发挥的极好机会。

（2）审视结构。从演讲结构的一般模式看，结构不会有什么大问题，开头、正文、结尾是比较明确的。修改时主要审视的是正文部分。主题有了变化，结构必须随之改动，即使主题没有什么变动，由于起草时只是作为一种构想写出来的，一旦落实在纸上，反复审视、推敲，就会发现一些毛病，如逻辑性不强，前后位置不当，层次不清，上下文重复，材料和引文用的不是地方，段落衔接不紧密等，这些都需要重新调整和修改，有时还要"动大手术"。

（3）推敲润色语言。修改演讲稿的目的，一是减少语言方面的毛病，二是保持演讲语言的特点。在草稿上，由于当时意念完全集中在主题的表现、时间的陈述等方面，往往无暇顾及语言的运用，不可避免地会出现句子短缺、用词不准、丢字错字等，都需要修改，这是其一。其二，按平时定型的习惯写稿，易出现书面语言较多的倾向，如句子太长，诗歌化、散文化等。只有经过修改才能保持演讲语言的特点。

推敲、润色语言的主要目的是：

把话说得明白：演讲是演讲者与听众进行交流的过程。一句话表示不明白就有可能使交流中断，甚至会影响下面的交流。做到把话说明白，首先要做到把话说正确，即选择意义贴切而确定的词语；其次要用现成的、通行的话；最后是用简明易懂的话，方言、术语尽量少用或不用。

把话说得有力：有力是指每句话、每个词都讲的是地方，与语言环境配合得好。这与演讲者的思想修养、文字功夫有关。

把话说得动听：动听就是使听者愿意听，这是作用于听众感情的结果。要让语言动听，首先应该考虑的是用词造句的感情色彩和韵味，表现出诚恳、热情、振作的风貌，其次利用词句自身具有的那种和谐优美的韵味，把话说得流畅、响亮、生动。

2. 修改的技巧

（1）反复修改。演讲稿的修改方法与一般文章的修改方法大致相同，都需要反复推敲、字斟句酌，对于比较重要的演讲稿不妨多看、多改几遍，力求完美无瑕。

（2）边讲边改。就是一边讲、一边改，一边改、一边讲，手口耳并用。用嘴讲，可以使句子简洁、顺口、有韵味，符合口语特点；用手写，可以去掉口语中啰唆、重复等毛病，使之精练、准确，达到文学化的要求；用耳听，可以发现那些纸面上虽然顺畅但听起来费解，或者容易产生歧义的字句，可以发觉那些意义相近而平仄却不相宜的用语。对这些部分的修改，有助于达到入耳、动听的目的。

修改是一个永无止境的过程，没有绝对满意的时候。如果有条件，就应争取一直修改到演讲之前，有机会就一边讲、一边改，使之更加成熟。反复多次之后，嘴里讲的、手中写的、耳朵听的就会完全一致了。这样，上台的时候就会胸有成竹、临场不慌，即使有临场发挥的成分也能得心应手，不会结构紊乱。边讲边改最大的优点是可以免去念稿、背诵之苦，因为你讲的是你写的，你写的也是你讲的，讲熟了也就成为你心中的东西。只有这样，你才能神情自若，从容不迫地发挥，同听众进行情感交流，保持演讲的顺畅，提高演讲效果。

组织演讲材料要做到"四性"

作为一个优秀的领导，在每次做报告的时候，是要有所准备的，那么就会需要一些材料，到底什么样的材料、内容或话题能够吸引下属的注意呢？

1. 材料的主题性

主题是通篇演讲的中心，所用的材料都必须服从和服务于这个中心，以是否能为中心服务作为取舍标准。主题与材料的关系是统率与被统率的关系，离开了主题，材料是零散、杂乱、毫无意义的东西；而离开了材料，再好的主题，也无法表达充分。要正确处理主题与材料的关系，用主题去统率材料，用材料去表现主题。凡是与主题关系密切，能有力地说明、烘托、突出主题的就选用；凡是与主题关系不大，不能很好地反映主题的材料就舍弃。这是选材的首要原则。在选材上要做到宁缺毋滥，舍得忍痛割爱。少说废话的道理很简单，但要真正做到并不容易。有的人讲起话来，对所使用的材料不加鉴别和选择，造成内容芜杂，枝蔓丛生，结果想要表达的观点反而被冲淡、被湮没。有的人对自己积累的材料不舍得丢弃，影响了讲话效果。因此，讲话一定要选择那些能反映观点、支持观点的材料，力求观点与材料的有机统一。

2. 材料的可靠性

材料的可靠性包括真实性和准确性两个方面。讲话真实准确，才能令听众信服。如果讲话内容被听众怀疑是否准确真实，即使讲得多么精彩、多么有趣，效果也会被大打折扣。真实准确是对讲话的基本要求，也是第一要求。保证讲话真实准确，要保证所用材料真实可靠。真实准确是选择使用材料的基本原则。在选材问题上一定要实事求是，不能采用实用主义的态度。那种对材料任意加工，添枝加叶，主观臆造，随意引申，甚至把那些道听途说的东西也拿来引用的做法是不可取的。

材料的真实，包含两层意思：一是有其事，是现实生活中客观存在的，决非杜撰虚构；二是合乎事物的本来面目，不是偶然的、个别的现象，而是事物的本质，具有普遍意义。前者是局部的真实，后者是整体的真实。

在真实的基础上还要做到准确。准确是和真实相联系的。没有真实，就无准确可言。如果说真实多是从大处体现在质的规定性上的，那么准确多是从细处要求材料的恰如其分。人物、事实、细节、引文等都应经得起检验和推敲。这就要求平时积累资料时，力求做到精确无误，注明材料的详细出处，以便引用。如果引用材料含糊其词，连自己都拿不准，怎么能让人信服，得不到听众信任的讲话，又有什么意义呢？讲话中要尽量少用"大约""左右""很久以前""可能是"等模糊词语，多用内涵比较确定的词语。在这方面，革命导师马克思为我们树立了典范。他"从不满足于间接得来的材料，总是找原著寻根究底，不管这样做有多么麻烦。即使是为了证实一个不重要的事实，他也要特意到大英博物馆去一趟"。由于马克思"所引证的任何一件事实和任何一个数字都是得到最有威信的权威人士的证实的"，因此，"反对马克思的人从来也不能证明他有一点疏忽，不能指出他的论证是建立在经不住严格考核的事实上的"。正因为如此，他的著作才"每一个字都是一枝必中的箭，每一句话都是有事实作根据的沉重控诉，是事实不可驳的赤裸的真理。"

真实性是讲话的生命所在。只有材料真实可靠，才能使讲话做到事真、情真、理真，才能令人信服，对此不能有丝毫的含糊。

3. 材料的典型性

所为典型材料，是指那些能够深刻揭示事物本质，具有深刻的代表性和强大的说服力的材料。只有那些具有鲜明特征和代表性的典型材料，才能有力地揭示事物的本质，有效地表达主题和观点。通过个别反映一般，通过典型反映共性，是讲话选材的重要原则。讲话时要从众多的材料中筛选那些最典型的、最有代表性的，不要用一般化的材料，这样才能恰如其分地表达观点。毛泽东说："材料是要搜集的越多越好，但一定要抓住要点或特点（矛盾的主导方面）。马克思研究资本主义，列宁研究帝国主义，都是收集了很多统计材料，但并不是全部采用，而都是采取最能表现特点的一部分。"这里所说的"不是全部采用"，而是抓"要点"和"特点"，就是说讲话、写文章要抓典型材料。

恩格斯在马克思墓前的讲话中，为了阐明马克思在理论上的重大贡献，就选用了两个最典型的材料，一个是"马克思发现了人类历史上的发展规律"，另一个是"马克思还发现了现代资本主义生产方式和它所产生的资产阶级社会的特殊的运动规律"。马克思对人类社会的贡献很多，但他发现两大规律是最重要的、最有代表性的，真正突出了马克思的伟大历史功绩，这两点是最有说服力、最能令人信服的。

4. 材料的生动性

新颖、生动的材料，能够充分调动主观能动性，引发联想，使之如见其人，如闻其声；能够使讲话声情并茂，增加表达的感染力，唤起听众的共鸣；能够使听众耳目一新，激发兴趣，留下深刻的印象。如果讲话中引用了一些人人皆知的"老"材料、"死"材料，没有多少新东西，让人觉得似曾相识，非常耳熟，就会让听众感到乏味。

新颖、生动、有趣的材料不外乎两类：一类是新近发生的、他人尚未发现、使用的材料；另一类是他人已发现、已使用材料中的新意。

材料的生动性要具有四个特点：新、实、趣、活。

新——就是要有新人、新事、新成果、新情况、新经验，反映新面貌，讲出新"道道",让人感到耳目一新。

实——就是具体、实在,使听众看得见、摸得着、感觉得到,而不单纯是空洞抽象的说教。

趣——就是生动、活泼、有趣味,有动人的情节、活泼风趣的语言,能引起悬念,具有很强的幽默感。

活——就是真人、真事、有形、有声,活灵活现的东西。

这些材料选择出来后,把那些有助于讲话的真实可信、饶有趣味的每一个事实、数字、对比例证都写下来。行之有效的办法是把每一个事实或一个例证,分别记在一张卡片上,这样在最后定稿时,便于反复推敲,决定取舍。

在材料的选用问题上应特别强调:尽可能多地收集材料。讲话中使用材料的数量与所掌握材料的多少应成正比,正如冰山浮在水面上的大小与其在水面下的大小成正比一样。掌握的材料越多,选择余地越大,使用起来就越方便。

说服下属的有效方法

有些领导在说服下属的时候经常会犯的一个毛病就是先想好几条理由,然后去和对方争辩;还有的是站在一个长辈的立场上,以教训人的态度,指点别人应该这样做或者那样做。这样一来,就等于先认定了对方就是错误的一方。这样的效果往往都不好。那么,什么样的方法才是最好的方法呢?

古人云:"感人心者,莫先乎情。"领导者的说服工作,在很大程度上,可以说是情感的征服,只有善于运用情感技巧,以情感人,才能打动人心。感情是沟通的桥梁,要想说服别人,必须跨越这一座桥,才能瓦解对方的心理堡垒,征服别人。领导在劝说别人时,应推心置腹,动之以情,讲明利害关系,使对方感到领导的劝告并不抱有任何个人目的,没有丝毫不良企图,而是真心实意地帮助他,为他的切身利益着想。

适合领导者说服下属的方法和技巧很多，以下几种是比较实用和简便的。

1. 用高尚的动机来激励他

在一般情况下，每个人都崇尚高尚的道德、正派的作风，都有起码的政治觉悟和做人道德。所以，在说服他人转变看法的时候，一个有效的办法就是，用高尚的动机来激励他。比如说这样做将对国家、单位带来什么好处，或将对家庭、对子女带来什么好处，或将对自己的威信有什么影响，等等。这往往能够很好地启发他，让他做应该做的事。

2. 用热忱的感情来感化他

当说服一个人的时候，他最担心的是可能要受到的伤害。因此，在思想上先砌上一道墙，在这种情况下，不管你怎么讲道理，他都听不进去。解决这种心态的最有效的办法就是，要用诚挚的态度、满腔的热情来对待他，在说服他的时候，要用情不自禁的感情来感化他，使他从内心受到感动，从而改变自己的态度。

3. 通过交流信息促使他改变

实践证明，不同的意见往往是由于掌握了不同的信息所造成的。有些人学习不够，对一些问题不理解；也有些人习惯于老的做法，对新的做法不了解；还有些人听人误传，对某些事有误解，等等。在这种情况下，只要能把信息传给他，他就会觉察到自己行为不是像原来想象的那么美好，进而采纳领导者的新主张。

4. 激发他主动转变的意愿

要想让别人心甘情愿地去做任何事，最有效的方法不是谈你所需要的，而是谈他需要的，教他怎样去做到。所以有人说："撩起对方的急切愿望，能做到这一点的人，世人必与他同在；不能的人，将孤独终生。"

探察别人的观点并且在他心里引起对某项事物迫切需要的愿望，并不是指要操纵他，使他做只对你有利而不利于他的某项事，而是要他做对他自己有利，同时又符合你的想法的事。这里要掌握两个环节：一是说服人要设身处地地谈问题，要把别人的事当作彼此互相有利的事来加以对待；二是在促使他行动的时候，最好让他觉得不是你的主意而是他自己的主意，这样他会喜欢，会更加主动和积极。

5. 用间接的方法促使他转变

说服人时如果直接指出他的错误，他常常会采取守势，并竭力为自己辩护，因此，最好用间接的方式让他了解应改进的地方，从而让他达到转变的目的。所谓间接的方法是多种多样的，如把指责变为关怀；用形象的比喻来加以规劝；避开实质问题谈相关的事；谈别人的或自己的错误来启发他；用建议的方法提出问题，等等。这就要靠说服者根据实际情况创造性地加以利用。

6. 提高对方"期望"的心理

被说服者是否接受意见，往往和他心目中对说服者的"期望"心理有关，说服者如果威望高，一贯言行可靠，或者平时和被说服者感情好，觉得可以信赖，就比较愿意接受说服者的意见。反之，就有一种排斥心理。所以作为说服者，平时要注意多与人交往，和他们建立深厚的感情，这样在工作的时候，就能变得主动有力。

批评下属要讲方法

在工作中，下属有了过失，领导者加以批评是希望下属能引以为戒，改正不足，而不是领导者随便发一通脾气、出了气之后就完了，那样不但下属得不到改进，也会降低领导者的格调。所以，在批评下属的时候一定要讲究方式方法。

1. 批评下属不要太离谱

我们经常可以发现，领导责备下属不是出自纠正过失的动机，而是由于怨恨，虽然我们常自我告诫，不可因怨恨而骂人。开始时，也许的确是想纠正对方，批评一二句就算了。但因对方态度不好，可能使你脾气顿时发作起来。结果原本一二句就完了的事，却越批越离谱，最后竟连他的态度一起批起来了。这时已超越了批评的范围。

若下属一再反驳，领导应切记：要说明事实，绝不可走到岔路上。如果说出超越主题的话，那就难免形成双方的争论，而不是领导对下属的批评。而且即使在争论中赢了下属，也只不过使自己更像个莽夫罢了。你要找理由说明自己是对的，下属也要找出许多理由反驳领导。一旦下属占了上风，那么他就可能在同僚中吹牛：我"击败"领导了！

在双方即将展开争执时，作为领导应坚定地告诫他："你做的这件事错了，不改正不行！"或是简单地说："我说的是……"其余的话不必多说。

许多下属利用领导骂人的机会，找出空隙发泄他平日的不满。遇到这种情形时，你不可采取静听的态度。所以姿势也十分重要，绝对不可让下属坐着接受批评——这点要注意。当对方想找麻烦时，领导最好采取俯视的姿势，在对方想开口说话之前，先表示自己的意见，然后立刻站起来。这样有时反而有效。领导切不可因对方的态度、言辞而走上岔路。

批评下属实在不是件简单的事。所以有些领导对下属的错误往往视若无睹，这是很要不得的。即使你不善此道也要鼓起勇气，不可漠视不理。

2. 不要追究共同责任

有些领导认为一个下属犯了错，不应只指责他本人而需指责全体，更有的领导认为进行集体纠正、指导，更能有效地发挥组织的合力。以实践的经验来说，这样做一点效果也没有。

发生一件事，以全体人员为对象，追究其共同责任，则所有下属大概都不会把它当成是自己的事。肇事的当事人虽知道是自己的错，但还可能抱着一种"大概还有其他人犯错"的心情，反正又不只是他一人的错。于是责任就分散了，到最后谁都不负责任。这种批评全体人员的情况还有一个缺点，人数多的团体更为显著，当领导批评某件事的做法时，恰好此事曾发生在某人身上，旧事重提，使听者有"又算老账"之感。

3. 不要冲动

一个公司的领导为了工作废寝忘食，对下属也全力指导，但是错误仍然一而再、再而三地发生。在发现下属是由于没有责任感而犯错误时，不禁怒气上升。

感受性强的领导，具有瞬间捕捉违规及错误的能力，且反应敏捷。不可否认，感受性强是身为领导的重要条件之一，但从另一方面来说，感受性强亦是造成冲动的重要原因。如何压制不合时宜的冲动，不妨试试下述一些办法。

赶快离开。变换场合，远离造成冲动的现场，哪怕去卫生间一趟也可以。

喝茶。利用茶气将怒气一起吞下，也能收到效果。

抽烟。烟草在这种情况下也能起到缓冲作用。

赶快转移方向。去忙别的事，转移注意力。

看书看报。不必精读，很快地翻动，只读一些大标题就行。

打电话。拿起话筒，找人谈点别的事，转移注意力，改变气氛。

总之，就是换气氛，而且要留下缓冲时间，不要使自己陷入恶劣气氛中。停一下，如果能觉得"怎么这么糊涂，真是迷糊蛋！"然后哈哈一笑的人，他的冲动在不知不觉间就会消失了。

4. 批评下属不要意气用事

领导的职责可分为自己动手和命令下属执行两种。企业为了既定的目标，从领导到下属，大家都应该付出相应的努力。下属忠贞不贰地服从指示，创造性地执行指示，无疑将极大地分担领导的工作，这样的下属将是一流的、上乘的。但下属不可能个个都令人满意，或因能力上的差异，也有勤勉、懈怠之分，还有个性上的区别。有些人一心一意想干好，但缺少方法与技巧，或者性格内向，无法适应外向型的工作。这就需要领导给予指导，明确指出目标及方法，或者加以培育，给予锻炼和实践的机会，使其逐步成熟，适应工作需要。对懈怠的人、玩忽职守的人，无疑应予以指责、批评，不如此，既影响工作任务的完成，也会给他人带来消极影响。

领导发现下属有过失、懈怠或者不服从，如果缺乏冷静，特别是在对下属有成见时，难免怒气冲顶。领导心情不佳，赶上下属办错事或者在纠正对方时对方态度欠佳，难免气不打一处来。冲动之下，愤怒的感情闸门若大开，就会说出许多不该说、事后追悔莫及的话，甚至责骂人的话。这就不是批评了，不管你主观用意多好，效果已是适得其反。盛怒之下发脾气不但降低了领导者的身份，也会使公司气氛低落，绝对于事无补。

批评是管理中不可缺少的，怒发冲冠却是断然不可取的。领导正确分清二者间的界限，既是坚定自信心与决心的体现，也是增强一个公司凝聚力所必须的。

由于批评方式不当而造成双方不愉快的情况是有的，但也有的使双方从此有个新的开始，彼此去除心理障碍。在批评下属时，千万不要说出令对方下不了台的话。

哪些是不可说的话语呢？这根据下属的性格和环境而各有不同。至少身为领导，须设身处地地将心比心，站在对方的立场上多想一下，谨慎自己千万不要说伤人的话。批评可以纠正下属并给予希望和底气，也能削减当事人的锐气。以下列举一些禁忌：

勿批评人的弱点。人与人之间是有差别的。有的人当别人批评其弱点时，犹如短刀插心般痛苦。例如，在个子矮的女性面前说"你是矮冬瓜"，她心中一定像沸水翻滚一般。对学历低的人说"学历太低的真没有用"，都是不适当的话，就算是事实也该避免触及他人的短处。

不要忽视人性。"你是骗子""你太没有信用"等话也会刺痛对方，只要评论事实即可，即使是对方没有信用也不能如此当面斥责。

不要否定下属的将来。"你这人以后不会有多大出息""你这样做没有人敢娶你""你实在不行"领导是不该说出这样的话的。要以事实为根据，就事论事，就下属目前情况而论，不要否定下属的将来。

不要涉及个人私事。公司生活和个人生活有很大关联，但是个人私生活有不愿为人所知之事。"你只知打麻将，当然会发生那些错误！""晚上玩得太过分了吧！""你和那个女孩子做朋友不好吧？""你的家庭名声不佳，首先要从家庭整顿做起，怎么样？"这样的私人问题应该避免介入，否则只会引起下属"那是我家的事，和此事无关"的反感。

总之，在批评下属时要避免犯以上错误。

第13章
交流误区

祸从口出言多必失

俗话说大智若愚，真正有学问的人一般是不会乱讲话的。只有那些胸无点墨又爱展现自己的人才喜欢信口开河，大发言论。"宁可不开口，使人怀疑你是浅薄的，也不要一开口就让人证实了你的浅薄。"这是一句值得大家牢记的至理名言。

所以在研究说话艺术时，首先要学会"少说话"。

你也许会反驳："既然人人都要学少说话，那么，说话艺术就不必细加研究了。"其实不然，少说话固然是美德，但人们生活在现实社会中，只能"少说"而不能完全不说。既要说话，又要说得又少又好，这才是口才的艺术。

首先，言多必失，说得越多，显得越平庸，说出蠢话或危险话的概率就越大。

马西尔斯是罗马时代一名战功赫赫的英雄，他以战神科里奥拉努斯的美名而著称于世。公元前454年，科里奥拉努斯打算角逐最高层的执政官以拓展自己的名望，进入政界。

竞逐这个职位的候选人必须在选举初期发表演说，科里奥拉努斯便以自己十多年来为罗马战争留下的无数伤疤作为开场白。那些伤疤证明了他的勇敢和爱国情操，人们深为感动，几乎每个人都认为他会当选。

投票日来临的前夕，科里奥拉努斯在所有元老和贵族的陪同下，走进了会议厅。当科里奥拉努斯发言时，内容绝大部分是说给那些陪他前来的富人听的。他不但傲慢地宣称自己注定会当选，而且大肆吹嘘自己的战功，甚至无理地指责对手，还说了一些讨好贵族的无聊笑话。

他的第二次演说迅速传遍了罗马，人们纷纷改变了投票意向。

科里奥拉努斯落选之后，心怀不甘地重返战场，他发誓要报复那些投票反对他的平民。

几个星期之后，元老院针对一批运抵罗马的物品是否免费发放给百姓这个议题投票，科里奥拉努斯参加了讨论，他认为发放粮食会给城市带来不利影响，这一议题因而未决。接着他又谴责民主的要领，倡议取消平民代表（亦即护民官），将统治权交还给贵族。

科里奥拉努斯的最新言论激怒了平民。人们成群结队赶到元老院前，要求科里奥拉努斯出来对质，却遭到了他的拒绝。于是全城爆发了暴动，元老院迫于压力，终于投票赞成发放物品，但是，老百姓仍然强烈要求科里奥拉努斯公开道歉，才允许他重返战场。

于是，科里奥拉努斯出现在群众面前。一开始，他的发言缓慢而柔和，然而没过多久，他变得越来越粗鲁，甚至口出恶言，侮辱百姓！他说得越多，百姓就越愤怒，他们的大声抗议中断了他的发言。护民官商议判处他死刑，命令治安长官立即拘捕他，送到塔匹亚岩顶端丢掷下去。后来，在贵族的干预下，他被判决终生放逐。人们得知这一消息后，纷纷走上街头欢呼庆祝。

如果科里奥拉努斯不那么多言，也就不会冒犯老百姓，如果在落选后他仍能注意保护自己强大的光环，依然还有机会被推举为执政官。可惜他无法控制自己的言论，最终自食其果。

所以，我们要记住这样一个原则，在任何地方和场合，我们要尽量少说话，缄默是值得提倡的。如果非说不可，那么，你要注意所说的内容、意义、措词、声调和姿势，以及在什么场合应该说什么话，怎么说才得体。

其次，不知内情，就不要胡说八道。

世界上没有十全十美的人，不可随随便便说人短处，或揭露别人的隐私。要明白，别人的事你知道的不一定可靠，也许还有你不知道的隐衷。你若将自己知道的片面现象贸然宣扬出去，难免会颠倒是非，混淆黑白。等到真相大白之时，已经是覆水难收了。

有那么一种人，喜欢兴风作浪，把别人的是非编排得有声有色，夸大其词，逢人就说，世间不知有多少悲剧由此而生。所以，当有人向你说某某的短处时，唯一的办法是听了就忘，谨缄君子之口，不要做传声筒，不要轻信这些片面之词。

谈论别人，不可因片面的观察而在背后批评。说坏人的好处，旁人最多以为你无知。把好人说坏了，那就有损道德了。

不给他人留有余地

很多人认为用争辩压倒对方，取得胜利，就会得到很大的益处。但实际上，这样的胜利是损失惨重的。因为你激发出来的怨恨与恶意，强过任何意见上的暂时妥协，并且这种怨恨与恶意延续的时间会非常久远。学会尊重别人的意见，用间接的方式提出自己的意见，这样，你也必会受人尊重，别人也会一致赞同你的主张。

公元前131年，罗马执政官马西尔斯围攻希腊城镇帕伽米斯，他发现需要撞墙槌才能攻破城门。几天以前，他看到雅典船坞里有两支沉甸甸的船桅，便下令将其中较大的一根立刻送来。接到命令的雅典军械师认为，执政官想要的其实是较短的一根。于是与传达命令的士兵吵了起来，他觉得较短的比较适用，而且运送起来也比较容易，甚至画了一幅又一幅的图来表示自己才是专家。

士兵警告军械师，他们的主子是不容争辩的，他们了解领袖的脾气，最后，才说服了军械师放下专业知识，服从命令。士兵离开后，军械师问自己：

服从一道会导致失败的命令，究竟有何意义？于是，他毅然送过去较短的桅杆。他深信执政官会看出短杆比较有效，因而会公正地赏赐他。

等到短桅杆运抵时，马西努斯要求士兵解释，于是士兵描述军械师如何为短桅杆不停地争辩，但是，后来又承诺会送来较大的桅杆。马西努斯盛怒，他无法集中心力攻城，或是考虑在敌方援军来到之前攻破城墙的重要性，脑中所想的只有这名傲慢的军械师。他下令立刻把军械师带到眼前。

几天之后，军械师抵达了，他很高兴能够有机会再一次向执政官解释为什么送来短桅杆。他滔滔不绝，说的还是同样的一套话，并表示在这些事务上听取专家的意见才是明智的，采用他送来的撞墙槌一定能攻击成功。不等他说完，马西努斯就命令士兵剥光他的衣服，用棍子活活打死了他。

这名军械师是好辩者的典型，这种人到处都可以看到。人们都相信自己是正确的，因此喜欢争吵者很少能说服他人改变立场，一旦被逼到墙角，他们只会吵得更厉害，这显然是自掘坟墓。

所以当你和他人意见分歧时，最好预先表示自己同意对方的部分意见，缓和气氛，即使你和对方的意见相去甚远，冲突严重，也绝对不要表示没有商量的余地。别人真的错了，又不肯接受批评或劝告时，别急于求成，往后退一步，延长时间，隔一两天或一两周再谈吧！否则，大家都固执己见，不但不会有任何进展，反而会伤害感情。

如果你善于谈话，一定要小心翼翼，不要把谈话谈成僵局，要以间接方式证明自己的想法是正确的。

彬彬有礼的交流

有些人喜欢翻来覆去地说一件已经说过很多遍的事情，也有些人会把一个很老的很冷场的笑话当成新鲜的笑料说出来给大家听。作为一位听众，此时，忍耐就是一种美德。但是绝不能对他说："这话你已经说过多次了。"这样，会伤害对方的自尊心。你唯一能做的就是耐心倾听，在心中想他也许是记忆力不好，并真正同情他，他说话时充满诚意，你也要用同样的诚意接受他的善意。但如果说话的人一直滔滔不绝而你又丝毫没有兴趣，觉得花费时间和精力忍耐很不值得，应该巧妙地将他乏味的谈话停止，但一定要注意，不可伤害对方的自尊心。最好的方法是不动声色地将话题引开到对方在行而自己又感兴趣的内容上。

在说话时，别人最怕不诚恳、不老实的人。而一般人在交际时常常喜欢胡乱恭维。

在说话时，别人最讨厌自高自大、唯我独尊的人。而有的人却自以为别人都会敬佩自己，反而因此遭到别人的鄙视。

在说话时，别人最怕对什么都无动于衷的人，所以和别人谈话时要有所反应，时不时点头微笑，时不时对别人的观点表示赞同，时不时提出自己的意见，听到别人迸发出的妙语警句时，不妨大大赞赏一番。

既要善于聆听对方的意见，也要适时发表个人意见。一般不提与话题无关的事；更不要左顾右盼，心不在焉；也不要漫不经心地看手表、伸懒腰、玩东西等表现出不耐烦。

在社交场合或与外宾谈话时，一般不要涉及疾病、死亡等不愉快的主题，不谈荒诞离奇、耸人听闻或者黄色淫秽的事情。对于女性，一般不要询问年龄和婚姻状况。所谓"见了男士不问钱，见了女士不问身"。不要径直询问对方履历、工资收入、家庭财产、衣饰价格等私人生活方面的问题。与女士谈话不要说她长得胖、身体壮、保养得好等，对方不愿回答的问题不要追问，也不要追根究底。不慎谈到对方反感的问题时，应及时表示歉意，或立即转移话题。

与人交谈时要竭力忘记自己，不要老是没完没了地谈个人生活，比如你的孩子、你的事业。你要在交谈中给对方发表意见的机会，可以尽量去引导别人说他自己的事情，同时，你以充满了同情和热诚的心去听他的叙述，一定会让对方高兴，给对方留下很好的印象。

另外，说话时，一定要注意用词，切忌尖刻难听。

说话尖刻的人，未尝不自知其伤人，而仍以伤人为快，这完全是一种病态的心理。之所以这样，也自有其根源，换句话说，就是环境逼他走入歧途。第一，这种人有些小聪明，且颇以聪明自负，而一般人却不承认他聪明，因此他有怀才不遇之感。第二，这种人具有强烈的自尊心，希望别人都尊重他，偏偏没有这回事，因此他仇视任何人。第三，仇视的心理一直郁积在心里，始终找不到释放的机会，他又不知自身修养，于是只有四处寻找发泄的对象。因为刺激的方面太多，每个与他接触的人都成为发泄的对象。他认为人们都是可恶的，不问有无旧恨，有无新仇，都伺机而动，滥放冷箭。

这种人只会失败，不会成功，在家中即使父兄妻子等亲人，也不会和他关系融洽；在社会上，别人则以眼还眼，以牙还牙，最终成为众矢之的。所以说，说话尖刻足以伤人情，而最终是伤自己。

人都有不平之气，若觉得对方言语不入耳，不妨充耳不闻；若觉得对方行为不顺眼，不妨视而不见。不必过分计较，更不要伺机嘲弄、冷言冷语，甚至指桑骂槐。快语伤人并无裨益，谈话无"礼"惹人反感。

不要自我吹捧，不要夸张赞美

在谈话过程中，一些小的磐石，要留心避免。记住，人无完人，即使你在某方面有所成就高人一筹，也并不能说明你在其他方面都出类拔萃，所以，不要沾沾自喜的大肆渲染。越是觉得自己成功的人，越是能够低调行事，不以物喜不以己悲。

"那一次的纠纷，如果不是我给他们解决了，不知要弄到怎样。你们要知道，他们把任何人都不放在眼里，不过，当着我的面，就不敢轻举妄动了。"

即使那次纠纷的确是因为你的努力而得到完满的解决，可是为什么不这样说一句："当时我恰巧在场，就替他们解决了纠纷。"这样不是会更令人敬佩吗？当别人发觉你默默地做了一件值得称赞的事，自然会对你崇敬有加，但若自己夸夸其谈，所得结果则恰恰相反。不要一心只想求得别人的赞赏，而把事情说得神乎其神，这样别人会觉得你沽名钓誉。

别对陌生人夸耀个人的生活，例如你的成就、你的富有，或是你的儿子如何出色。

永远不要在上司面前夸耀自己的才干，你若渴望取悦于他，试图给对方留下深刻印象，不要自我吹捧。展现自己的才华，位居你之上的人不会因此而喜欢你，因为你激起了他们的嫉妒与不安，引起了反感。

说话时，既要有实事求是的态度，又要给人谦虚的印象，坦白地承认你对某些事情的无知，这绝不是耻辱。相反，别人会认为你的谈话不虚伪，没有自我吹嘘，这样就能赢得好口碑。

虽然人们都喜欢听赞美的话，但并非任何赞美都能收到好的效果。

首先，不要在大众面前赞美其中一人。

假如部门经理在公司的一次会议上，特别指出"这个项目能如期完成，多亏了王涛"，在座的同事心中必定愤愤不平："太过分了，明明是同一部门一起做的。""他不过是运气较好罢了。""机会是我们一起创造的啊！"如此一来，办公室的战争就会无休无止了，对公司来说绝非好事。

一般人往往认为："既然是光彩荣耀的事，为什么不在大庭广众下予以表扬呢？"然而实际上，除非没有利害关系的称赞，否则，极容易引起其他部属的嫉妒与不满，这种赞许可在私底下告诉他，这种表示方法也比较容易造成双方的情感共鸣！

至于公开嘉许时，每个人的辛劳都要趁机表扬，如"因为大家努力合作，才有如此的结果"。如此，才是最完善的做法。

其次，赞美不宜太夸张。

假如你这样去称赞一个口才很好的朋友："朋友，你的口才真了不起，我看没有任何人能同你相比。"这种称赞缺乏支持力，对方会怀疑你的诚意，在场的其他人也会不以为然，这样的称赞无异于奉承和拍马屁。这时，你可以这样称赞："我真羡慕你说话的才能，既简洁又流畅，而我总是啰唆，颠三倒四。"这种称赞才是得体的。

赞美不要太肉麻，能表达意思就可以了，而且也不宜太夸张，否则就成了挖苦。

不要语意模糊又过分夸张

在我们日常交谈的话语中，有不少词语在不同的条件下使用，往往就会有不同的含义，有的词语甚至会完全相反，这就是"同语异义"的现象。它有时会给人们带来很多麻烦，有时也会带来许多便利。巧说"同语异义"比直言更能对听者产生强烈的吸引力，但如果运用不好则会带来很多麻烦。

《三国演义》中描写曹操误杀吕伯奢一家的故事就很有借鉴意义。曹操刺杀董卓未成，便与陈宫一道投奔曹父的义兄吕伯奢家求宿。吕伯奢热情接待，上村西沽酒去了。

曹操坐了一阵，忽然听到后院有磨刀的声音，于是，与陈宫蹑手蹑脚进了后院，只听得有人说："捆绑起来再杀！"

曹操对陈宫说："不先下手，咱们就要死了！"

说着，便与陈宫拔剑冲了过去，见一人便杀一人。他们搜寻厨房，这才看见那里有一只捆绑起来等待宰杀的猪。结果，造成一场误会。

这个故事虽反映曹操疑心过重，但"捆绑起来再杀"这句不明确的言辞，对促成曹操杀人也起了很大作用。这说明"同语异义"的言辞一定要谨慎使用。

二战期间也发生过因"同语异义"而误会的事。当时，由于德军经常空袭伦敦，所以英国空军总是保持高度警惕。在一个浓雾漫天的日子，伦敦上空突然出现了一架来历不明的飞机，英国战斗机立即升空迎击，到飞临对方时，才发现这是一架中立国的民航机。

英国战斗机向地面指挥部报告了这一情况，请求指示。地面指挥部回答："别管它。"于是，英国战斗机发出一串火炮，把这架民航机打落了。后来，英国为此支付了一笔巨额赔偿才了事。英国战斗机和地面指挥部都负有不可推卸的责任。

首先是地面指挥部,不该用"别管它"这样语义不明的言辞来回答战斗机飞行员的请示。这既可以理解为"别干涉它,任它飞行",也可以理解为"甭管它是什么飞机,打下来再说"。

战斗机飞行员的责任是在听到这样可作完全相反理解的命令后,应该再次请示,然后再采取行动。这样就不致铸成大错了。

可见,这个"别管它",就是一种"同语异义"的言辞。你在遇到这种言辞时一定要慎重处理,切勿鲁莽行事,否则它会成为你与人沟通的障碍。

战场上的英雄根本无须什么语言,伤疤足以代表一切。而他用夸张的言辞,装腔作势,说得越多,人们对他的失望也就越大。

滥用夸张的言辞是不明智的,在很多时候,说得越多损失就越大。信口开河的人一般都是那些品位不高或知识欠缺的人。当人们发现你言过其实时,常常会觉得他们受到了愚弄,这会严重影响你与他人之间的沟通。

你也许常在聚会或其他场合听人说"想当年……"虽然常言道,"好汉不提当年勇",但却有许多人喜欢夸耀自己的成就和长处,希望借此赢得听者的钦佩,留下深刻的印象。这种做法却往往适得其反,很可能只是得到表面的赞美,事实上对方已经对你印象恶劣。所以当你想要提及自己的优点和辉煌事迹时,应该点到为止,不宜太过,才能使对方认同而不会心生厌恶。

有个曾经被选进篮球校队的人,在一次闲聊中提及篮球。于是这人便得意扬扬地开始叙述自己辉煌的纪录,最初大家都兴致盎然地听他描绘当年如何抢篮板、进三分球,谁知道他越说越起劲,天花乱坠、子虚乌有,渐渐地引起听众的反感,虽然大家在他面前依旧表现出十分崇拜的样子,但私底下却称他为"吹牛大王"。

炫耀的心理,人人都有。但是如何表现得当,不引起他人反感,则是一种沟通艺术。懂得说话的人必定会先称赞对方,借由赞美对方,顺便提到自己的长处,比如说:"您的市场开拓能力真是了不起,叫人佩服。我在这方面就不行,一提到搞市场就头痛,倒是技术研究,我还比较有心得……"借话引话，才不至于让对方觉得你在自吹自擂。自我的渲染和夸张不可能赢得别人的真正赞许。

交流过程要有张有弛收放自如

在我们的人际交往活动中，想要灵活地游走在各种场合，就要在我们讲话的时候注意一些平时经常会被我们忽视的小问题，而这些小问题的影响力不是很明显但是会让我们的讲话变得不够完美，使我们不能够获得良好的人际关系。所谓说者无意听者有心，所以在交流时一些细节一定要把控好。

1. 开玩笑要把握分寸

开玩笑，是人与人之间交往最常见的一种说话取乐方式。它可以活跃气氛，调节情绪，创造一个和谐、轻松的氛围，使你的语言更具魅力。但是，开玩笑必须内容高雅，如果笑料过于庸俗，或开过了头，伤害了人家的自尊和感情，则适得其反。所以，开玩笑一定要注意场合，把握尺度。

有位钢琴家在某地一家歌舞剧院演奏时，因天气寒冷，进场的听众不多，剧场内有一半的座位空着，一些来听钢琴演奏的人也左顾右盼，心里似乎很不安。这有点出乎钢琴家的意料。为了改变这尴尬的局面，这位钢琴家开了一个十分幽默的玩笑，他说："朋友们，我发现一个奇怪的事情，这个城市里的人都很有钱，因为我看到你们每个人都买了两三个座位的票。"

听众一听，顿时开心地大笑起来。

由于这位钢琴家的一个玩笑，人们立即活跃起来，使尴尬的局面在哄堂大笑中顿时化解。接着，大家便聚精会神地听他演奏了。

但是，如果开玩笑不掌握分寸，则会造成严重后果。

有一次，美国总统里根到国会去参加一个会议。开会前，为了试一试麦克风是否已接通，他便信口开了一个玩笑，说："先生们请注意，五分钟后，我将对苏联进行轰炸。"

一语出口，全场哗然。后来，苏联针对此事提出了强烈抗议，搞得里根很难堪、很狼狈。

由此可见，开玩笑过度，将会造成无法挽回的后果。

当然，开玩笑还要看对象，因为每个人的性格、身份、心情不尽相同，对玩笑的承受能力也不同。所以，一个玩笑，你可以对此人开，却不可对彼人开，这也是开玩笑的一门学问。

一般来说，男性不宜同女性开玩笑，下级不宜同上司开玩笑，晚辈不宜同长辈开玩笑，正常人不宜同残疾人开玩笑。即便可以开一些玩笑，也只限于逗笑之类，而且要暗含尊敬、褒扬，不能放肆、轻佻。切忌揭人之短，尤其是残疾人之短处，他们对自己明摆着的短处已经讳莫如深，如果你再同他开玩笑，他会认为这是一种有意的羞辱，因而造成恶言相对的局面。

总之，开玩笑应是善意逗乐，促进彼此的感情交流，而不是恶意地取笑、占对方的便宜。所以，你以后在开玩笑时一定要把握好分寸，这样才能真正成为沟通高手。

2. 自我炫耀是不明智的

有一次，七位年轻人聚餐，席上有六位 T 大学生和一位哈佛学生。当这六位 T 大学生谈论学校的制度及上课情形时，哈佛学生不断打岔，并在言谈中强调"我们哈佛"如何如何。

餐毕，这六位 T 大学生向人表示，他们对那位哈佛学生没有好感。因为 T 大学在国内是首屈一指的学校，学生有很强的荣誉感，这位哈佛学生言谈间不断提及"哈佛"二字，仿佛在他们的优越感上重重地戳了一刀。

又比如，第一次做母亲，任何人都情不自禁地想把为人父母的体验与他人分享，每一位母亲谈起自己的孩子时，总是喜形于色。如果对方告诉你她的小孩有多可爱，你最好表示有同感，并不断往正面去夸奖小孩。而最差劲的应答方式是打断对方的话，告诉她你也有此经验，并且你的孩子也很可爱，而且似乎比她的小孩可爱得多。

别人正眉飞色舞地告诉你一些得意的事时，你即使知道也要假装很有兴趣地倾听。不要在话头上浇人冷水，一旦你插话并也将自己在这方面得意的经验告诉对方时，极容易引起他人的不快。

如果你所说的内容与对方得意程度相仿，从而能引起大家谈得更起劲，当然再好不过。但是，一旦你的经验比他好得多，难保对方心里会想："你在轻视我。"

所以当对方正在高谈阔论时，插嘴表示"我知道的比你多"或"我的经验比你好"实在是不智之举。你应该让对方畅所欲言而不是浇人冷水。

3. 学会灵活的谈话技巧

在公共汽车站，常听到如下对话。

"这趟车到××区吗？"

"不到。"

这种冷冰冰拒人于千里之外的谈话随处可见。其实，问者很可能想知道"到××区怎样搭车"。

在一个聚会中，你想介绍两个陌生的朋友相互认识。你这样说：

"这位朋友是位网球高手，他每个周末都去打网球。"

"这位先生喜欢打篮球，在学校时是主力球员。"

这样的介绍，能够让原本陌生的双方很快找到交谈的话题。

有时，一些很普通的客套话也可以打开话匣子，让陌生人之间不再沉默，从而拉近原本似乎遥远的距离。如：

"你府上哪里啊？"

"江苏。"

"那是个不错的地方呢，不但风景美丽，住在那儿的人们也颇富文人气息。"

"是啊，咱们江苏……"如此你就轻松地打开了话匣子。

又或者，你可以说："今天天气真好，如果能到××爬山，一定很不错。"

"您喜欢爬山？爬过哪些山呢？"

"我曾到过……"顺着话找话，打蛇随棍上，绝对能令你发掘出源源不断的话题，甚至觉得意犹未尽。

在初次见面或交谈中，问对方问题时，要尽量避免问让对方只能回答

"是"或"不是"的问题。比如上面的对话我们可以改为:"请问哪一辆车能去××区?到什么地方搭车?"这样,对方就能详细地回答你了。

而善于谈话者,也都不会仅仅回答"是"或"不是",一定多加上几句说明或感想,让对方产生继续交谈的兴趣,达到谈话的目的。

在给初次见面的朋友介绍对方时,不要只是简单地说"这是李某,那是张某"之类的话,这会让陌生的双方不易找到话题而陷入沉默的尴尬之地,你不妨简单地介绍一下对方的简历、爱好等,为两位新结识的朋友打开一个海阔天空神聊的窗口,使双方能马上找到共同点,拥有一个共同的话题。而这也是表现你口才的好机会。

另外,"旧瓶装新酒"是个百用不厌的谈话方式。我们在交谈时,开场白往往是"你好""今天好热呀"之类俗定的寒暄,的确,这是一个适宜每个人的话题,可是常常显得多余乏味。这就需要你引申开来,增加更多的谈资。如果在天气谈论之后加上"真想跳进水里泡一泡"之类的感叹,很可能是打开对方话匣子的钥匙,那么对方的反应绝不仅是"是呀,的确很热"的简单重复了,从而谈话向纵深发展的楔子也就插上了。

4. 藏住烦恼,分享快乐

王某,虽然身为男性却个性柔弱,思想也很悲观,当他有心事时必定马上找人诉苦。他在大学时代曾经有过一段罗曼史,后来因为某种原因而结束,这件事他一直放在心底,从那之后每当他与人聊天时,就会哀怨地向对方描绘自己的心酸。

有一次,王某参加同事的生日晚会,同事介绍一位朋友与他认识。散会之后,同事的朋友抱怨:"和你那个姓王的同事谈话真累!他一直在说大学时代如何认识某人、如何伤心地分手……我一句话也插不上,只好假装十分同情,耐心地等他说完。"

另外,我们经常听到、自己也经常说这样的话语:

"真可气,今天做什么都不顺利!"

"那真是令人讨厌的家伙。"

"我没有才能。"

"我是个做什么都不行的废物。"

每个人都会有失意的事,包括事业上的失意、感情上的失意、家庭上的失意。事实上,在这个世界上真正让人舒心的事很少,即使有舒心的事人们也很容易忘记,萦绕于心头的事大多不那么令人愉快。失意本就是一种痛苦,搁在心里不找人倾吐更痛苦。据说,把失意事摆在心里还会造成心理疾病,所以找人倾吐也是好的。向别人吐苦水的时候的确会感到轻松些,稍微缓解了压力。但是这只是把淤积在自己心中的话吐露给别人听,获得短暂的满足而已!

有些烦恼、有些失意或是希望别人安慰的问题,你应该把话说给心理医生或是值得你信赖的家人或朋友听,千万不要逢人就开始倾倒自己心中的垃圾,这样不仅无法激起对方的共鸣,只会徒增对方反感。

吐露失意的事,不管是主动吐露还是被动吐露,负面影响主要有以下几点:

首先,吐露失意的事无意中塑造了自己无能、软弱的形象。虽然每个人都会有失意事,但如果你在吐露失意事时,别人正在得意,那么别人会直觉地认为你是个无能或能力不足的人,要不然怎么会失意!嘴巴虽然不会说出来,但心里多少会这样想,而且失意事一讲,有时会因情绪失控而一发不可收拾,造成别人的尴尬,这才是最糟糕的一件事。如果你的失意情绪引来别人的安慰,温暖固然温暖,但你却因此而变成一个无助的孩子,别人的评语是:唉,可怜!

其次,吐露失意的事,别人对你的印象分数会打折。很多人凭印象来打别人的分数,一般来说,自信、坚定的人,他所获得的印象分数会比较高,如果他还是个事业有成的人,那么更会获得尊敬,这是人性,没什么道理好说。如果你的失意事让别人知道了,他们下意识地会在分数表上扣分,本来80分,一下子就不及格了,而他们对你的态度也会很自然地转变,由尊敬、热情而变得不屑、冷淡。

再次,吐露失意的事会形成不良印象。你的失意事如果说太多次,或是经由听者的传播,让你的朋友都知道了,那么别人会为你贴上一个标签:失败者！当别人谈到你时，便会想到这些事。

最后，吐露失意时难免会说某人的坏话。说别人的坏话和抱怨的情况是同样的，也许当下心里感觉畅快了，但你的听众可能会无法忍受，而产生这样的想法，"不知道这人在私底下怎样讲我的"，因而失去对方的信任，甚至对你感到嫌恶。

所以，在与尚未熟识的人说话时，最好选择较为轻松愉快的话题，尽量不要提及自己过去不愉快的经验，以免让对方觉得沉闷、无聊，让人产生再也不想见到你的感觉。

5. 不要用易伤感情的质问语气

某日在一辆公车上，前排有两位乘客在说话：

"昨天那部电影实在很好看。"第一个乘客说。

"有什么好？"第二个乘客强硬地质问他。

"剧情不错，对改良社会风气别有一番见地。"

"有什么见地？"第二个乘客仍然用那种语调说。

"还用问吗？它不是指出有些不良少年是被迫走上歧路的吗？"第一个乘客似乎有点不悦了。

"老生常谈！这算是什么别有见地。"第二个乘客依然用质问语气说话。

这两位乘客话不投机，气氛很尴尬，毛病就出在第二个乘客用质问的语气来谈话，这是最伤感情的。

如果第二个乘客改变态度，当第一个人提出他对那部电影的意见时，若是不同意，可以坦白说出自己对该部电影的见解，但不要用质问伤害对方，这样谈话则可以愉快地进行下去。

又如这样一个对话：

"昨天我想是今年以来最酷热的一天了。"

"你怎么会知道？"

对方即使说错了，何必使他难堪呢？被莫名其妙质问的人往往会被弄得不知所措，自尊心大受打击，如果他不是脾气好的人，必定恼羞成怒，从而掀起激烈的争辩。

倘若你爱用质问的态度向人进攻，当被对方以更大的理由压倒时，你将会大大地失面子。而温厚待人就是为自己留有余地，好比向前冲得太猛，万一跌倒时伤痛当然更甚。不侵害别人，就是护卫自己，你轻易地进攻别人，如果估计失当，必然惨败。

除非是遇到辩论等特殊场合，与人交谈应避免使用质问的语气。有些人喜欢以质问的语气纠正别人的错误，先质问，后解释，好比先向对方要害击出重重一拳，然后再安抚，这样当然会破坏双方的感情。

尊敬他人是语言交际中必备的条件，为难对方只是一时之快，对人对己都是没有好处的。你不喜欢别人伤害你的尊严，自己当然也不可以伤害别人的自尊心。

如果出现问题，你可以向他询问，向他解释，但方法和态度要真诚和善。假如你希望使对方心悦诚服，越是在紧张和竞争性很强的场合，越是不能用质问的语气，因为当对方为你的质问所窘迫时，虽然他一时占下风，但他可能怀恨在心，不让你顺利取胜。

虚心、诚实、坦白和尊重别人，是谈话艺术的必备条件。在与朋友的笑谈中，偶然以质问的语气开玩笑是无伤大雅的，可是不要常常用，以免成了习惯。

附录
美国总统经典演讲作品欣赏

乔治·W. 布什的演讲

乔治·W. 布什（小布什）就任第 43 任美国总统的演讲

尊敬的芮恩奎斯特大法官，卡特总统，布什（老布什，乔治·H. W. 布什）总统，克林顿总统，尊敬的来宾们，我的同胞们：

这次权利的和平过渡在历史上是罕见的，但在美国是平常的。我们以朴素的宣誓庄严地维护了古老的传统，同时开始了新的历程。

首先，我要感谢克林顿总统为这个国家作出的贡献，也感谢副总统戈尔在竞选过程中的热情与风度。

站在这里，我很荣幸，也有点受宠若惊。在我之前，许多美国领导人从这里起步；在我之后，也会有许多领导人从这里继续前进。

在美国悠久的历史中，我们每个人都有自己的位置；我们还在继续推动着历史前进，但是我们不可能看到它的尽头。这是一部新世界的发展史，是一部后浪推前浪的历史。这是一部美国由奴隶制社会发展成为崇尚自由的社会的历史。这是一个强国保护而不是占有世界的历史，是捍卫而不是征服世界的历史。这就是美国史。它不是一部十全十美的民族发展史，但它是一部在伟大和永恒理想指导下几代人团结奋斗的历史。

这些理想中最伟大的是正在慢慢实现的美国的承诺，这就是：每个人都有自身的价值，每个人都有成功的机会，每个人天生都会有所作为的。美国人民肩负着一种使命，那就是要竭力将这个诺言变成生活中和法律上的现实。虽然我们的国家过去在追求实现这个承诺的途中停滞不前甚至倒退，但我们仍将坚定不移地完成这一使命。

在上个世纪的大部分时间里，美国自由民主的信念犹如汹涌大海中的岩石。现在它更像风中的种子，把自由带给每个民族。在我们的国家，民主不仅仅是一种信念，而是全人类的希望。民主，我们不会独占，而会竭力让大家分享。民主，我们将铭记于心并且不断传播。225年过去了，我们仍有很长的路要走。

有很多公民取得了成功，但也有人开始怀疑，怀疑我们自己的国家所许下的诺言，甚至怀疑它的公正。失败的教育、潜在的偏见和出身的环境限制了一些美国人的雄心。有时，我们的分歧是如此之深，似乎我们虽身处同一个大陆，但不属于同一个国家。我们不能接受这种分歧，也无法容许它的存在。我们的团结和统一，是每一代领导人和每一个公民的严肃使命。在此，我郑重宣誓：我将竭力建设一个公正的、充满机会的统一国家。我知道这是我们的目标，因为上帝按自己的身形创造了我们，上帝高于一切的力量将引导我们前进。

对这些将我们团结起来并指引我们向前的原则，我们充满信心。血缘、出身或地域从未将美国联合起来。只有理想，才能使我们心系一处，超越自己，放弃个人利益，并逐步领会何谓公民。每个孩子都必须学习这些原则。每个公民都必须坚持这些原则。每个移民，只有接受这些原则，才能使我们的国家不丧失而更具美国特色。

今天，我们在这里重申一个新的信念，即通过发扬谦恭、勇气、同情心和个性的精神来实现我们国家的理想。美国在它最鼎盛时也没忘记遵循谦逊有礼的原则。一个文明的社会需要我们每个人品质优良，尊重他人，为人公平和宽宏大量。

有人认为我们的政治制度是如此的微不足道，因为在和平年代，我们所争论的话题都是无关紧要的。但是，对我们美国来说，我们所讨论的问题从来都不是什么小事。如果我们不领导和平事业，那么和平将无人来领导；如果我们不引导我们的孩子们真心地热爱知识、发挥个性，他们的天分将得不到发挥，理想将难以实现。如果我们不采取适当措施，任凭经济衰退，最大的受害者将是平民百姓。

我们应该时刻听取时代的呼唤。谦逊有礼不是战术也不是感情用事，这是我们最坚定的选择——在批评声中赢得信任；在混乱中寻求统一。如果遵循这样的承诺，我们将会享有共同的成就。

美国有强大的国力作后盾，将会勇往直前。

在大萧条和战争时期，我们的人民在困难面前表现得无比英勇，克服我们共同的困难体现了我们共同的优秀品质。现在，我们正面临着选择，如果我们作出正确的选择，祖辈一定会激励我们；如果我们的选择是错误的，祖辈会谴责我们的。上帝正眷顾着这个国家，我们必须显示出我们的勇气，敢于面对问题，而不是将它们遗留给我们的后代。

我们要共同努力，健全美国的学校教育，不能让无知和冷漠吞噬更多的年轻生命。我们要改革社会医疗和保险制度，在力所能及的范围内拯救我们的孩子。我们要减低税收，恢复经济，酬劳辛勤工作的美国人民。我们要防患于未然，懈怠会带来麻烦。我们还要阻止武器泛滥，使新的世纪摆脱恐怖的威胁。

反对自由和反对我们国家的人应该明白：美国仍将积极参与国际事务，力求世界力量的均衡，让自由的力量遍及全球。这是历史的选择。我们会保护我们的盟国，捍卫我们的利益。我们将谦逊地向世界人民表示我们的目标。我们将坚决反击各种侵略和不守信用的行径。我们要向全世界宣传孕育了我们伟大民族的价值观。

正处在鼎盛时期的美国也不缺乏同情心。

当我们静心思考，我们就会明了根深蒂固的贫穷根本不值得我国作出承诺。无论我们如何看待贫穷的原因，我们都必须承认，孩子敢于冒险不等于在犯错误。放纵与滥用都为上帝所不容。这些都是缺乏爱的结果。监狱数量的增长虽然看起来是有必要的，但并不能代替我们心中的希望——人人遵纪守法。

哪里有痛苦，我们的义务就在哪里。对我们来说，需要帮助的美国人不是陌生人，而是我们的公民；不是负担，而是急需救助的对象。当有人陷入绝望时，我们大家都会因此变得渺小。

对公共安全和大众健康，对民权和学校教育，政府都应负有极大的责任。然而，同情心不只是政府的职责，更是整个国家的义务。有些需要是如此的迫切，有些伤痕是如此的深刻，只有导师的爱抚、牧师的祈祷才能有所感触。不论是教堂还是慈善机构、犹太会堂还是清真寺，都赋予了我们的社会它们特有的人性，因此它们理应在我们的建设和法律上受到尊重。

我们国家的许多人都不知道贫穷的痛苦。但我们可以听到那些感触颇深的人们的倾诉。我发誓我们的国家要达到一种境界：当我们看见受伤的行人倒在远行的路上，我们决不会袖手旁观。

正处于鼎盛期的美国重视并期待每个人担负起自己的责任。

鼓励人们勇于承担责任不是让人们充当替罪羊，而是对人的良知的呼唤。虽然承担责任意味着牺牲个人利益，但是你能从中体会到一种更加深刻的成就感。

我们实现人生的完整不单是通过摆在我们面前的选择，而且是通过我们的实践来实现。我们知道，通过对整个社会和我们的孩子们尽我们的义务，我们将得到最终自由。

我们的公共利益依赖于我们独立的个性；依赖于我们的公民义务，家庭纽带和基本的公正；依赖于我们无数的、默默无闻的体面行动，正是它们指引我们走向自由。

在生活中，有时我们被召唤着去做一些惊天动地的事情。但是，正如我们时代的一位圣人所言，每一天我们都被召唤带着挚爱去做一些小事情。一个民主制度最重要的任务是由大家每一个人来完成的。

我为人处事的原则包括：坚信自己而不强加于人，为公众的利益勇往直前，追求正义而不乏同情心，勇担责任而决不推卸。我要通过这一切，用我们历史上传统价值观来哺育我们的时代。

（同胞们），你们所做的一切和政府的工作同样重要。我希望你们不要仅仅追求个人享受而忽略公众的利益；要捍卫既定的改革措施，使其不会轻易被攻击；要从身边小事做起，为我们的国家效力。我希望你们成为真正的公民，而不是旁观者，更不是臣民。你们应成为有责任心的公民，共同来建设一个互帮互助的社会和有特色的国家。

美国人民慷慨、强大、体面，这并非因为我们信任我们自己，而是因为我们拥有超越我们自己的信念。一旦这种公民精神丧失了，无论何种政府计划都无法弥补它。一旦这种精神出现了，无论任何错误都无法抗衡它。

在《独立宣言》签署之后，弗吉尼亚州的政治家约翰·佩齐曾给托马斯·杰弗逊写信说："我们知道，身手敏捷不一定就能赢得比赛，力量强大不一定就能赢得战争。难道这一切不都是上帝安排的吗？"

杰弗逊就任总统的那个年代离我们已经很远了。时光飞逝，美国发生了翻天覆地的变化。但是有一点他肯定能够预知，即我们这个时代的主题仍然是：我们国家无畏向前的恢宏故事和它追求尊严的纯朴梦想。

我们不是这个故事的作者，是杰弗逊作者本人的伟大理想穿越时空，并通过我们每天的努力在变为现实。我们正在通过大家的努力履行着各自的职责。

带着永不疲惫、永不气馁、永不完竭的信念，今天我们重树这样的目标：使我们的国家变得更加公正、更加慷慨，去验证我们每个人和所有人生命的尊严。

这项工作必须继续下去。这个故事必须延续下去。上帝会驾驭我们航行的。

愿上帝保佑大家！愿上帝保佑美国！

乔治·沃克·布什（即乔治·W·布什，小布什）在耶鲁大学毕业典礼上的演讲

我知道，耶鲁向来不邀请毕业典礼演讲人，但近几年来却有例外。虽然破了例，但条件却更加严格——演讲人必须同时具备两种身份：耶鲁校友、美国总统。我很骄傲在33年前领取到第一个耶鲁大学的学位。此次，我又荣获耶鲁荣誉学位感到光荣。

今天是诸位学友毕业的日子，在这里我首先要恭喜家长们：恭喜你们的子女修完学业顺利毕业，这是你们辛勤栽培后享受收获的日子，也是你们钱包解放的大好日子！最重要的是，我要恭喜耶鲁毕业生们：对于那些表现杰出的同学，我要说，你真棒！对于那些丙等生，我要说，你们将来也可以当美国总统！

耶鲁学位价值不菲。我时常这么提醒切尼（现任美国副总统），他在早年也短暂就读于此。所以，我想提醒正就读于耶鲁的莘莘学子，如果你们从耶鲁顺利毕业，你们也许可以当上总统；如果你们中途辍学，那么你们只能当副总统了。

这是我毕业以来第二次回到这里。不过，一些人，一些事至今让我念念不忘。举例来说，我记得我的老同学狄克·布洛德翰，如今他是伟大学校的杰出校长，他读书时的聪明与刻苦至今让我记忆犹新。那时，我们经常泡在校图书馆那个有着大皮沙发的阅读室里。我们有个默契：他不大声朗读课文，我睡觉不打呼噜。

后来，随着学术探索的领域不同，我们选修的课程也各不相同，狄克主修英语，我主修历史。有趣的是，我选修过15世纪的日本俳句——每首诗只有17个音节，我想其意义只有禅学大师才能明了。我记得一位学科顾问对我选修如此专精的课程表示担忧，他说我应该选修英语。现在，我仍然时常听到这类建议。我在其他场合演讲时，在语言表达上曾被人误解过，我的批评者不明白：我不是说错了字，我是在复诵古代俳句的完美格式与声韵呢。

我很感激耶鲁大学给我们提供了这么好的读书环境。读书期间，我坚持"用功读书，努力玩乐"的思想，虽然不是很出色地完成了学业，但结交了许多让我终生受益的朋友。也许有的同学会认为，大学只是人生受教育的重要部分，殊不知，"大学生活"这四个字的内涵十分深厚，它既包含丰富的学科知识和学术氛围，也蕴涵着许多支撑人生成败的观念，还有那丰富多彩的生活以及许多值得结交的朋友……

大家常说，"耶鲁人"，我从不确定那是什么意思。但是我想，这一定是含着无限肯定与景仰的褒义词。是的，因为耶鲁，因为有了在耶鲁深造的经历，你、我、他变成了一个个更加优秀的人！你们离开耶鲁后，我希望你们牢记"我的知识源自耶鲁"，并以你们自己的方式、自己的时间、自己的奋斗来体现对母校的热爱，听从时代的召唤，用信心与行动予以积极响应。

你们每个人都有独特的天赋，你们拥有的这些天赋就是你们参与竞争、实现人生价值的资本，好好利用它们，与人分享它们，将它们转化为推进时代前进的动力吧！人生是要让我们去生活，而不是用来浪费的，只要肯争上游，人人都可当总统！

这次我不仅回到母校，也是回到我的出生地，我就是在几条街之外出生的。在那时，耶鲁与无知的我仿佛要隔了一个世界之遥，而现在，她是我过去的一部分。对我而言，耶鲁是我知识的源泉，力量的源泉，令我极度骄傲的源泉。我希望，将来你们以另外一种身份回到耶鲁时，能有与我一样的感受并说出相同的话。我希望你们不要等太久，我也坚信耶鲁邀请你们回校演讲的日子也不会等太久。

9·11事件当晚乔治·沃克·布什（小布什）在白宫发表电视讲话

晚上好。

今天，我们的同胞，我们的生活，我们的自由，遭到了一系列有预谋的、惨无人道的恐怖分子袭击。许多人在飞机上或者是在他们的办公室中不幸遇难，他们中有秘书，有商人和妇女，有军人和政府工作人员，有父亲和母亲，还有朋友和邻居。

数千个生命瞬间就被邪恶的恐怖主义袭击吞噬了。飞机撞到了高楼上，浓烟滚滚，巨大的建筑物坍塌了，我们无法相信这一画面。我们心中充满了极度的悲痛和无言的、无法妥协的愤怒。

这次大规模屠杀行为目的是为了恐吓我们的国家，使美国陷入一片混乱之中。但他们失败了。我们的国家非常强大，我们伟大的人民已经行动起来，勇敢保卫我们伟大的祖国。

恐怖主义袭击能够摧毁我们一些高大的建筑物，但却动摇不了美国人民坚定的信念。这些恐怖活动能够破坏钢铁大厦，但却摧毁不了美国人民钢铁般的坚强意志。

美国成为恐怖分子的袭击目标，是因为我们在世界上高举自由和理想的火炬，但是任何人都不可能将这一火炬熄灭。

今天我们的国家遭遇了邪恶，这种邪恶是人性中最恶毒的。美国人民将全力以赴应对这一邪恶，我们的救援人员英勇无畏，无论是陌生人还是我们的朋友，他们纷纷伸出援助之手，向我们提供血液，给予他们力所能及的帮助。

事件发生之后，我立即启动了政府的紧急应对计划，我们的军队是强大的，他们已经做好了充分的准备。

我们的紧急救援队伍正在纽约和华盛顿特区紧张地工作着，和当地救援人员并肩作战。我们的当务之急是帮助那些受伤者，并保持高度警惕，随时保护国内和世界各地的美国公民不再受到袭击。

我们的政府将保持正常运转，不会中断。今天，华盛顿的联邦政府机构大都被疏散，一些重要工作人员将于今天晚上恢复工作，而整个政府机构也将于明天全面正常办公。

我们的金融机构依然强大，美国经济也将恢复正常。

搜救受伤人员的工作正在展开。我已经下令所有情报及司法部门全力协作，找出应为此事负责的人，并将他们绳之以法。我们将对恐怖分子和那些庇护他们的人一视同仁，决不姑息。

我对国会议员们能与我一起强烈谴责此次袭击事件的行为表示赞赏。在此，我还代表美国人民，向对此事表示哀悼和伸出援助之手的世界各国的领导人表示诚挚的感谢。

美国和我们的朋友及盟友将与那些企盼和平与安全的国家携手，共同为打赢反抗恐怖主义的战争而奋斗。

今晚，我要求你们一同祈祷，为所有处于灾难之中的人们，为那些美好世界被无情击碎的孩子,为所有那些安全受到威胁的人们。我祈祷他们能够从《第23诗篇》中得到更大的力量和安慰,正如诗篇中所说的:"就算我走过被死亡阴影笼罩的山谷,我也毫不畏惧,因为有你们和我在一起。"

今天,所有的美国人在公正和和平的信念下团结在一起。美国从前曾经击败过它的敌人,这次我们也能够做到。

没有人会忘记这一天,我们会继续捍卫自由,捍卫我们这个世界上美好和正义的事业。

谢谢各位,晚安,愿上帝保佑美国!

克林顿的演讲

克林顿获民主党提名演讲原文

尊敬的得克萨斯州州长安·理查兹、主席布郎以及纽约市长狄更斯——我们热情的东道主、我的代表伙伴们、我的美国同胞们、我为之骄傲的阿尔·戈尔。

戈尔他说今晚他来到这里,是因为在电视直播之前他总是要做些"热身运动"。而我今年参加总统竞选有一个而且只有一个原因:我希望回到这里,完成我四年前没有完成的演讲。

昨天晚上,马里奥·柯默教给我们真正的提名演说要怎样,他也清楚我们为什么要在新阶段中调整政府的方向。今晚,我要跟你们谈谈我对于未来的希望,我对于美国人民的信念,以及我对于我们将共同建设的国家的憧憬。

我要向我在竞选活动中的杰出的同事们致敬:汤姆·哈金、鲍勃·克里、道·怀德、杰里·布郎和保罗·桑贾斯。

悬在我们共同搭建的讲台上的那句话表明了一切:美国所能采取的政策——最重要的家庭政策、城市政策、劳工政策、少数民族政策、以及外交政策,这些必然是促使那能带来更多高技术高报酬的就业机会的自由经济进一步扩展的政策。

因此，以所有那些劳作纳税、养育子女、奉公守法的人民的名义，以那些被我们遗忘的中产阶级的努力工作的美国人的名义，我很荣幸地接受美国总统候选人的提名。

我是中产阶级的产儿，当我成了美国总统，你们将不再被遗忘。我们相逢在一个特殊的历史时刻：冷战已经结束，苏维埃共产主义已经崩溃；我们的价值观——自由、民主、人权、自由竞争——已取得全球性的胜利。然而，就在我们于海外赢得冷战的同时，我们却输掉了在国内创造平等的经济机会和争取社会正义的战役。

既然我们已经改变了世界，是时候让我们改变美国了。

我要告诉那些贪婪的和捍卫现状的人们：你们的时代已经成为过去，现在是改变美国的时代！

今天晚上，我的数以千万计的美国同胞没有工作，数千万的人们为越来越底的工资付出更多的努力。我们的现任总统说，失业率总是在经济开始复苏前有小幅度的上升，但是在真正复苏前失业人数只需要在多一个人就行了，而那个人就是您了，总统先生！

这次选举就是要把权力交还给你们，就是让政府作为你们的后盾，就是要把人民放在第一位。你们知道，这些我在全国各地都说过。无论何时，只要我这么说，总有人靠近我——就像本周在曼哈顿东区亨利街住宅区的一次市镇选民大会上一个年轻人所做的那样。

他说："那些听起来不错，比尔。但是，你是一个政客，我为什么要相信你呢？"今晚，我要尽可能坦率地告诉你们，我是谁，我信仰什么，我要把美国引向何方。

我从未见过我父亲。在我出生前三个月，他驾车从芝加哥赶往阿肯色州去看望我妈妈，一路上下着雨，他在车祸中丧生。

那以后，妈妈不得不独自抚养我们。我们同外祖父外祖母住在一起，同时她又得必须回到路易斯安那学习护理。直到今天，我依然清晰地记得我三岁的时候所看到的情形：妈妈站在站台上，一边哭着一边把我交给坐在开往阿肯色的列车上的外祖母，妈妈忍受着痛苦，因为她知道，只有做出牺牲才能给我更好的生活。是妈妈教育了我。她教我懂得家庭、勤奋工作和牺牲的真谛。她镇定地承受一次又一次灾难的打击，她领着全家——我弟弟和我——共同度过艰苦的岁月。

当我还是个孩子的时候，我每天都看着她上下班，那个时候对一个母亲来说去上班真是不容易。

我长大成年了，我看着她与乳腺癌斗争，她又教给我什么是勇气，她总是，总是要我去奋斗。

这就是为什么，我要争取创造高薪就业的机会，这样就可以让家长有能力去抚养他们的孩子。

这就是为什么，我会确保每一位美国人都会获得医保，那样就可以保住我母亲的性命，也能够让女性的健康与男性同样受到关注。

这就是为什么，我要确保美国的每位女性都要受到尊重和享有尊严，不管她们是操持家务、外出工作，还是身兼二任。你们想知道我的战斗精神从何而来？这一切都源自我的妈妈。谢谢你，妈妈，我爱你！

每当我想起全体美国人的机会平等，我就想起我的外祖父。他在霍普小镇经营一家乡村杂货店。那时还没有政府救济券，所以他的客户——不管他们是白人或黑人，只要他们努力工作尽其所能——即使没有钱也没有关系，他总是给他们食物，他只是随便记上一笔。遇到此类情况，我也是这样做。

在我长大到能够足以独立照看柜台之前，我已从他那里学会如何去尊重那些通常被人蔑视的人们。

我外祖父只念了普通高中一年级，然而在那乡村杂货店里，他教给我更多的是上帝所传达的平等而不是乔治敦大学教授眼中的平等，他教给我更多的是每个人内在的价值而不是牛津大学里那些哲学家的价值，他教给我更多的是在法律下的平等公正，而不仅仅是耶鲁法学院里法学家眼里的公正。

如果你想知道，我那要不分种族把全体人民团结起来的承诺的热情从何而来。这一切全都源自我的外祖父。

从另一个人身上，我也获益良多。有这么一个人，她勤奋工作逾二十年来帮助我们的孩子们：她牺牲大量的时间以确保我们的学校不会误人子弟；她用一年时间走遍全国，倾听、学习、研究，出席家庭教师协会、学校董事会以及市政厅的有关会议，推出了得到各地区验证的学校改革的一揽子计划。同时她在律师界奠定了良好的事业基础，她又是一位了不起的充满爱心的母亲。

那个人就是我妻子。

希拉里教会我，她教会我，所有的孩子都能学习，我们每个人都有义务帮助他们。

因此，如果你们想知道为什么我如此关心我们的孩子们的未来，这一切都源自希拉里。我爱你。

坦白说，我对那些向我们宣讲家庭价值的华盛顿的政客们感到厌倦。我们的家庭是有价值的，但是我们的政府却一钱不值。

我想拥有这样一个美国，在那里，家庭的价值体现在我们的行动中，而不只是停留在我们的演说里。我想拥有这样一个美国，能够包容每一个家庭——每一个传统的大家庭，每一个双亲的或单亲的家庭，每一个收养的家庭，所有这些家庭。

对我们国家中那些选择放弃他们的孩子，忽视对孩子的抚养义务的父亲们，我想说几句话：担负起抚养孩子的义务来，否则我们将强迫你们这样做。因为政府不能抚养孩子，而父母却能，你们责无旁贷。

今晚，我要告诉美国的每一个孩子——那些失去父亲或母亲正在长大成人的孩子——我了解你们的感受，你们也是独一无二的。

你们对美国很重要。你们不能听任别人告诉你们，说什么你们不能成为你们所希望成就的那种人。如果别的政治家让你们觉得你们不属于他们的家庭，来吧，成为我们之中的一员。

过去十二年的所有错误中最让我愤怒的莫过于我们的政府将我们所珍视的价值观抛弃，而我们的政治家却把它们挂在嘴上喋喋不休，我烦透了这个。

我从小就相信，"美国梦"应该建立于"努力工作，必有回报"的基石之上。我们看到的却是华盛顿的家伙把这一道德信条抛诸脑后。

太久了，那些奉公守法保持信仰的人得到的是不公正的待遇，那些投机取巧弄虚作假的人却往往好处占尽。

人们工作得比以往更辛苦，他们陪伴孩子的时间比以往更少了。以往参加家庭教师协会或少年棒球联合会的时间被挤占，取而代之的是夜间和周末的加班。他们的收入不断下降，他们的税负持续上升，而医疗保健、住宅和教育的开支更是涨上了天。

与此同时，越来越多优秀的人正在陷入贫困，尽管他们每周工作四十个小时。

人民呼唤改革，但政府却挡在道上——它已经被特权阶层的私利所劫持。它忘了就站在这里的那些真正为政府"埋单"的人们。我们必须超越华盛顿那僵化的政见，给人民一个他们应得的政府，一个为他们服务的政府。

作为一个总统，应该是推动进步的强大力量。但只是在今天，我才体会到林肯总统的感受——内战期间，当麦克莱将军不愿进攻时，林肯问他："如果你不用你的军队，你能借给我吗？"

同样地，我说，乔治·布什，如果你不用你的权力来帮助美国，站一边去，让我来吧！

我们的国家正在落后。总统的经济理论证明是错误的。自从罗纳尔多·里根和布什执政以来，我们的工资收入已从世界第一滑落到第十三。

四年前，总统候选人布什说："美国是一个特殊的地方，不是在联合国的名册处于阿尔巴尼亚和津巴布韦之间的随随便便的一个什么国家。"今天，在现任总统布什的领导下，我们的经济已然可悲地落到了德国和斯里兰卡之间。

对绝大多数美国人而言，总统先生，比起你的政府执政以前，生活少了点仁爱，少了点温暖。

听听他们的呼声，在这方面多一些努力！

我们的国家滑落得如此之远，如此之快，仅仅几个月前，日本首相竟然说，他"同情美国"。"同情"？当我成了你们的总统，这世界上其他地方，其他地方的人们将不再怜悯地俯视美国，而是再一次怀着敬意仰视我们。

为解决我们的经济问题，乔治·布什做了什么呢？

四年前的今天，他许诺要带来一千五百万新的就业机会，现在他却造成了超过一千四百万的职位短缺。阿尔·戈尔和我能做得更好。

他增加那些驾驶皮卡货车的人们的税负，却为那些乘坐豪华轿车的人们减税。我们能做得更好。

他承诺要平衡预算，却始终光说不练。事实上，他向国会提交的预算案使我们的负债翻了将近一番。更糟的是，他浪费数十亿美元并削减我们在教育以及创造就业机会方面的投资。其实我们能做得更好。

因此，如果你厌恶并倦怠于一个不努力创造就业机会的政府，如果你厌恶并倦怠于一个机关算尽来对付你的税收系统，如果你厌恶并倦怠于债务的急剧增长和对被削减的投资；或者，像人权先驱范妮·卢·哈默所说，你只是厌倦了这些令人厌倦的事，那么，加入我们吧，让我们一同工作一同胜利，我们能够使我们的国家成为真正意义上的国家。

眼下，乔治·布什正在谈论一个美妙的"策略"，可他却没有任何计划来重建美国——从城市到郊区到乡村——因此我们能够参与全球经济的竞争并再次赢得胜利，我可以做到。

他不会雇佣大保险公司和官僚机构去控制医疗费用，给我们一种所有美国人都支付得起的保健服务。但是，我可以做到。

他甚至不愿采纳他自己的艾滋病防治委员会的建议；但是，我愿意。

他不会精简联邦政府，改变它的工作方式，裁减十万官员给美国城市的街道增加十万新警官；但是，我会。

他从未平衡过政府预算，但是我已经平衡了十一次。

他不想打破特殊利益集团对选举的束缚，不想排除各种游说团体对政府的干扰；但是，我想。

他不愿让父母们有起码的机会在他们的孩子出生或他们的双亲患病时享受带薪假期；但是，我让。

我们正在以惊人的速度失去我们的农庄，但他却不肯承诺让家庭保住他们的农庄；但是，我可以做到。

关于毒品他说了很多，他却不肯帮助第一线的人们发动缉毒灭罪的战役；

但是，我肯。

他不会带头保护环境并利用环保科技为二十一世纪创造新的工作机会；但是，我能。

你们知道吗？他没有阿尔·戈尔；但是，我有。因为怕你注意不到，我要提醒一句——"戈尔"的最后一个字母是"E"。

并且，乔治·布什，乔治·布什不愿保证妇女选择的权利；但是，我保证。

听我说，我并不赞成堕胎；我只是强烈提倡堕胎合法化。我相信那艰难而痛苦的选择应该留给美国的妇女去做。

我希望个人的隐私权能够得到保护而且我们无须在政治论坛上再来讨论这个问题。然而我年龄够大，因而我记得"罗伊案"以前的情形，我不想回到那把人工流产的妇女和她们的医生看作罪犯的时代。

就业机会、学校教育、医疗保健，这些不是挂在我嘴上的承诺，而是我毕生的工作。

我们必须优先明确要做的事情——我们将再次把人民放在第一位。然而这种"优先"若无清晰的行动计划就只是空洞的言辞。要将美丽的言辞变成现实，我们就必须彻底改变政府的处事方式。否则，我们将继续把数十亿美元扔进下水道。共和党人反对大政府的选战已经持续了一个时代。但是你们注意到没有，他们竟然将这个政府运行了整整一个时代而未作任何改变！他们不想稳定政府，他们还是要发动选战来反对它，这就是全部事实。

但是，我的民主党同胞们，是时候了，让我们明白我们也必须做出某些改变。政府并没有一个解决所有问题的万全之策。如果我们要让政府帮助人民，我们就必须让政府再次运转起来。因为我们承诺在这次大会在这个讲坛上做出这些改变。用罗斯·佩罗自己今天的话来说，我们是新生的民主党，新生的民主党人。

我十分清楚，数十万人正聚集在罗斯·佩罗的旗帜周围，组成了一支要求变革的爱国者的大军。今晚，我要对他们说，加入我们吧，让我们一起使美国获得新生。眼下，我还没有全部的答案，然而我确信老一套行不通的。

积极投资的经济理论已经破产。庞大的官僚体系——无论是私营的还是公立的——都失败了。这就是为什么我们要给政府找一条新的途径。一个更多授权而非集权的政府；一个给在校的——在公立学校的——年轻人更多的选择，给接受长期保健的老年人和残疾人更多的选择的政府；一个更像引导者而非定义者的政府；一个增加机会而非扩充官僚机构的政府；一个明了就业机会只能来自活泼的生机勃勃的自由企业体系的政府。

我把这条新的方法叫作"新的契约"——一个人民和政府之间的庄严的协议，它并不简单地立足于我们能从国家索取什么，更立足于我们必须向国家奉献什么。

我们提供基于传统价值之上的新的选择。我们提供机会，我们要求责任。我们将重建美国社会。我们提供的选择，既不是保守主义的，也不是自由主义的；从更丰富的层面看，甚至既不是共和主义的也不是民主主义的。它是截然不同的，它是全新的。它将有效。它之所以有效，因为它深深地植根于美国人民所信守的价值和美国人民对未来的憧憬之中。

乔治·布什说过的话中我不能同意的，可能也是最让我厌烦的，是他对美国人民寻求和探索更美好的未来这一传统的嘲笑和贬低。他嘲笑这憧憬是"泡影"。然而，我们只要想想圣经的教谕："没有憧憬，人民便趋于灭亡。"

我希望，我希望，今晚，在这个大会堂，在我们这个可爱的国家，没有谁在迈向明天时心里没有憧憬。我希望没有谁在养育子女时心里没有憧憬。我希望没有谁在开始自己的事业或在地里种植庄稼时心里没有憧憬。因为，"没有憧憬，人民便趋于灭亡。"

为什么现在我们有那么多的孩子在美国许多地方都有那么多的麻烦，原因之一，便是他们看到的是如此渺茫的机会、很少的责任，如此缺少爱和关怀的社会。以致他们甚至无法想象我们召唤他们去过的那种新的生活。

因此，我要重申：没有憧憬，美国将趋于灭亡。

那么，我们和未来的新的契约中包含怎样的憧憬呢？

一个有着数百万新的就业机会的有着十多个新兴产业的，自信地迈向二十一世纪的美国。

在这样一个美国，我们可以向企业家和生意人宣告：我们将提供比以前更多的激励和机会让你们提高工人的技能，在全球经济中为美国创造更多的就业机会更多的财富；但是你们必须做好你们的本分，你们必须尽自己的责任。美国的公司必须再次像美国公司那样行动——输出我们的产品而不是就业机会。

这就是新契约的应有之意。

在一个这样的美国，在那里，高校的大门将再次为速记员和炼钢工人的子女们敞开。我们将宣布：每个人都可贷款进入高校，但是你们必须尽你们的本分：你们必须偿还，用你们未来的薪金——或者更好一些——回到你们的家乡服务于你们的社区。

只要想想，想想这样一幅图景：千千万万精力充沛的青年男女服务于他们的国家——维护治安，教育儿童，看护病人照顾老人残疾人，或帮助年青人使他们远离毒品和帮派。它必然给我们所有人一种感觉，一种充满无限可能和希望的感觉。

这就是新契约的应有之意。

在一个这样的美国，在那里，医疗保健是基本权利而非特权；在那里，我们要告诉我们的人民："你们的政府终于有勇气挑战医疗保健行业的奸商，提供每个家庭能够支付得起的医疗服务。"但是你们必须尽你们的本分，做好预防工作——搞好产前保健，搞好儿童免疫；珍惜生命，节约金钱，避免家庭悲剧的发生。

这就是新契约的应有之意。

在这样一个美国，中产阶级的收入而非他们的税负将持续增长。在这样一个美国，是的，在那里少数最富的人那些年收入超过二十万美元的人将被要求承担公平的税负。在这样一个美国，富人不会被收重税，中产阶级也不会被税收所累——责任是居首要位置的。

这就是新契约的应有之意。

在一个这样的美国，我们要结束福利制度。我们要对那些依靠福利的人说：你们将享有，你们也应该享有——机会，完备的训练和教育，完善的儿童抚育和医疗保障以充分发掘你们的潜能。但是那以后，只要可能你就必须工作，因为社会福利只是辅助的手段，而不是生活方式。

这就是新契约的应有之意。

在一个这样的美国，它拥有世界上最强大的防卫力量，必要时它能够并且愿意使用武力。

在一个这样的美国，它站在维持和保护我们公共环境增加全球植被的最前线。

在一个这样的美国，它支持自由和民主的事业——从东欧到南非，在我们自己所在的半球在海地在古巴。

冷战的结束，允许我们在保持世界最强大的防卫力量的同时削减国防开支，但是我们必须把削减下的每一个美元都用于在国内创造就业机会。我深知世界需要一个强大的美国，但是我们都认识到力量源自国内。

然而，这个新的契约不仅涉及你们和你们家庭的机会和责任，它更涉及我们共同的社会。

今晚，你们每一个人都深知我们有太多的分歧。是时候了，让美国"痊愈"。

因此，我必须告诉每一个美国人，透过蒙蔽我们的成见，看到背后的真相。我们彼此需要——我们所有人——我们彼此需要。我们不会放弃任何一个人。长期以来政客们总是说多数人都做得不错，真正对美国有害的只是剩下的那些人——他们。

他们，是少数族裔；他们，是自由主义者；他们，是穷人；他们，是无家可归的人；他们，是残疾人；他们，是同性恋者。

我们已经快要被"他们"置于死地。他们，他们，他们！

但是，这里是美国，这里没有"他们"，只有"我们"！

"上帝庇佑之下，一个不可分割的国家，自由正义属于所有的人。"

这就是我们的《效忠誓言》，这就是新契约的应有之意。

为何我知道我们团结起来做出改变？因为我已在阿肯色州看到过这种迹象，我们同心协力并取得了进展。不，没有什么阿肯色奇迹，只有许多奇迹般的阿肯色人。因为他们，我们的学校更好，我们的工资更高，我们的工厂更忙，我们的水源更清，而且我们的预算平衡。我们正在稳步向前。

我希望能对现任总统治下的美国说同样的话。他领导了世界上最富有的国家却让她走了下坡路。我们接管的是美国最穷的州，但是我们正在前进。

说到底，我的美国同胞们，这个新的契约只是要求我们再次成为真正的美国人，新时代的传统的美国人——机会、责任、社会。

只要我们团结起来，就将推动美国向前。回顾这个国家的全部历史，我们一次又一次地看到，只要我们万众一心，我们前进的步伐就无可阻挡。

我们能够抓住这个时刻，让作为美国人再次成为令人激动精神焕发无上光荣的事情。我们能够重建我们的信念，我们能够重建举国一致的认识。

正如圣经所说："我们所能成就的，非我们的眼睛所曾见过，非我们的耳朵所曾听闻，非我们的头脑所能想象。"

然而，我不能单打独斗，没有哪个总统能。我们必须同心协力。它并不轻松，也不会很快完成。我们不是一夜之间陷入困境的，我们也不可能一夜之间摆脱困境。凭着承诺、创造、多样性和无穷的动力，我们能够完成。

我们能够做到。我们能够做到。

我们能够做到。我们能够做到。我们能够做到。

我们能够做到。我们能够做到。我们能够做到。

我要求这个会场的每一个人，这个国家的每一个人，伸出手来，和我们一起开始新的伟大的冒险，勇敢地描绘我们辉煌的未来。

在我年少时，我曾聆听约翰·肯尼迪呼唤公民权利义务的演讲。那以后，作为乔治城大学的学生，我又聆听了卡罗尔·奎格利教授对此所做的阐释。他告诉我们，美国是历史上最伟大的国家，因为我们的人民坚信两条：

一、明天会比今天更好；二、我们每一个人在道德上都有责任让它成为现实。

那样，那样一种未来，在我们的女儿切尔西降生之时走进了我的生命。当我站在产房之中，我被一个想法所压倒：上帝给了我一个我父亲不能领会的祝福——把自己的孩子抱在怀里。

此刻，在美国的某个地方一个孩子正在降生。定下了我们的目标：给那孩子一个幸福的家园，一个健康的家庭，一个充满希望的未来。让它成为我们的事业：给那孩子一个机会，实现上帝赋予她的全部潜能。

定下我们的目标：看着孩子长大，让他健壮的成长，让他在家庭和朋友的支持下迎接生活的挑战而从不单枪匹马，让他树立一个信念——在美国，没有谁被遗弃，没有谁落在后面。

定下我们的目标：只要那孩子有能力，他就会回馈孩子、社会、国家。定下我们的目标：给孩子一个日益团结而不是趋于分裂的国家，一个充满无限希望无穷梦想的国家，一个再次振奋人民激励世界的国家。让我们定下建立承诺和新约的目标。

我的美国同胞们，今晚我在这里结束我的演讲，一切将从这里开始。我始终相信一个地方——它就是希望。

上帝保佑你们，上帝保佑美国。

奥巴马的演讲

奥巴马在 2004 年民主党全国代表大会的演说

伟大的伊利诺伊州既是全国的交通枢纽，也是林肯的故乡，作为州代表，今天我将在大会致词，并为自己能有幸获此殊荣而倍感骄傲和自豪。今晚对我而言颇不寻常，我们得承认，我能站在这里本身就已意义非凡。我父亲是一个外国留学生，他原本生于肯尼亚的一个小村庄，并在那里长大成人。他小的时候还放过羊，上的学校简陋不堪，屋顶上仅有块铁皮来遮风挡雨。而他的父亲，也就是我的祖父，不过是个普通的厨子，还做过家佣。

但祖父对父亲抱以厚望。凭借不懈的努力和坚忍不拔的毅力，父亲荣获赴美留学的机会，而且还拿到奖学金。美国这片神奇的土地，对于很多踏上这片国土的人而言，意味着自由和机遇。还在留学期间，父亲与母亲不期而遇。母亲来自完全不同的另一个世界，她生于堪萨斯的一个小镇。大萧条时期，外祖父为谋生计，曾在石油钻井打工，还曾在农场务农。日军偷袭珍珠港后的第二天，他就自愿应征入伍，在巴顿将军麾下，转战南北，横扫欧洲。在后方的家中，外祖母含辛茹苦，抚养子女，并在轰炸机装配线上找了份活计。战后，依据士兵福利法案，他们通过联邦住宅管理局购置了一套房子，并举家西迁，谋求更大发展。

他们对自己的女儿也寄予厚望，两家人虽然身在不同的非洲和美洲大陆，却有着共同的梦想。我的父母不仅不可思议地彼此相爱，而且还对这个国家有了不移的信念。他们赐予我一个非洲名字，巴拉克，意为"上天福佑"，因为他们相信，在如此包容的国度中，这样的名字不应成为成功的羁绊。尽管他们生活并不宽裕，还是想方设法让我接受当地最好的教育，因为在这样一个富足的国度中，无论贫富贵贱，都同样有机会发展个人的潜力。现在他们都已不在人世，不过，我知道，他们的在天之灵，此时此刻正在骄傲地关注着我。

今天，我站在这里，对自己身上这种特殊的血统而心怀感激，而且我知道父母的梦想将在我的宝贝女儿身上继续延续；我站在这里，深知自己的经历只是千百万美国故事中的沧海一粟，更深知自己无法忘却那些更早踏上这片土地的先人，因为若不是在美国，我的故事无论如何都不可能发生。今夜，我们聚集一堂，再次证明这个国度的伟大之处，而这一切并不在于鳞次栉比的摩天大厦，也不在于傲视群雄的军备实力，更不在于稳健雄厚的经济实力。我们的自豪与荣耀来自一个非常简单的前提，两百多年前，它在一个著名的宣言中得以高度的概括："我们认为以下真理不言而喻，人生来平等，造物主赐与他们以下不可剥夺的权利：生命、自由和对幸福的追求。"

这才是真正的美国智慧，坚信自己的国民有着朴素无华的梦想，坚信点滴的奇迹终会出现在身边。入夜，当我们为孩子掖好小被的同时，相信他们不会为衣食所累，不会为安全担忧。我们可以畅所欲言，无需担心不速之客会不请自来。我们有灵感，有想法，可以去实现，去创业，无须行贿或雇佣某些人物的子女作为筹码和条件。我们可以参政议政，不必担心打击报复，我们的选票至关重要，至少多数情况下，都是如此。

在今年的选举中，特别重申了我们主张的价值和肩负的责任，以此来应对当下的艰难现实；并希望了解怎样才能更好地秉承前辈的遗产，实现对子孙的承诺。诸位美国国民，无论你是民主党，还是共和党，抑或是无党派人士，今晚我想对大家说的是：我们需要做的事情还有很多很多，在伊利诺伊州盖尔斯堡，由于 Maytag 洗衣机厂要迁至墨西哥，很多工人将失去工作，而现在唯一的选择就是和自己的子女一起竞争每小时 7 美元的低薪工作。我曾遇到一位强忍泪水的父亲，他也因此丢掉了工作，没有了经济来源，不知怎样才能为儿子支付得起每月 4500 美元的高昂医药费用，本可救命的医疗保险对他而言却遥不可及，我们应该为他们做点什么；在东圣路易斯市，有这样一个年轻女孩，她品学兼优，成绩出色，却因为没有钱，无法完成学业，与大学无缘，而像她这样的孩子还有千千万万，我们应该为他们做点什么。

请正面理解我的意思。我在城市与乡镇，在餐厅和办公楼停车场，接触过很多民众，他们并不期待由政府出面，帮他们排忧解难。而是清楚地意识到，需要通过努力工作，去面对和解决所有的问题，而这也确实是他们真实的想法和愿望。走进芝加哥周边的城镇，大家会告诉你，希望自己辛苦缴纳的税款能够物尽其用，而不是让社会保障机构或五角大楼任意支配。走进市中心的街区，大家会告诉你，让孩子好好读书不能仅仅依靠政府的力量，父母也要尽职尽责，培养下一代，不让孩子整天沉溺于电视，对于黑人而言，更要和白人一样，让子女有接受教育的权利，而不是相反。人们并不是依赖政府来解决所有问题，但他们真诚地认为，只要政府把工作的重点有所调整，就可以使得每个孩子都能奋发图强，积极向上，让机遇大门向每个人敞开。他们深知，我们有能力做得更好，他们同样希望如此。

在本次选举中，我们做出了这样的选择。民主党已选出一国之中品行最为高尚的人作为我们的领袖，带领大家实现这样的选择。他就是约翰·凯利，他深刻地领悟了社区、信念和献身精神这些崇高的理想，因为这些铸就了他生命的全部。他曾在越南英勇作战，回国后出任过检察官和副州长，在美国参议院度过了 20 个春秋，把全部精力都投入到国家社稷大业之中。多少次，他面对艰难抉择,知难而上,不畏艰险,他的阅历和品行为我们树立了榜样。

约翰·凯利坚信,在美国,付出就会有回报,因此,对于那些在本土创造就业机会的公司,他会在税收上给予优惠,而将工作机会输送到海外的公司则不会享受到如此待遇。他坚信,美国应该实现标准的医疗保险,对普通百姓和华盛顿的政治家都一视同仁。他坚信能源自主的重要性,因此我们不会再因石油公司对利润的追求,或对国外油田的破坏而遭致威胁。他坚信美国应该成为世人艳羡的国度,因为国民的自由受到宪法的保护。他永远都不会让大家的基本自由受到影响,更不会以信仰为借口,来制造分裂。他还坚信当今世界的确存在危险因素,战争在所难免,但战争永远不会成为解决争端的首选。

前不久,在伊利诺伊州东莫林市的外战老兵俱乐部里,我偶遇一个年轻人,他叫沙莫斯,身高足有2米,相貌英俊,目光清澈,笑容可掬。他说自己加入了海军陆战队,一周后就将进驻伊拉克。当我听他讲述入伍的原因时,他讲到了对我们国家和领导人的绝对信赖,对军队的无上忠诚以及自身强烈的责任感,这让我感受到他身上具备的优良品质正是我们对子女的所有期待。然而,当我扪心自问:我们为他所做的一切,是否能与他的付出相当呢?我想到这次战争中已有900多名军人战死沙场,他们也有自己的家人和邻友,也许已为人父母,还有年迈的双亲,却再也无法回到这些关爱他们的人身边。我想到自己遇到的那些家庭,他们或是要应对亲人阵亡,收入锐减所带来的经济窘境,或是要面对肢体残缺的家人复原归来,甚至精神崩溃,却因其预备役军人的身份而无法享受长期的健康补贴,生活变得举步维艰。当这些可爱的年轻人舍身踏上征程,我们责无旁贷地要确认做出出兵决定的所有数据和理由确凿无误;我们责无旁贷地要替他们照顾好家人,而当他们荣归故里时,要关照他们的生活;当决定要介入战争、保卫和平和赢得世界的尊重之时,我们责无旁贷地要派驻足够数量的军队,以确保战士能凯旋而归。

请允许我阐明下述观点:在世界上,确实有人与我们为敌,我们必须找到他们,并予以坚决打击,获取胜利。约翰·凯利深知这一点,正如身为上尉的他在越南战场上出生入死,保护自己的下属一样,若他身为总统,也同样会义无反顾地运用军队的力量确保国家的安全。他对美国充满信心，而且深知仅有部分公民实现生活的富足还远远不够，而这要仰仗与我们闻名于世的个人主义相伴的另一种元素，正是因为它们，美国史册才熠熠生辉。

这就是我们作为一个民族荣辱与共的信仰。假如，芝加哥南部的一个孩子无法读书识字，即便他与我非亲非故，我也会心怀忐忑。如果有位老人因无法支付高昂的医疗费用，不得不在治病和租房之间痛苦抉择，即便她与我素未谋面，我也会如坐针毡。假如，一个阿拉伯裔的美国家庭未经律师辩护，或诉讼程序就遭受不公正待遇，同样会让我寝食难安。正是这个基本信仰让这个国家发展到今天：我们都是一家人，我们都是兄弟姐妹。只有这样我们才能实现个人的梦想，才能成为一个美利坚大家庭。独木不成林，单弦不成音。

当我们在这里聚会的时候，也有人正准备分裂我们，那些操纵舆论的人和制作负面宣传的人，他们投身没有原则和不择手段的政治。今晚，我需要对这些人讲的是，美国人没有所谓自由和保守之分，世间只存在一个美利坚合众国。更没有所谓美国白人黑人之分，拉丁裔和亚裔之分，有的只是美利坚合众国一国的国民。有博学家愿意将我们的国家分成红蓝两色，红色代表共和党，蓝色代表民主党。但我想说的是即便在民主党占优势的州，我们也都信奉万能的主，而在共和党占优势的州，我们同样不喜欢联邦探员到我们的图书馆里探头探脑。我们民主党中也有人执教少年棒球联盟，在共和党中也有同性恋朋友，有爱国人士支持伊拉克战争，也有爱国人士反对就伊出兵。我们都是一国之民，都宣誓效忠于伟大的星条旗，所有的人都热爱我们的祖国——美利坚合众国。

说到底，这才是本次选举的意义所在：我们所参与的政治应该是愤世嫉俗还是充满希望？约翰·凯利号召我们要对未来满怀希望。这并不是说要盲目乐观。以为只要不谈论失业问题，这个问题就会自行消失；认为只要无视医疗危机的存在，它也会烟消云散。我所谈的是更为根本的问题。是因为存在希望，奴隶们围坐在火堆边，才会吟唱自由之歌；是因为存在希望才使得人们愿意远涉重洋，移民他乡；是因为希望，年轻的海军上尉才会在湄公河三角州勇敢的巡逻放哨；是因为希望，出身工人家庭的孩子才会敢于挑战自己的命运；是因为希望，我这个名字怪怪的瘦小子才相信美国这片热土上也有自己的容身之地。这就是无畏的希望。

最后，感谢上苍赐予我们最好的礼物，也就是这个国家赖以生存的基石，因为我们相信最好的东西尚未出现，更好的日子就在明天，我相信我们可以为中产阶级减负，让工人家庭走上希望之路，我相信我们可以为无业者创造就业机会，为无家可归者带来可以遮风挡雨的屋顶，让美国城市中年轻人从暴力和绝望的阴影中走出来。我相信今天的我们就站在历史的十字街头，我们可以做出正确的选择，迎接面临的挑战。

今晚，如果你我感同身受，有同样的力量、同样的急迫感、同样的冲动和同样的希望；如果我们都能行动起来，那么我相信，从佛罗里达到俄勒冈，从华盛顿到缅因州，全国人民将会在11月积极行动起来，使得约翰·凯利、约翰·爱德华兹分别宣誓就任总统、副总统之职，而国家也将就此走出低谷、重振旗鼓。暗夜即将过去，黎明即将到来。谢谢大家，愿上帝保佑你们。

奥巴马2008年在艾奥瓦州德斯莫内斯竞选演说

谢谢你，艾奥瓦。

有人说这一天永远不会到来。

有人说我们好高骛远。

有人说这是一个分裂的国家，很难再为同一个目标风雨同舟、甘苦与共。

在这个新年的夜晚里，你们让所有质疑的人闭嘴。这是个足以载入史册的时刻；五天之后新罕布什尔也会迎来同样一个时刻；2008年，整个美国都将迎来这样一个欢欣鼓舞的时刻！学校和教堂旁、乡村和城市中，民主党人、共和党人抑或无党派人士，你们怀揣着不同的政治主张而来，你们发出同一个声音：我们是一个国家，我们是一个民族，我们变革的时代已经到来！

长久以来，华盛顿被斤斤计较的政治风气所笼罩，早已难堪重负。国家的未来要求我们携起手去结束这种政治的尔虞我诈，重还联邦"合众为一"的伟大理想；要求我们抛弃党派隔阂、求同存异共谋改变！只有这样，我们才能在十一月相拥而笑，共同担当起这个国家的命运。

我们用希望对抗恐惧，用联合对抗分裂，我们用有力的声音向所有人宣布：美利坚革旧维新之日已至，否终复泰、锦绣可期！

你们用强有力的声音告诉那些自以为能用金钱和权势压制人民意愿的说客，"你们不配做我们的政府，我们才是国家的主人！我们来，为我们自己的政府而来！"

人们需要的是一个能够直面选择与挑战的总统；一个虚己以听、从谏如流的总统；一个直言不讳、真诚坦率的总统。谢谢你，艾奥瓦，你们的选择让新罕布什尔州的选民信心百倍，你们将使这样的总统从可能成为现实！

谢谢你们。

我会让每一个美国人都能获得医疗服务。伊利诺斯州议会的成功经验告诉我，若能摒弃党派分歧通力合作，这一目标并非遥不可及。

我会让每个将工作机会转移到国外的公司付出代价，为长久以来承担了巨大社会责任的美国中产阶级减税。

我会努力让农场主、科学家和企业家们坐在一起，发挥创造力，根本性地解决美国对石油的依赖。

我会结束伊拉克战争，让士兵们重回家园；我要让美国重拾自己的道德准则；我要让所有人知道9·11不应该是诓取选票的幌子，而应是让美国与国际社会广泛开展合作，应对诸如恐怖主义与核扩散，全球变暖与贫困，种族屠杀与疾病等21世纪人类共同威胁的机遇。

今夜，艾奥瓦的选择让我们距离这样一个美国又近了一步。在此我特别想感谢选举的组织者和选区负责人、志愿者和我的竞选团队。没有你们就没有这一切。

同时，我想感谢我的妻子米歇尔·奥巴马，她是全家的坚实后盾，是她陪我竞选旅途一路走来。

你们这样做并非因为我，我知道。我们胸中都有一个坚定的信念，改革的道路虽然崎岖艰险，但深爱着这个国家的人民必将为它殚精竭虑、死而后已。

此时此刻，之所以我能站在这里，是因为芝加哥的大街小巷闪烁过你们的身影，是因为艾奥瓦州的每一寸土地上都渗透着你们的辛勤付出，为了人们的生活能有一丝改变，你们不吝百倍努力。

通宵达旦、薪酬微薄，你们将自己全身心地付出。虽然也曾有人因此而感到失落，但这仅仅只是暂时，雨过天晴之后是这样美好的夜晚。当我们多年以后最终实现改变；当每个家庭不再因为健康没有保障而犯愁；当我们的孩子在一个更美好的环境中尽情嬉戏；当整个世界对团结一心的美国刮目相看时，请回望这个夜晚，你们将会为自己曾经做出的选择感到骄傲，你们将自豪地说，梦想始于今晚！

今晚，无畏的希望越过华盛顿的高墙。

今晚，不同年龄、不同党派的人们聚集在一起，长久以来的隔阂最终冰消云散。那些对政治失望已久的人们第一次走向投票站，为这个国家投出自己公民的责任。

今晚，曾让我们四分五裂的恐惧、疑虑和犬儒主义政治终于偃旗息鼓。期待已久的一刻终于来到。

数年以后回望今晚，回忆此时此刻此景，我们会更了解它对希望的意义。

几个月以来，我们饱受挖苦和嘲讽，因为我们竟敢谈论希望。

希望不是盲目的乐观主义，不是对未来的困难轻描淡写，不是对可能出现的艰难险阻置若罔闻，更不是袖手旁观、畏首畏尾。尽管现实常常事与愿违，但希望永远是我们心中的信仰，只要我们敢于寻找，希望就总在不远的前方。

我在一个来自锡达拉匹兹市的年轻女士眼中看到了希望：她白天在学校读书，晚上加班挣钱，却仍然不能负担妹妹的医疗费。但她没有对这个国家失去信心，她仍相信自己的梦想终将实现。

我从一个来自新罕布什尔州妇女的话语中听到了希望：她说自从侄儿被派往伊拉克战场之后就一直惴惴不安，于是夜夜祈祷，希望他能平安归来。

希望曾带领殖民地人民奋起反抗帝国暴行；希望曾带领我们的伟大先辈解放了一个大陆、救活了一个民族；希望让青年男女不惧肤色的界限，敢为自由手挽手勇敢面对高压水柱，穿越塞尔玛（Selma）直至蒙哥马利（Montgomery）。

希望让我今天站在这里——父亲来自肯尼亚、母亲来自堪萨斯，这样的故事只可能发生在美利坚的土地上。希望是这个国家的基石和信仰，我们的命运并不被别人掌握，而是在我们脚下，在那些不甘受这个世界摆布的人手中，在那些立志改变世界的人心中！

从艾奥瓦，我们燃起希望，希望将从这里传向新罕布什尔，传向更远的地方；经风历雨、浮浮沉沉，我们手中紧握希望；一砖一瓦、一石一垒，我们用粗糙的双手一起搭建希望，所谓平凡者亦不平凡；这个国家不应有党派隔阂，不应有红蓝之分，因为我们是美利坚合众国。"纵有万千之众，我等实为一体"，此情此境，我们愿意再次相信。

谢谢你，艾奥瓦！

奥巴马2008年6月30日于密苏里州独立城的演说

在1775年4月的一个春晨，一小群殖民地的居民——农民和商人、铁匠和印刷工人、成年和年轻的男人，告别了他们在勒辛顿和康克尔德的家人，他们拿起他们的武器开始反对英帝国的专制统治。他们获胜的机会极小，但风险极大——即使他们在战斗中能够幸存下来，如果结局是失败的话，他们都将面临叛国的指控而获绞刑。

虽然如此，他们还是铤而走险。他们如此做不是出于对一个部族或家族而是出于对一个更庞大理想的考虑，即自由的理想，即上天赋予的、不可剥夺的人权的理想。在那个意义重大日子的枪声打响后——这一个响彻世界的枪响，美国大革命，即美国实行民主的试验，开始了。

勒辛顿和康克尔德的那些人属于我们最早的爱国者。在我们即将庆祝我们国庆周的开始之际，我认为不妨稍息片刻来思考爱国主义的意义。我们这样做部分是因为我们正处于战争之中——150万我国优秀的男女青年正在伊拉克和阿富汗作战，60000多人受伤，4600多人入土长眠。战争的费用非常高昂，围绕我们在伊拉克的使命的争论也非常激烈。有这么多人付出了牺牲，我们很自然地要更深刻地思考那些我们对我们国家和我们相互之间应尽的义务。

我们对这些问题进行思考的另一个原因是因为我们正处于一场大选的竞选之中——一场可以说近几代人以来最具决定性意义的竞选，一场关系到我们国家今后几年或许几十年发展方向的竞选。我们所进行的辩论不仅是关于许多重大的问题——健康保险、就业、能源、教育和退休保障的论争，也是关于价值观的论争。我们如何在保障我们人身和国家安全的同时，又保有我们的自由？我们如何恢复一个越来越远离其人民并越来越被特殊利益集团主宰的政府的公信力？我们如何保证在一个越来越全球化的经济情势下，获胜者对那些比较不幸运的人能尽其义务？我们如何在一个意见越来越分歧的时代解决我们的分歧？

最后值得我们再思考的是，爱国的意义是什么，因为谁是爱国者，或者谁不是爱国者这个问题太经常地毒化了我们的政治论争，其结果是分化离间了我们而不是团结了我们。我在这次竞选的行程中已深有体会。在我一生中，我一直认为我对我的国家深切和坚定不移的爱是国家赋予我的。它就是关于我如何被抚养长大的；它就是促动我去投身于为公众服务的动力；也就是我为何现今参与了总统竞选。然而，在过去16个月的不同时间里，我才第一次发现人们怀疑我的爱国心——有些时候是因为我疏忽而造成的后果，更多的时候是某些人为了在政治宣传上多捞好处而造成的后果，他们想让人对我是什么样的一个人以及我所主张的是什么感到害怕。

我关心此事可不是纯粹基于我个人的考虑。毕竟我们历史上有许多比我声望和地位都高得多的男士女士，他们的爱国心在至关重大的争议时刻也都被怀疑过。托马斯·杰斐逊被联邦党党员指责过他私通法国。反联邦党的人同样相信约翰·亚当斯串通英国，企图复辟帝治。如出一辙的是，我们最具智慧的总统也曾经借爱国的名义来为他们有问题的政策辩护。亚当斯颁布的客籍法与惩治煽动法、林肯中止的人身保护令、罗斯福对日裔美国人的监禁——这些都被辩解为爱国的表现，凡不同意他们政策的人却有些时候被扣上了不爱国的帽子。

换句话说，利用爱国主义作为一把政治宝剑或一个政治盾牌的做法由来已久——与我们的共和国同样长久。虽然如此，今天有关爱国主义的争辩，很突出的一点是它仍根源于20世纪60年代的文化冲突——其所提出的论点可以追溯到40年或更多年前。在早期民权运动与反越战时期，不想改变国家现状的人指责任何怀疑国家政策是否明智的人为不爱国。另一方面，有一些60年代所谓"反主流文化"的人对这个指责所作出的反应是不仅仅批评政府某些特定的政策，而且还攻击美国的象征；极端的例子是攻击象征美国的观念，即焚烧国旗，还把世界所有的问题都归咎于美国；也许最不幸的是，他们没有给予那些从越南退役下来的军人应有的荣誉——直到今天这仍是我们民族的一个耻辱。

大部分美国人从未附和这种过分简单化的世界观——这种对左派与右派漫画式的丑陋化。大部分美国人明白一个人表示出不同意见并不等于他不爱国；他们也明白一个人对美国传统与固有象征的讽刺挖苦并不见得他是多聪慧和高明。但是，那个时期的愤怒与动荡不安从没消失殆尽。我们的政治太过经常地囿于那些陈腐之见——这在我们最近有关伊拉克战争的争论中特别凸显出来，譬如那些反对政府政策的人被扣上了不爱国的帽子，以及一位将军为了伊拉克的前途提出他最善良的建议却被指责为背叛之举。

面对我们所面临的巨大挑战，我们再也不能容忍这种你批我骂了。没有人会期望有关爱国主义的争吵会或者应该偃旗息鼓；毕竟在我们争吵有关爱国主义的时候，我们争吵的是我们作为一个国家我们是什么样的人，而更重要的，我们应该是什么样的人。谅必我们大家可以同意的是，没有任何一个党或者任何一个政治哲学可以对爱国主义思想进行垄断；谅必我们最终能够对爱国下一个体现美国共有精神中最可贵成分的定义，不管其是多么粗糙和不完美。

这个定义会是一个什么样的定义？对我和对大部分美国人来说，爱国最初是一种本能感觉，这种我对国家的忠诚和热爱根源于我最早时期的记忆。我指的不仅仅是对"效忠国旗宣言"的朗诵、对学校感恩节的庆典或对7月4日（美国国庆节）放烟火的记忆——尽管它们是多么美妙，我更想指出的是，我在孩提时期我的家庭教育如何使我接纳了美国的理想。

我最早的记忆之一是坐在我外公肩上观看我们的宇航员漂上夏威夷岸上的一幕。我记得人们的欢呼声以及他们挥动的小旗子。我外公向我解释说我们美国人只要决心想做什么事就必定能做到。那就是我脑中的美国。

我记得听我外婆讲她在二战时在一个轰炸机组装线上的工作。我记得我外公给我看他在巴顿将军部队服役时期的士兵证。他让我知道他的卫国之举就是他最感光荣自豪的源泉之一。那就是我脑中的美国。

我记得我小时候在印尼住了4年。我听我妈妈给我读《美国独立宣言》开头的几个句子："我们认为下述真理是不言而喻的：人人生而平等，造物主赋予他们若干不可剥夺的权利，其中包括生存权、自由权和追求幸福的权利。"我记得她给我解释这个宣言适用于每个美国人，黑皮肤的、白皮肤的、褐皮肤的都适用，里头的字句，还有美国宪法的字句如何保护我们不受不公正的对待，犹如那些我和她在海外时所见证的其他人所受到的不公正对待。那就是我脑中的美国。

在我大了一些的时候，我这个本能感觉——美国是世界上最伟大的国家，没有由于我察觉到我们国家的种种不完善之处而有所削减。譬如察觉到持续不断的种族纠纷和密西西比河三角洲与阿巴拉契亚山脉地区令人痛心的贫困。这不是因为在我心里我觉得美国生活和文化中的乐趣、其生命力、其多种多样性、其自由永会盖过其一切不完善之处，而是因为我体悟到美国从来就不是由于它的完美而是由于人们坚信它能被塑造成一个更美好的国家而成为一个伟大的国家。我逐渐地明白，我们先辈就是为了如此坚信而发起了一场革命——为了我们受治于法而不是受治于人，为了我们可以在那些法律面前人人平等，为了我们可以自由言论、可以自由与他人集会、可以自由信仰我们之所爱，以及为了我们享有追求我们个人梦想的权利并帮助别人追求他们梦想的义务。

我是一个不同种族的混血青年，在任何种族社团都没有坚实的依靠，甚至没有一个父亲有力之手的扶助，但对我来说，就是这样一个基本的美国观念，即我们并不受我们出生的偶然性所主宰而可以任凭我们的意志来塑造我们的人生，这样一个基本的美国观念决定了我的一生，就像它决定了许许多多美国人的一生一样。

这就是为什么对我来说，爱国的含义不仅仅是对地图上的一处地方或对某一类群的人们表示忠诚，更深层的意义是，爱国是对美国的理想表示忠诚——那些任何人都可以为之而牺牲、而保卫、而献出其一切的理想。我认为这样的爱国忠诚最适合使我们这样一个有多种族、多宗教、多习俗的国家合为一体。正是把这些理想付诸实践，我们才有别于津巴布韦，在这个国家，反对党及其支持者被秘密地搜捕、折磨或杀害；有别于缅甸，在这个国家，几十万人在一场巨大灾害面前持续为基本生计挣扎着，因为一个军人政权害怕让国家对外开放；也有别于伊拉克，在这个国家，尽管我们的军人已付出了巨大努力以及许许多多伊拉克老百姓表现出了勇气，不同派系之间的合作，哪怕是有限的，还是难以看得到。

我认为那些攻击美国缺点的人并没有真正了解美国，他们没有认识到我们独一无二的伟大的理想及其已获得证实的能激励人们创造一个更美好世界的能力。

当然，恰恰是因为美国并不是一个完美的国家，也恰恰是因为我们的理想不断要求我们做出更多的付出，我们不能把"爱国"定义为对某一位领导人、对某一个政府或对某一种政策的忠诚。马克·吐温这位美国最伟大的讽刺作家与让密苏里州感到自豪的儿子曾写道："爱国就是任何时候都支持你的国家，也支持你的政府——只在这个政府值得你支持的时候。"我们可以期望我们的领导人和我们的政府能捍卫我们的理想，这在我们国家的历史确实有过很多次。但是，当我们的法律、我们的领导人或者我们的政府背离了我们理想的时候，那么普通美国老百姓发出的反对声将有可能被证明是各种最真实的爱国表现之一。

马丁·路德·金，这位乔治亚州的年轻牧师曾领导过一场运动来促使美国直面其历史中对种族不公正对待的事实，他也立身行道，始终如一地奉守我们国家的信条——他是一位爱国者。那位首先说出阿布格莱布监狱（美军前些时在伊拉克管治的监狱）对犯人施加虐待的年轻美国兵——他是一位爱国者。认识到以我们国家名义犯下的错误，坚持我们兑现我们宪法的承诺——这都是爱国者的行为，都是爱国的男男女女为了捍卫美国最可贵之处的行为。这是我们绝不能够忘却的——即使我们与他们有意见分歧，即使他们的话让我们难堪。

对美国理想的忠诚、为了这些理想而愿意发出反对声，除了这些爱国行为之外，我认为爱国，若其有任何意义的话，必须包含准备牺牲的意愿——

准备为一个更崇高的目标而舍弃我们所珍惜的东西。对那些在我们国旗下进行过战斗的人——如我在瓦尔特·里德军医中心碰到的年轻战士以及如约翰·麦凯恩（奥巴马的竞选对手）那些为了报效国家而甘受肉体刑罚的人，我们无需他们拿出更多的证据来证明他们所作出的牺牲。让我再补充一点，不管任何人都不应该贬低他们所作出的服务贡献，尤其不应该是为了政治竞选的宣传而干这种事，双方阵营的支持者都应注意这一点。

对我们穿上军服的男男女女所作出的服务贡献，我们应该深深地感激他们。不是吗，目前有关伊拉克战争的争论所显出来的好事，其中有一个就是，不管你支持或反对这场战争，人们广泛地认识到我们军队所作出的牺牲是永远值得尊敬的。

对我们其他人——对我们这些不穿军服或在军队里没有至亲至爱的人，呼唤每个人有必要响应为国家更大的利益做出牺牲仍然很有必要。可悲的是，近些年，在我们处在两场战争的前线战斗之中，这种呼唤大家作出服务贡献的声音已听不到。九一一事件之后，叫我们做的事则是去拣便宜。虽然战争的经费不断攀升，我们之中最富有的人却享有付税义务的减免。本来我们应该通过协调合作来减少我们对进口油的依赖，从而使我们在那些风云不测的产油区面前不会显得那么脆弱，但我们的能源政策却一成不变，造成我们依赖性的增加。

尽管华盛顿方面的领导缺位，但我观察到新一代的美国人正响应这种呼唤。我走到的每个地方都碰到他们这些人。有年轻人投身于美国复兴的项目：这不仅仅有那些为了我们国家的利益而去注册登记到遥远国家作战的人，还有那些在家乡本土上为一个更美好的美国而奋斗的人，他们或者到师资匮缺的学校执教，或者到医务人员匮缺的医院照顾病人，或者在他们地方社区从事更具可持续性能源政策的宣传。

我认为下一届政府的一个任务就是保证这么一个让人投身于服务的运动能够在未来持续发展。我们应扩大"美国队"和发展"和平队"。我们应该鼓励人们为国家服务，将它作为一个支助学生上大学的新计划的先决条件，即使我们对那些有责任感的人且服务于军队的人已增加补助项目。

然而，我们必须记住的是，真正的爱国是不能通过一系列政府计划强制性地或以立法方式来推行的。相反，爱国思想必须常驻于我们心中，栽培于我们文化的核心，培育于我们孩子的心中。

在我国进入第四个世纪之际，我们很容易把美国的卓越性视为理所当然。但我们的家长有责任通过家庭和学校，把美国的历史逐渐灌输进孩子的头脑中。我们很多学校缺乏高品质的公民知识教育，许多美国青年不知道我们先辈的事迹，也不知道他们制定的、奠定我国基础的文献的意义。先辈们全力以赴、冒着风险、做出牺牲，使我国打赢了战争，度过了经济萧条，展开了争取民权、社会权利和工人权利的伟大斗争，而许多儿童却对这一切一无所知。

我们需要教育孩子，让他们知道，尽管我们面临严重的挑战，尽管我们犯过错误，我们一定能团结起来，使我国变得更加强大，更加兴旺，更加团结，更加公平。我们需要教育他们，美国已成为世界上一支追求美好的力量，被其他国家和民族视为地球上最终的最佳希望。我们需要教育他们，返回自己社区服务是好事，在军队服役很光荣，参与民主政治活动、发出自己的声音，至关紧要。

我们需要教育孩子，使他们明白一个从政者经常忘记的道理：爱国主义不仅包括保卫我国不受外来威胁，还包括坚持工作，使子孙后代有一个更美好的美国。我们把债务积累如山，等待下一代去偿还，或者明知后果而拒不改变能源政策，这是把短期利益置于国家长远福利之上。如果我们不能通过教育使无数儿童在全球化经济中具有竞争力，或者不能投资基础科学研究以推动我国的科技创新，我们就可能使美国在世界排名中后退。正如爱国主义要求我们所有人把国家利益置于个人的眼前利益之上，还要求我们把子孙后代的利益置于我们自己的利益之上。

我们的最伟大的领袖们明白这个道理。他们对爱国主义的定义着眼于未来。乔治·华盛顿因为领导大陆军队有功而得到崇敬，但他的一项最伟大的爱国行动，就是担任两届总统之后坚决离职，为后来的总统树立一个模式，并提醒后来的总统，这是一个人民所有、人民统治和为人民谋利益（旧译：民有、民治、民享）的政府。

亚伯拉罕·林肯不仅打赢了一场战争，捍卫了美国的统一，而且不愿妖魔化他的战场对手，拒绝屈从于战争带来的仇恨或自以为是，坚持战后的美国不能继续保持那种一半奴隶一半自由人的制度。他相信我们天性中较好的一面，他的智慧与勇气为我们树立了一个爱国主义的典范。

哈里·杜鲁门离职前在白宫的告别演说中说："富兰克林·罗斯福逝世时，我感觉一定有一百万人比我更有资格担任总统。但经过了所有这一切，经过我在这间办公室工作的所有岁月，我一直很清楚，我确实不是一个人在工作，你们在与我一道工作。没有人民的帮助和支持，任何总统也不能指望领导这个国家，或者承担这个职务的重担。"

最后，最准确描述我心目中的爱国主义的可能是下述品质：不仅抽象地爱美国，而且对美国人民有一种特别的爱和信心。我一看见我们的国旗就豪情满怀，一听到悲哀孤寂的葬礼号声就热泪盈眶，原因就在于此，因为我们知道美国的伟大，它的战争胜利，它的巨大财富，它的科学文化成就，都来自美国人民的能量与想象力，来自他们的勤劳、主动、奋斗、永不满足、幽默感和默默无闻的英雄主义。

我们捍卫的自由是人人追求自己梦想的自由。我们追求的平等不是结果的相等，而是人人机会的平等。我们始终相信，在我们努力建设的社会里，在这个我们所信任的、但有时有点混乱的民主社会里，我们一定能心想事成，我们是一项更伟大事业的组成部分，我们以及所有拥戴美国特有信念的人的命运，已经交织在一起。

谢谢，上帝保佑你们，上帝保佑美国。